한 번은 독해져라

흔들리는 당신을 위한 김진애 박사의 인생 10강

# 한 번은
# 독해져라

김진애 지음

괴로움은 없어지지 않는다.

그러나

괴로움을 다스리는 지혜는 커질 수 있다.

 차례

시작하며_ 왜 나는 나를 괴롭힐까? ················································· 10

### 1강
## 도망가고 싶다. 어디 도망칠 데가 없을까?
### 독하게 홀로 시간, 홀로 공간을 만든다 ·························· 28
나와 대결하는 새벽 시간 • 홀로 있기를 방해하는 것들과의 전투 • 집을 멀리하는 지혜 • 공간 사치와 시간 사치 • 자투리 시간을 내 것으로 만드는 3가지 원칙 • 한 번은 독해져보리! • 홀로 있어라, 홀로 있게 놔둬라!

### 2강
## 스트레스 쌓인다. 나만 이렇게 힘든 걸까?
### 나쁜 스트레스를 좋은 스트레스로 바꾼다 ························· 60
가끔은 엉엉 울어라 • 가끔은 자기 머리를 쓰다듬어주자 • 나를 위한 작은 사치와 작은 반란 • 스트레스를 푸는 8가지 방법 • 일에 빠지면 어느새 풀려 있다 • 혼자 낑낑대지 말고 일을 나눠라 • 그래도 정히 안 된다면? 포기하라!

### 3강

## 도대체 일이 안된다. 이 슬럼프를 어떻게 벗어나나?

**삶의 리듬, 때의 역학을 읽는다** ················································ 96

최악의 '메모러블 데이'는 있기 마련이다 • 일을 해야 할 때와 일을 하지 말아야 할 때 • 올빼미가 될 때, 종달새가 될 때 • 바쁜 사이클과 느린 사이클을 교차하는 원칙 • 생각해야 할 때와 행동해야 할 때 • 고백할 때와 고백받을 때 • 24시간-1주일-1달-1년-3년-10년의 리듬 • 전성기-침체기-공백기-전환기-재기, '때'를 읽어라!

### 4강

## 할 일이 너무 많다. 어떻게 이 일들을 다 하나?

**일을 처내는 습관의 힘을 붙여라** ················································ 124

'청소파'와 '요리파' 사이에서 • 몸 가볍게, 줄이고 줄인다 • '나만의 수첩'을 꾸준히 써라 • 할 일의 우선순위를 매기는 7가지 기준 • 일을 제대로 쳐내기 위한 6가지 요령 • 예측 불허의 변수를 고려한 4가지 계획 • 분류하라, 쪼개면 길이 보인다 • 습관을 깨는 습관도 들이자

### 5강

## 나는 모자란다. 도대체 나에게 능력이 있는 걸까?

**우리는 죽을 때까지 자란다** ···························································· 152

나보다 우수한 사람은 언제나 있다 • 하고 싶은 일과 할 수 있는 일의 리스트 • 살아남기 위해 하는 일이 가장 좋은 일이다 • 공부를 너무 잘하면 선택이 줄어든다 • '러닝 바이 두잉'이 최고다 • 당신의 호기심에 도전하는 세 사람을 만들어라 • 일을 놀이로 만드는 원칙, 놀이를 일로 만드는 원칙 • 사교 콤플렉스란 누구에게나 있다 • 모자라다고 느낄 때 가장 많이 배운다

### 6강

## 나는 누구인가? 나는 어떤 일을 해야 할까?

**나를 읽는 12가지 질문을 스스로 던져보라** ........................ 186

하루의 시간을 어떻게 쓰고 싶은가? • 사람이 좋은가, 사물이 좋은가? • 사람을 타는가, 안 타는가? • 돈이 필요한 이유를 대보라 • 파워가 좋은 이유, 싫은 이유를 대보라 • 머리가 좋아야 하는 이유를 대보라 • 어떤 순간에 행복을 느끼는가? • 보는 게 좋은가, 하는 게 좋은가? • 정리형인가, 복잡계형인가? • 빠른 편인가, 느린 편인가? • 여러 가지를 한꺼번에 하는가, 한 번에 한 가지씩 하는가? • 10년 후의 나는 하루를 어떻게 보내고 있을까? • 운명처럼 일을 선택하는 사람은 극히 드물다 • 당신이 내키는 일을 하라

### 7강

## 나도 인정받고 싶다. 어떻게 인정받을 수 있을까?

**'주목의 법칙'을 익혀라** ............................................... 228

'쓸모' 있을 때, '바로 그때' 인정받는 것뿐이다 • 미래가 있어야 주목을 받는다 • '실력 플러스' 역시 실력이다 • 인정받으려면 먼저 남을 인정하라 • 어떤 경우에나 예의를 지켜라 • 말의 무게와 침묵의 힘을 익히자 • 자신이 무서워함을 남이 모르게 한다 • 욕을 먹기 시작하면, 드디어 큰 것이다 • 비판하는 법과 비판받는 법을 익힌다 • 가장 어려울 때 유혹을 견뎌라

### 8강

## 나는 하찮다. 과연 나는 필요한 존재일까?

**나를 중심으로 세계를 돌린다** ........................................ 262

세상은 나 없이도 돌아간다 • 그러나 내가 없으면 세계도 없다 • 올해의 남자, 올해의 여자 • 마흔 살 성년파티와 반세기 파티 • 나의 달력, 나의 역사 • 자신만의 테마 프로젝트를 품어라 • 엑스터시와 카타르시스를 거듭하며 • 하찮아서 좋다, 중요해서 좋다

### 9강
### 외롭다. 어디 기댈 사람 좀 없을까?

**내 편을 만들라** ································································· 290

내 짝을 내 편으로 • 부모와 자식을 내 편으로 • 친구를 내 편으로 • 가까운 사람과 모르는 사람을 내 편으로 • 적을 내 편으로 만들려면? • 사람을 믿고 또 사람을 믿지 마라 • 정 내 편이 없다고 생각된다면 • 내 편을 견제하라

### 10강
### 슬프다. 사람이란 왜 이리 허할까?

**깊은 고픔을 느껴보라** ····························································· 318

몸이 고픈 신호에 귀를 기울여라 • 머리가 고플 때 우리는 훌쩍 자란다 • 가슴이 고플 때 우리는 생생하게 살아 있나 • 영혼이 고픈 나는 사람답다 • 슬픔을 느끼는 특별한 능력

끝내며_ 이 한 번은 독해져본다 ····················································· 340

시작하며

## 왜 나는 나를 괴롭힐까?

"어떻게 그리 시원시원한가? 세상에 거칠 거라곤 하나도 없는 것 같다. 머릿속에 후회라는 단어가 없을 것 같다. 감추고 싶은 실수라곤 없을 것 같다. 어떻게 그리 에너지가 넘치는가? 어떻게 일에 그리 집중하나? 어떻게 그렇게 많은 일들을 해내나?" 내가 자주 듣는 말들이다.

어림도 없다. 나 역시 똑같다. 콤플렉스는 깊고, 스트레스를 자주 받고, 슬럼프에 빠지며, 어지러운 생각에 잠을 설치고, 시시때때로 도망치고 싶어 하고, 남들이 알아주질 않아서 속상해하고, 소모되는 느낌에 인간 세계가 싫어지고, 외로움을 타고, 어떨 때는 '왜 사는가' 하는 근본적 의문에 빠지며 슬퍼진다. 나 역시 사람살이의 온갖 괴로움에서 벗어날 수 없는, 한낱 약한 인간인 것이다.

그런데 왜 사람들은 이런 나를 몰라줄까? 내가 얼마나 흔들리는데, 내가 얼마나 괴로워하는데, 내가 얼마나 힘들어하는데 왜 몰라줄까? 혹시 내가 약한 모습을 일부러 감추는 걸까? 겉으로만 강하게 보이려고 애쓰는 걸까? 나의 흔들림을 알아채지 못하게 '페이크(fake)'라도 쓰는 걸까?

그 이유는 딱 두 가지다. 첫째 이유, 남들은 나의 속 모습에는 그다지 관심이 없기 때문이다. 내가 얼마나 괴로워하든 어떻게 고민하든 굳이 알려들지 않는다. 진짜 모르는 건지 모르는 척 하는 건지는 섞여 있지만 그 근본은 비슷하다. 남들이 보는 것은 대개 나의 말, 행동, 경력, 일하는 모습, 작업의 결과 같은 겉모습일 뿐이다. 너무 냉정한 관찰 같다고? 스스로 돌아보라. 남들에 대해서 당신도 그렇게 하고 있음을 금방 깨닫게 될 것이다.

둘째 이유, 실제로 나 혼자서만 괴로워하고 있기 십상이기 때문이다. 남들은 별로 신경도 안 쓰는데 혼자서만 속을 끓이는 것이다. 의심, 불안, 자격지심, 서러움, 억울함, 두려움, 죄책감, 힘듦, 아픔 등을 꿍꿍 안고 있다. 툭툭 털어버리라고, 별거 아니라고, 괜찮다고, 그럴 필요 없다고, 마음 고쳐먹으라고, 시간이 지나면 나아진다고 남들이 아무리 말해줘도 별로 소용없다. 괴로움은 잠시 떠났다가 또 다시 찾아온다. 의문은 사라지지 않는다. 어느새 나는 또 나를 괴롭히고 있는 것이다.

### 나만 이런 걸까?

그런데 나만 이런가? 나만 이렇게 스스로를 괴롭히는 걸까? 이런 생각이 또 나를 괴롭힌다. 내가 모자라서, 내가 어리석어서, 내가 게을러서, 내가 바보 같아서 그런 것 같기 때문이다. 그런데 인생을 살아오면서 그나마 확실하게 배운 것이라면, 다행스럽게도 그렇지는 않다는 것이다. 나뿐만이 아니라 거의 모든 사람들이 자기도 모르게 자신을 괴롭히고 있다. '약한 자여, 그대 이름은 인간'인 것이다.

그렇다면 뭐가 잘못된 건가? 잘못된 것은 전혀 없다. 나 스스로 만드는 괴로움이 결코 나쁜 것만은 아니다. 괴로움의 쓸모는 분명히 있다. 괴로움 속에 성장의 씨앗이 있고, 자극이 있고, 깨달음이 있다. 괴로움이란 우리의 눈을 뜨게 하고, 우리의 귀를 열게 하며, 우리의 가슴을 뛰게 하고, 우리의 머리를 쓰게 한다. 괴로움은 우리가 살아 있다는 신호이자 살아 있게 만드는 신호인 것이다. 괴로움의 쓸모는 지대하다.

하지만 괴로움이 쓸모 있다고 해서 마냥 괴로워만 하고 있는 것은 바보 같은 짓 아닌가? 내가 줄곧 관심을 기울여왔던 의문도 이것이었다. 좀 덜 괴로워하며 살 수는 없을까? 좀 더 지혜롭게 괴로워할 수는 없을까? 나의 괴로움을 쓸모 있는 괴로움으로 바꿀 수는 없을까? 지난번과 똑같은 괴로움이 아니라 이번에는 좀 다른 괴로움으로 받아들일 수는 없을까?

'마음을 비워라, 욕심을 버려라, 번뇌를 떨쳐라, 신의 손에 맡겨라, 운명에 맡겨라' 하는 등의 조언은 때로 위안이 되지만 거친 세속을 살아낼 힘을 길러주지는 못한다. 명상이나 기도와 같은 수련 행위는 때로 마음을 가라앉혀주지만 수많은 선택을 해야 하는 인생의 순간순간에 필요한 판단력과 순발력과 선택의 기준을 만들어주는 것은 아니다. 사람이 자란다는 것은 언제 어디서 찾아올지 모를 괴로움에서 자신을 지켜내고, 괴로움을 받아들이고, 괴로움을 다스리는 능력을 조금씩 더 키워나간다는 의미일 것이다. 우리는 어떻게 이런 능력을 키우며 더 자랄 수 있을까?

### 괴로움의 패턴을 관찰하는 습관

가장 효과적인 방법이라면, 자신의 괴로움을 객관화하는 습관이다. 문제가 터지고 난관이 생겨 고민이 깊어지고 흔들리고 괴로움이 더해질 때마다 자신을 한번 잘 관찰해보라. 그 과정을 통해 우리는 세심해지고 또 대범해지는 법을 배운다. 세심해진다는 것은 전후좌우를 잘 살피게 되어 원인을 파악하는 능력이 는다는 뜻이다. 대범해진다는 것은 하나의 현상을 현상적 문제로만 보는 것이 아니라 그 구조를 이해함으로써 자신의 대응 원칙을 세우게 된다는 뜻이다.

세심하다고 해서 대범하지 못할 이유가 없으며 대범하다고 해서 세심하지 못할 이유가 없다. 괴로움에 대해서는 세심해지고 또 대범해져야 한다. '이까짓 괴로움쯤이야' 하면서 자신의 괴로움을 아예 모른 척하거나 무시하는 것을 대범하다고 여기는 사람들은 어느 한계를 넘어서면 뚝 부러질 위험이 있다. 강한 척하다가 무너져 내리는 것이다. '왜 나는 이토록 괴로울까' 하며 괴로움을 떠올리고 또 떠올리며 자신을 꾸짖거나 주변에 원인을 돌리는 사람들은 피할 수 없는 괴로움의 악순환에 걸릴 위험이 높다. 자칫 현실 도피만을 꿈꾸거나 무력감에 빠져버리는 것이다.

중요한 것은 세심하고도 대범한 것이다. 자신의 괴로움에 대해 세심하게 관찰하고 대범하게 패턴을 그려보라! 이것은 인생 내내 해야 할 일이다. 나는 다음의 네 가지 습관을 권하고 싶다.

첫째, 나 자신을 관찰하는 습관이다. 괴로워할 때마다 자신의 마음속을 세심하게 관찰해보라. 스스로 관찰의 주체이자 관찰의 대상이 되는 것이다. 왜 내가 괴로워하는지, 생각이 어떻게 변하는지, 태도가 어떻게 달라지는지, 마음이 왜 상하는지, 어떻게 해야 풀리는지, 지난번과는 어떻게 다른지 잘 들여다보자. 이러한 관찰을 습관으로 들이는 것이 좋다. 체험을 쌓기 위해서다. 여러 경우들이 쌓이면 이른바 '경우의 수'가 보인다. 어떤 변수들이 작용하는지 보이기 시작할 뿐 아니라, 괴로움이 쌓이기 전에 미리 예후를 알게 되고 예방할 수 있는 자신만의 장치를 고안하게 된다.

둘째, 다른 사람들을 관찰하고 공부하는 습관이다. 남의 눈치를 보지 말라는 말들을 많이 하지만 남의 눈치를 본다는 것은 아주 중요하다. 그것이 곧 사람에 대한 공부이고 궁극적으로 자신에 대한 공부이기 때문이다. 나와는 다르지만 그 한 사람 한 사람 모두 자신만의 방식으로 괴로움을 다스리는 주체들이니 그들의 경험과 지혜는 크게 도움이 된다. 행동과 선택의 최종 결론을 내릴 때까지 '레퍼런스(reference, 참고)'가 되어주는 것이다. 사람들을 관찰함으로써 그들의 고민과 약함과 무지와 지혜를 잘 배우는 것이 아주 중요하다. 게다가 우리는 사람들을 직접 관찰할 뿐 아니라 간접 관찰까지도 할 수 있다. 책을 읽고 영화를 보고 역사와 시사에 귀를 여는 것도 다 인간을 공부하기 위한 중요한 관찰 행위인 것이다.

셋째, '고백'이라는 아주 건강한 습관이다. 다른 사람에게 고백하는 행위란 나의 생각, 심리, 선택, 의견, 걱정을 솔직히 털어놓는 과정이다. 괴로움을 이야기할 수 있으면 더 이상 괴로움만은 아니게 된다. 괴로움을 털어놓기만 해도 무게가 덜어지며, 이 과정에서 자신의 속을 들여다보게 된다. 단 한 사람만 있으면 된다. 꼭 친구나 가족, '옆 지기'에게만 고백하라는 법도 없다. 사안에 따라서 고백의 대상은 달라질 수 있다. 그 대상을 찾아내서 솔직하게 자신의 괴로움을 털어놓는 일은 고해성사와 비슷하다. 가톨릭교의 의식은 죄에 대한 사함을 받는 것이지만, 세속에서 일어나는 고백은 자기 통찰의 과정이 된다. 자신을 객관적으로 들여다보는 행위의 시작이다. 일기 쓰기, 글쓰기, 책 쓰기도 일종의 고백 행위가 될 것이다.

넷째, 괴로움의 패턴을 그려보는 습관이다. 위와 같은 과정을 거쳐서 대범하게 자신의 패턴을 그려보는 것이다. 괴로움과 반응의 관계, 생각과 행위와의 관계에 대한 자신의 패턴을 발견하는 것은 아주 중요하다. 사람마다 각기 특징이 있기 때문이다. 흔들릴 때 왜 흔들리는지, 괴로울 때 왜 괴로워하는지, 왜 어떨 때는 행복해하고 어떨 때는 불행해하는지, 왜 일이 잘되고 왜 일이 안 되는지, 놓친 것은 무엇이고 얻은 것은 무엇인지, 꼭 붙들어야 할 원칙은 무엇이고 버려야 할 고정관념은 무엇인지 차츰 더 잘 보이게 된다. 전체적으로 자기 자신의 감정 패턴, 생각 패턴, 행동 패턴, 멘탈 패턴이 그려진다. 자신의 큰 그림이 보이면 우리는 기꺼이 대범해질 수 있다.

**산다는 것은 작은 괴로움들과의 무수한 전투다**

물론 이렇게 자신을 관찰하고, 다른 사람들을 관찰하고, 자기 자신을 고백하며 통찰하고, 자신의 패턴을 그려보면서 자신을 객관화해봐도 우리는 또 자신을 괴롭히게 된다. 우리는 여전히 불완전한 인간이기 때문이다. 하지만, 도움은 된다. 흔들리지만 중심을 찾게 되고, 괴로워하더라도 소모적인 괴로움이 아니라 성장하는 괴로움으로 작동하게 된다.

괴로움의 패턴을 그려보는 습관이 나에게도 도움이 되었을까? 물론이다. 다른 사람들이 나를 보고 단단하고 강하다고 여기는 데에는 겉으로 보이는 나의 행위에서 그 어떤 안정감과 균형을 느끼기 때문일 것이다. 겉으로 보이는 만큼까지는 못하더라도 속으로 나름 균형을 유지하기 위해서 나는 기꺼이 세심하면서 대범해지려고 노력해왔다. 아마도 세심한 것은 천성이 적잖게 작용한 것 같고, 대범해진 것은 훈련 덕분일 듯싶다.

이 책에서는 주로 일과 관련되어 생기는 괴로움을 다룰 것이다. 그 테마로 10가지를 뽑았다. '하나, 도망가고 싶다. 둘, 스트레스가 너무 심하다. 셋, 슬럼프에 빠졌다. 넷, 일 때문에 피곤해 죽겠다. 다섯, 콤플렉스에 시달린다. 여섯, 무슨 일을 해야 할지 모르겠다. 일곱, 인정받고 싶다. 여덟, 내가 너무 하찮게 느껴진다. 아홉, 외롭기만 하다. 열, 슬프다.'

그나마 이 10가지 테마는 괜찮은 편에 속하는 괴로움들일 것이다. 이보다 훨씬 더 아프고 상처가 깊이 파이는 고통들이 얼마나 많은가? 개인사와 사회사에서 빈번히 일어나는 이별, 죽음, 사고, 질병, 장애, 배신, 차별, 빈곤, 파산, 폭력, 범죄, 전쟁, 이루지 못할 사랑 등의 깊은 고통들을 생각하면 우리가 일상에서 겪는 괴로움 정도야 아무것도 아니라고 할 수 있을지도 모른다.

그런데 그게 그렇지가 않다. 살아간다는 것은 작은 괴로움들과의 무수한 전투로 이루어지기 때문이다. 깊은 고통은 차라리 너무 아파서 완전히 빠져버릴 수 있다. 그런데 일상을 어지럽히는 괴로움은 알게 모르게 우리를 갉아먹는다. 지치게 만들고 면

역성을 떨어뜨리고 불행한 기운을 만들고 패배감에 빠지게 만든다. 결국엔 요즘 유행어처럼 '멘탈 붕괴'를 가져올지도 모른다. 살고는 있으되 진정 살지 못하고, 움직이고 있으되 힘이 실린 움직임이 아니며, 팽팽한 긴장에 사로잡히다가 결국 꺾여서 무력감에 빠지고, 몸과 마음이 언제 무너질지 모른다.

**튼튼한 멘탈을 세우기 위하여**

우리가 왜 우리 자신을 괴롭히는가를 들여다보는 시작은 우리 자신이 얼마나 불완전하고 나약한 존재인가를 스스로 인정하는 것으로부터 나올지 모른다. 우리들이 얼마나 모자라고 얼마나 자신에 대한 편견과 강박관념에 사로잡혀 있나를 스스로 인정하는 데에서 시작할지도 모르겠다. 그리고 스스로에 대한 이러한 인정이 튼튼한 멘탈을 세워가는 기초가 된다고 나는 믿는다.

"엄마는 멘탈이 참 튼튼해!" 내가 최근 들었던 최고의 찬사다. 그것도 가장 가까운 사람 중의 하나인 막내가 해준 말이다. 사회적으로 힘들고, 대외적으로도 힘들고, 가족들에게도 힘든 사건들이 많은 상황에서 내가 유지하는 태도에 대한 평이었으니 나는 기분이 썩 좋아졌다. 살아가면서 문제는 항상 터진다고 나는 전제한다. 문제없는 삶은 없을뿐더러 문제없는 삶은 흥미도 없고 동기도 없다고 생각하는 편이다. 관건은 문제 그 자체가 아니라 문제를 대하는 나의 태도라 생각한다. 나의 특질 중의 하나인 긍정성도 이런 생각에서 비롯된다.

　이 책은 내가 예전에 썼던 『사람으로 자라기』를 바탕으로 하고 있다. 처음 썼을 때 내가 40대였으니, 당시는 수많은 문제들의 한가운데에서 생존을 고심했을 때이자 무엇보다도 '행동의 한가운데' 있을 때였다. 이 책을 다시 고쳐 쓰고 있는 지금은 크고 작은 산전수전을 더 많이 겪은 시점이다. 삶의 괴로움은 좀 줄어들었을까? 크게 다르지 않다는 것이 한심하기도 하고, 외려 괴로움을 유발하는 사회적 변수들은 더 다양해지고 심해졌다는 사실을 목격하며 심란해지기도 한다. 사람들이 살아가는 상황은 훨씬 더 복잡해졌고 그만큼 괴로움의 양태도 많아졌고 강도도 심해졌다. 사람들의 의식이 깨우쳐지면서 자기 자신을 스스로 괴롭히는 경우도 더 많아지는 것 같다. 이러한 상황에서 책을 쓰는 나와 이 책을 읽는 독자들의 의식의 코드가 맞기를 바란다.

### 나를 괴롭히는 나는 과연 누구인가?

　이 책을 쓰는 나는 누구인가? 내가 살아가는 삶의 조건은 어떤 것이고 나의 본질적 성향은 어떤 것일까? 스스로 나를 정의해 본다.

　나의 사적 삶의 조건은 대부분의 일하는 여성이 겪는 그 복잡다단한 상황과 다르지 않다. 일과 집의 균형을 이루기란 마치 곡예와 같다. 두 아이 키우기란 내 인생을 풍요롭게 해준 가장 큰 선물이자 가장 어려운 과제였다. 전형적인 대가족으로 식구들이 바글바글한 시댁과 친정에는 언제나 바람 잘 날이 없었다.

나의 공적 삶은 다소 복잡한 편이다. 남들이 잘 택하지 않는 커리어를 택해왔기 때문이다. 박사 학위를 받고 학교나 연구와 같은 안정된 제도권이 아니라 창업으로 민간 실무를 택했다. 우리 사회에서 작은 독립 회사를 운영한다는 것은 도전과 패배, 자부심과 모멸감, 독립심과 종속감이 괴상망측하게 섞이는 상황에서 현실과 원칙 사이를 넘나들며 끊임없이 수없는 선택을 결단해야 하는 삶이다.

나는 많은 경계를 넘나들며 살아왔다. 여러 분야, 여러 영역을 넘나들며 일을 했으니 다이내믹한 만큼이나 부침도 많았다. 건축과 도시계획이라는 나의 주 분야는 다른 분야들과 협업 성향이 강한데 여러 엔지니어링과 예술 문화 분야는 물론이고 부동산, 주택 정책, 경영, 경제 분야 사람들과의 교류가 적지 않고, 국회의원, 시의원, 구의원, 구청장, 시장, 중앙부처 등 정무직 공무원들과의 접촉 역시 적지 않다. 건축은 이 시대에 민간 지향적인 분야이고, 도시계획이란 근본적으로 공공 지향적인 분야이다. 통상적인 실무 활동뿐 아니라 정책과 제도 개선에 관심이 높은 나는 민간과 공공을 넘나들었고 종국에는 직접 국회의원 경험까지 해보게 되었다.

나는 남성 세계와 여성 세계를 넘나들기도 했다. 내가 공적으로 일하는 파트너들과 동료들은 거개가 남자들이다. 90% 이상이라고 보면 될 것이다. 남자들을 근거리에서 접하다 보면 때로는 혐오감이 들 정도로 실망하는 경우가 많다. 먹이사슬의 굴레에서 벗어나지 못하거나 이권에만 밝은 남자들이 워낙 많기 때문이다. 하지만 이런 경험을 통해 우리 사회에서 남자들이 자의 반 타의 반으로 끼어 있는 사회적 굴레의 무게와 그들이 부딪히는 애환을 속속들이 잘 알게 되기도 했다. 우리 사회의 뿌리 깊은 가부장적 문화는 여자들뿐 아니라 남자들까지 억압하는 기제다.

나는 어디까지나 여자다. 때로 '남성 편'이라거나 '남자보다 더 남자 같은 여성'이라는 소리까지 곧잘 듣지만 내가 여성임을 한 번도 잊어본 적이 없다. 우리 사회에서 여성으로 산다는 현실 속의 차별과 억압에 민감하지만, 나는 여전히 다시 태어나도 여자로 태어나고 싶다. 나는 '여성성'을 찬미한다. 특유의 총합적인 태도, 인간적인 면모, 세상을 향한 따뜻한 시선과 돌봄의 행위, 같이 나누고 같이하려는 소망이 여성성의 바탕에 깔려 있다고 믿는다. 사회에서 차별받는 존재가 오히려 인간성에 대한 이상을 끝까지 지닐 수 있다고 믿는다.

나는 '멀티 성향'의 사람이다. 지극히 외향적이면서 또 지극히 내향적이다. 행동 지향적이면서 생각 지향적이다. 감정선이 꽤 발달되었지만 논리적인 훈련을 철저하게 거친 편이다. 뜨거운 열정과 차가운 냉정 사이를 기꺼이 오간다. 나는 여러 일들을 한꺼번에 하는 전형적인 멀티 플레이어다. 나는 기꺼이 인정하는 '일

중독자'이지만 동시에 '놀이중독자'라는 말을 들어도 될 정도로 일과 놀이를 구별하지 않고, 몰래 많이 놀기도 한다.

　이 책의 마지막 부분에서 거론하겠지만 내가 가진 마음의 벽과 마음의 상처도 당연히 있다. 콤플렉스이자 트라우마이자 강박관념 같은 것이다. '차별'에 대해 나는 극도로 예민하다. 나는 어릴 적 온전히 존중받지 못한다는 차별 의식에 시달렸고 하찮은 나의 존재에 어떤 의미를 부여하느라 발버둥을 쳤다. '독립'과 '자존심'은 나를 밀어온 힘이다. '오로지 독립만이 살 길'이라는 생각이나 '자존심을 지키고 싶다'는 열망은 때로 나를 무척 괴롭히지만 여전히 나를 지키는 힘이다. 내가 부정 · 부패 · 부실 · 부조리 · 불합리 · 반칙 · 특혜에 지극히 민감하게 반응하는 것도, 그런 것들이 나의 독립과 자존심 지키기를 방해하고 뿌리째 흔들어버리기 때문이다.

　나는 기대받지 못했던 한낱 작은 아이에서 기대받는 어른으로 변모해온 셈이다. 어릴 적 나에 대한 평들은 '부끄러움 많은 아이, 비실비실 약해빠진 아이, 겁 많은 아이, 잘 안 웃는 아이, 지나치게 심각한 아이, 지나치게 진지한 아이' 같은 것들이다. 어른이 된 후에야 '유쾌한 사람, 잘 웃는 사람, 튼튼한 멘탈, 씩씩한 체력, 시원시원한 스타일, 역량 있는 전문가, 소신 있는 정책가, 소신 발언을 주저하지 않는 사람'이라는 말을 듣게 되었지만 내 속에는 여전히 어릴 적의 그 모습들이 남아 있기도 하다.

　남들이 나를 강하다고 생각할 때 나는 속으로 약한 나를 다

독였고, 남들이 나를 성공했다고 부추길 때 나는 넘어가지 않으려 애를 썼고, 남들이 나를 공부 잘하는 사람으로 띄우려 들 때 나는 '왜 공부하는가'를 고민했고, 남들이 그만큼 일 많이 했으면 됐다고 할 때 나는 여전히 야무진 꿈을 키워왔다.

뒤돌아보면, 나의 자존심은 나를 가장 괴롭히는 근본 원인이었고 지금도 그렇다. 그렇다고 자존심을 버릴 수 있나? 내 생김생김으로는 도저히 그렇게 못하겠다. 나의 일 중독증은 나를 세워주고 즐겁게 해주었지만 나를 피곤하게 만드는 주 원인이기도 하다. 그렇다고 내가 일을 버릴 것 같은가? 전혀 그렇지 않다. 나의 독립심은 나의 행위의 뿌리지만 내가 힘들게 사는 주 원인이다. 그렇다고 내가 독립심을 버릴 것인가? 내 생김생김으로는 그렇게 못하겠다.

**의미 있는 괴로움으로 스스로 강해져라!**

나를 괴롭히는 것은 결국 나 자신이다. 이 책은 이 지점으로부터 시작하려고 한다. 나를 괴롭히는 게 잘못된 건가? 그렇지는 않다. 계속 이렇게 나를 괴롭힐 건가? 물론 그럴 것이다. 하지만 계속 괴로워하기만 해야 할까? 물론 그렇지 않다. 괴로움은 결코 없어지지 않지만 괴로움을 다스리는 지혜는 커질 수 있다. 어떻게 지혜를 키워야 하나? 자신의 괴로움을 잘 관찰하고, 그 패턴을 그려보자. 스스로 괴로워하는 만큼 스스로 강해지자.

괴롭다는 현상 자체에만 빠져 있다 보면 어떻게 없애는가에만 집중하게 된다. '왜 괴로운가, 어떻게 그 괴로움을 의미 있는 괴로움으로 만들 것인가'에 더 집중해보자. 괴로움이 없는 사람은 오히려 문제가 있는 사람들이다. 소시오패스, 사이코패스가 아니고서야 모두 자기 자신에게 의문을 가지기 때문에 스스로 괴로워하는 것이다. 자의식은 사람을 사람답게 하는 근본 동인이며, 괴로움은 그 현상일 뿐이다.

우리는 온갖 괴로움들 앞에서 때로 비겁하고, 때로 회피하려 들고, 때로 눈 감으려 들기도 하지만, 궁극에는 정면으로 응시하고, 깊은 원인을 찾아보고, 정면 승부하면서 의미 있는 괴로움으로 만들 수 있어야 한다. 그 힘을 기르는 것 역시 스스로 해야 할 일이다. 세심하고 대범하게, 스스로 강해지자!

인간도시아카데미에서

2014년 7월

1강

## 도망가고 싶다. 어디 도망칠 데가 없을까?

"아, 도망가고 싶다. 훌쩍 떠나고 싶다. 이 굴레에서 벗어나고 싶다. 도망갈 데 어디 없을까? 왜 이리 쫓기며 살아야만 하는 것일까? 그냥 다 관두고 싶다."

우리 모두 종종 이렇게 부르짖는다. 왠지 모르게 쫓기는 느낌, 사방에서 조여오는 느낌, 갑갑해서 벗어던지고 싶은 느낌, 마구 소리 지르고 싶은 느낌에 사로잡힌다. 직장인이라면 다람쥐 쳇바퀴 돌듯 사는 삶에 답답해하고, 주부들은 집에서 종종걸음 치며 '해도 해도 또 해야 하는 잔일'을 하는 데 지친다. 일정 지위에 오른 CEO나 '신의 직장'에 다닌다는 직장인들이나 종신직을 획득한 교수들이라 해서 자유로운 것도 아니다. 모두가 치열한 경쟁이 계속되는 각박함에 진저리를 치고 영원히 끝나지 않을 것 같은 압박감에 시달린다.

자살 충동에까지 이르지야 않더라도 사표를 던져버리거나, 이혼장에 도장을 찍어버리거나, 귀농을 하거나 아예 이민을 떠나버릴까 생각할지도 모른다. 자신을 둘러싼 모든 것들, 모든 사람들에게 질려버린다. 가슴에 남아 있는 열정도 없고, 호기심은 꺼져버리고, 온몸의 에너지가 다 타버린 것 같은 상태에 빠진다. 한마디로 '번아웃(burn out)' 상태가 되는 것이다. 그저 떠오르는 생각은 "여기서 벗어나야 해!"뿐이다.

일상이란 참으로 징그러운 현실이다. 매일매일 계속돼야 한다는 자체가 압박이고, 반복된다는 그 자체가 지루하다. 누구나 문득 시시포스(Sisyphos)의 굴레를 느낀다. 하루 종일 무거운 바윗돌을 메고 낑낑대면서 언덕 위에 겨우 올려 놓으면 하룻밤 사이에 데구루루 굴러떨어지고, 다음 날 아침이 되면 다시 무거운 바윗돌을 지고 또 언덕길을 올라가야 하는 것이다. 아무리 부조리하더라도 어쩔 수 없는 인간의 운명이다. 바위는 하루하루 더 무거워진다. 경력이 붙을수록, 상하좌우 인간관계들이 많아질수록, 사회적으로 안정되었다는 주위의 평가를 받을수록, 남들이 인정해줄수록, 가족을 이룰수록, 아이들이 커갈수록, 아는 게 많아질수록, 기대가 커질수록 한 사람이 져야 할 바윗돌은 점점 더 커진다.

반복적인 일상의 굴레를 끊어버리고 도망가고 싶다는 생각은 문득 찾아온다. 이미 도망칠 기회를 요모조모 노리고, 도망칠 방식을 요모조모 상상하고 있음을 문득 깨닫고 깜짝 놀라고 있을지도 모른다. 어떻게 할 것인가?

# 독하게 홀로 시간,
# 홀로 공간을 만든다

'도망쳐야 할 때는 도망쳐라!' 이 쉬운 답을 실행하기란 쉽지 않다. 책임감, 두려움, 겁먹음, 용기 부족에 이르기까지 도망치기를 막는 이유는 수도 없이 많다. 영화나 소설에서는 종종 주인공이 모든 걸 버리고 떠나는 상황이 그려지기도 하지만, 현실에서는 도망치기란 쉽게 선택할 수 있는 일이 아니다.

보통 사람들이 도망치기의 변형으로 시도해볼 수 있는 것은 단연, 여행이다. 그리고 가장 좋기는, 홀로 떠나는 여행이다. 가이드 여행은 사절이고 자유 여행 정도면 오케이고, 아무 사전 기약 없는 홀로 여행이라면 더욱 좋다. 꼭 해외로 떠나야 할 이유도 없다. 홀로 여행이라면 우리 산하, 우리 지방에서도 얼마든지 그 의미를 찾아낼 수 있다. 왜 홀로 여행을 권하는가? 모든 끈을 놓아 버리고 온전히 자기 시간, 자기 공간을 가지며 완벽하게 '홀로 있기'가 가능하기 때문이다.

홀로 있는 시간이 있어야 사람은 자란다. 자신을 지키는 가장 손쉬운 방식이 '홀로 있기'다. 홀로 있기란 마치 잠자기와도 같다. 혼자서 잘 수밖에 없는 수면 시간 동안 사람은 그날 배운 것과 체험한 것을 뇌에 새록새록 새기고, 무의식을 작동시키고 꿈을 꾸면서 새로운 자극과 새로운 에너지를 채워 넣는다. 숙면이 한 사람의 성장과 생존에 절대적으로 필요하듯, 홀로 있기 역시 우리의 성장과 생존에 절대적으로 필요하다.

홀로 있기란 근본적으로 '자신과 관계있는 사람들로부터 벗어나는 상태'를 말한다. 사람에게 사람은 더 없는 천국이 될 수도 있지만 또한 더 없는 지옥이 되기도 한다. 무한한 기쁨을 주기도 하지만 또 끊임없이 우리를 방해하는 존재가 사람들이다. 또한 진정한 홀로 있기란 '해야 하는 일에서 벗어나는 상태'를 말한다. 일상에서 반복되는 온갖 해야 하는 일에서 벗어날 때 자신의 삶을 통제하고 있다는 감을 가질 수 있다.

그런데 홀로 있으려면 꼭 여행을 떠나야 하는가? 어쩌다 할 수 있는 여행 떠나기보다 더 필요한 것은 일상의 굴레 속에서 '자기만의 낙원'을 가지는 것이다. 그것이 바로 '홀로 시간, 홀로 공간'이다. 누구에게나 자기 시간과 자기 공간이 필요하다. 학생도 선생도, 직장인도 경영자도, 월급쟁이도 프리랜서도, 아내도 남편도, 소녀도 소년도, 하물며 어린아이도 아기도 마찬가지다.

그런데 흥미롭게도 사람들은 홀로 있지 않으려고 애쓰는 성향이 있다. 혼자라는 그 단독 존재감을 은근히 두려워하는 것이다. 게다가 사람들에게는 다른 사람을 혼자 놔두지 않으려는 성향 또한 있다. '왕따'당하기를 무서워하는 사회일까, 혹시 비사교적이거나 인정머리 없는 사람으로 보일까 봐 두려워하는 사회일까. 우리 문화 특유의 '무리 사회'적 특성 때문일 수도 있고, 수많은 사람들이 뒤범벅되고 수많은 정보들이 허공에 떠도는 이 시대의 '그룹 중독증'일지도 모른다.

그래서 더욱 '홀로'가 되는 시간이 필요하다. 그 누구도 방해하지 않는 자기만의 시간, 자기만의 공간에서 철저히 홀로 시간, 홀로 공간에 빠져보는 맛을 알아야 하는 것이다. 갖은 수법을 동원해서 홀로 시간, 홀로 공간을 가져보자. 홀로 공간은 상대적으로 확보하기 쉽다. 홀로 시간은 정말 마음을 독하게 먹어야 가질 수 있다. 홀로 공간과 홀로 시간의 역학을 익혀보자.

**나와 대결하는 새벽 시간**

나의 홀로 있기는 새벽 시간에 이루어진다. 새벽마다 나는 나와 마주 선다. 내 안의 나와 만나는 시간이다. 온갖 고민들과 씨름하는 시간이고 나를 어지럽히는 온갖 괴로움들을 돌아보는 시간이다. 물론, 해야 하는 일이 아니라 하고 싶은 일에 집중하는 시간이다. 아마 새벽 시간을 온전하게 갖지 못했더라면 나는 진즉 미쳐버렸거나 또는 도망쳐버렸을지도 모른다는 말을 할 정도다.

'새벽형'으로의 전환은 내 인생에 일어났던 중요한 혁명 중 하나다. 20대까지는 나 역시 올빼미였다. 한밤의 열정에 불타올라서 한두 시에 자는 것은 보통이고 서너 시까지 깨어 있기도 했다. 늦은 아침에 일어나 브런치를 먹는 날도 허다했다. 9~6시 직장이 마뜩찮았던 것은 아침에 일어나기 싫어서가 아니라 한밤의 그 농밀한 분위기를 즐기지 못해서였다. 그때는 주말을 손꼽아 기다려서 '토요일 밤의 열기'를 실감하던 시절이었다.

새벽에 일하기 시작한 것은 유학 시절에 둘째 아이를 낳고 난 후다. 30대 초반이었다. 아이가 하나일 적만 해도 '옆 지기'와 시간을 나누면서 그런대로 올빼미 맛을 즐길 수 있었지만 둘이 되니 도저히 불가능해졌다. 게다가 아기는 온통 나의 관심을 필요로 하고 수시로 돌봐줘야 한다. 그래서 한동안 고민을 했다. 어떻게 나의 시간을 만들 수 있을까? 그러다가 우연하게 아기의 시간 리듬과 맞추면 된다는 것을 알아챘다. 아기는 일찍 자고 일찍 일어난다. 낮에도 꼭 낮잠을 잔다. 나도 아기를 따라 그렇게 했다. 밤잠 잘 자고 흐뭇하게 혼자서도 잘 노는 아기 옆에서 새벽에 일하는 것은 아주 괜찮은 전략이었다. 그러다가 일찍 일어나는 습관이 붙어버렸다. 이를테면 나는 '일찍 자고 일찍 일어나는 착한 어린이'가 된 셈이다.

새벽 예찬은 끝도 없이 할 수 있다. 세상 사위는 고요하다. 아직 잠들어 있는 세상에서 깨어 있다는 것은 은밀한 기쁨을 준다. 나를 찾는 사람도 없다. 성가신 전화도 없다. 새벽 시간을 활용하면 하루가 정말 넉넉하다. 저녁이나 밤 시간은 아무래도 소비적이 되기 십상이다. 놀자는 사람도 많고, 놀 곳 갈 곳도 많고, 불 밝히고 유혹하는 데도 많다. 저녁 식사를 여유 있게 하고 나면 다시 일할 마음으로 돌아가기 쉽지 않다. 더 놀고 싶어지는 것이 밤 시간의 심리인 반면 새벽 시간은 일하고 싶은 심리가 작용한다. 외롭다는 자체가 이점이다. 깨어 있는 사람도 없고 문을 연 데도 많지 않다. 그러니 새벽 시간은 외부 유혹이 없는 시간이자 자기에게 온통 빠질 수 있는 자기 유혹의 시간이라 할 만하다.

나는 새벽 4~5시면 일어난다. 집과 사무실이 한 건물에 있는지라 눈뜨고 책상 앞에 앉는 데 5분이면 된다. 이때부터 아무리 짧아도 두세 시간을 혼자서 신나게 보낼 수 있다. 어떤 때는 정신없이 글을 쓰고 어떤 때는 정신없이 그림을 그려대고 어떤 때는 음악을 들으며 웹 서핑을 즐기고 어떤 때는 '백지계획'을 세워보면서 생각을 정리한다. 물론 어떤 때는 그저 멍하니 보낸다.

이렇게 하는 현실적 이유도 있다. 낮의 바쁜 일정 때문이다. 낮 시간이란 회의, 사교, 협의, 현장 방문, 강연, 방송 등 사람과 전화와 교통에 할애할 수밖에 없다. 새벽에 일감들을 정리하여 나누고 나면 압박감이 확 줄어든다. 가장 소중한 것은 역시 새벽의 글쓰기다. 어떻게 일 년에 한 권씩 꾸준히 책을 쓸 수 있느냐고 사

홀로 있는 시간이 있어야 사람은 자란다.
독하게 '홀로 시간'을 가져보라.
그 고독감과 막막함 속에서 새로운 성장의 싹이 트는 법이다.

람들이 내게 묻는데, 매일 새벽 두세 시간을 온전히 자신을 위해 보낼 수 있다면 충분히 할 수 있는 일이다.

물론 누구나 새벽형이 될 수는 없다. 사람마다 올빼미 체질, 종달새 체질이 있다. 종달새 체질이라면 아무리 잠깐이라도 '낮잠 자기'가 필수인데, 낮잠 잘 시간과 공간을 도저히 낼 수 없는 사람이라면 새벽형을 유지하기 어려울 것이다. 직장생활의 리듬에 따라서도 다르다. 저녁 사교가 많은 사람들은 새벽에 일어나기 영 힘들 것이다. 야근이 많은 직종도 쉽지 않다. 여러 사람들이 하나의 팀으로 움직이는 일에서는 야근으로 시간을 맞추는 경우가 많기 때문이다. 사정상 도저히 종달새가 될 수 없다면 다른 시간을 짜내는 것도 필요하다. 자신과 은밀하고도 치열하게 만나는 시간, 자신과 대결할 시간이 필요하다. 밤 12시 전후의 시간이든, 출근 전 시간이든, 출근 직후든, 퇴근 직후든 간에 말이다.

누구에게나 적어도 하루에 두 시간은 이런 시간이 필요하다. 두 시간이라면 자신에게 몰입해 들어가는 15분, 자신으로부터 빠져 나오는 15분을 빼고 약 90분을 집중하여 일할 수 있으니, 참 괜찮은 시간이다. 하루에 두 시간이라면 일 년에 700~800시간은 되니, 일주일에 40시간 업무 평균으로 따지자면 적어도 넉 달은 자신을 위해 일하는 셈이다. 쌓이는 힘은 놀라운 것이다.

독하게 홀로 시간을 가져보라. 스스로 자신을 유폐시킴으로써 스스로 자신의 존재감을 찾고, 일상의 굴레에서 빚어지는 소모감으로부터 벗어나보라. 인생에서 해야 할 일과 하고 싶은 일의 균형을 찾을 수 있음을 이윽고 깨닫게 된다.

### 홀로 있기를 방해하는 것들과의 전투

그런데 세상은 절대로 나를 홀로 두려 하지 않는다. 온갖 방식으로 나를 간섭하고 내 시간을 빼앗으려 든다. 소설 『모모』에서 '시간을 훔치는 도둑들'을 말끔하게 슈트를 갖춰 입은 '회색 신사들'이라 표현한 것은 참 절묘하다. 아주 그럴듯한 차림새에 아주 그럴듯한 이유를 대며 내 시간을 훔친다. 그렇게 해서 훔친 시간들을 어디에 쓸까? SF영화 「인 타임」에서처럼, 가진 거라고는 시간밖에 없는 나한테서 시간을 뺏어서 돈 많고 권력 있는 사람들에게 팔려는 걸까? 모든 인간에게 주어진 똑같은 24시간조차 '부익부 빈익빈'이라는 저주에 빠질 수 있다는 미래 사회의 악몽에 진저리를 치게 만든 영화다.

자기 시간을 온전히 지킬 수 있는 것이 진정한 인권, 진정한 주권일지도 모르겠다. 세상은 우리의 시간을 헛되이 뺏으려 드는 유혹들로 가득 차 있으니 말이다. 상업주의 사회의 필수품인 온갖 광고, 스팸 메일, 막장 드라마, 막장 토크쇼 같은 것으로부터 선의가 담긴 인간관계에 이르기까지, 나의 시간을 빼앗으려는 갖은 유혹들을 어떻게 떨칠까?

이 시대에서 홀로 시간을 방해하는 1순위라 할 만한 '전화'를 예로 들어보자. 스마트폰이 일반화된 다음부터 이 현상은 더욱 두드러진다. 음성통화, 영상통화, 문자 메시지와 각종 SNS와 검색 기능과 게임 기능과 오디오, 비디오의 기능까지 갖추며 중독 현상을 부추기고 있는 것이 핸드폰이다. 자신 있게 중독증이 없다고 주장하는 사람, 시간을 안 뺏긴다고 생각하는 사람은 한번 실험해보라. 핸드폰 없는 하루, 사흘, 일주일을. 세상이 완전히 달리 느껴진다. 시간에 대한 개념을 다시 생각하게 된다.

물론 전화는 고맙다. 사람과 사람을 연결하는 좋은 끈이다. 전화벨이 오래 안 울리면 혹시 고장 났나 들여다볼 정도로 전화란 외로움을 달래주는 수단이다. 전화는 시간 부담을 덜어준다. 교통 문제를 정보통신으로 푸는 셈이다. 전화란 '요점만 간단히'가 될 수 있다. 얼굴 보면 차 대접도 해야 하고 이것저것 사적인 이야기, 세상 돌아가는 얘기가 길어지기 십상이다. 전화로 업무 처리를 잘하는 사람은 똑 부러지게 말을 잘하는 사람일 가능성이 높다. 게다가 전화는 업무 처리의 기본이다. 비즈니스를 시작할 때 세 가지 요건이라면 '사무실, 전화, 그리고 비서'다. 요새는 '사무실 없는 비즈니스'를 할 수도 있고, 핸드폰 하나만 있으면 비서도 필요 없어진다.

문제는 전화 횟수가 많아질 때다. 전화란 시간을 뚝뚝 끊어 먹는 마물이다. 열중해서 일할 때 벨이 울리면 가족 전화, 친교 전화, 사교 전화, 인사 전화도 반갑지 않고, 섭외나 자료문의 전화는 더 피곤하다. 게다가 여론조사 전화, 홍보 전화, 광고 전화 등 무차별적인 '스팸 전화'는 누구도 반기지 않는다. 연배가 늘수록, 할 일이 많아질수록, 사회에 알려질수록 전화 횟수가 는다. 내가 어떻게 할 수 없는 일이다. 대응 방식을 만드는 수밖에. 수많은 시행착오를 한 끝에 나는 걸려오는 전화에 대해서 몇 가지 방어 원칙을 정했다.

첫째, 부탁성 전화, 예컨대 원고 청탁, 강연과 인터뷰 요청은 이메일로만 주고받는다. 짧은 시간 안에 명쾌하게 내용을 전달하고 파악할 수 있다. 둘째, 전화 받지 않는 시간을 정한다. 예컨대 정신없이 일에 매달려야 할 때, 며칠 동안 아예 전화를 끊거나 하루에도 몇 시간은 전화를 받지 않는다. 여행 간 셈 친다. 셋째, 문자 메시지를 주로 이용한다. 넷째, 발신자 이름이 뜨지 않는 전화는 가능한 한 받지 않는다. 문자 메시지기 올 것이라 여긴다. 다섯째, 핸드폰은 가능한 한 발신용으로만 쓴다.

이런 원칙들을 고수하려면 내가 성의껏 지켜야 하는 원칙도 있다. 꼭 회신한다는 원칙이다. 업무 전화는 물론 부탁성 전화에 대해서도 바로 회신한다. 수없이 부탁하고 수없이 거절당해본 내 경험에 비추어보면 거절도 빨리 받아야 다른 옵션을 찾을 수 있기 때문이다. 다만, 막연한 부탁에 대해서는 꼭 회신할 필요 없다.

이런 원칙들이 제대로 지켜지는 것만은 아니다. '약속 문화, 예약 문화, 계획 문화'가 취약한 우리 사회인지라 쉽지 않다. 작가나 예술인, 교수 중에는 아예 전화를 받지 않는 사람도 있다던데 나는 그런 특권을 부리기는 어려운 처지다. 직접, 당장 통화해야

겠다는 사람들이 많으니 난감한 경우도 많고, 가까운 사람이 '전화 통화하기 너무 어렵네' 하면 미안한 마음도 든다.

나의 원칙을 지키려면 굳은 의지가 필요하다. 걱정도 되기 때문이다. 예컨대, 통화를 직접 못하면 불쾌하게 생각하는 문화가 신경 쓰인다. '일을 부탁할까 말까' 하는 사람과 즉각 통화를 못하면 프로젝트 기회를 잃을지도 모른다. 나 역시 프로 초기에는 이런 걱정 때문에 끝없이 전화에 노출되는 상황에 몰려 살았다. 그런데 전화를 잘 받는다고 일로 연결되는 것은 결코 아님을 곧 알게 되었다. '메모를 남길 정도의 전화'여야 실제적인 기회로 연결될 확률이 높다는 것도 깨닫게 되었다. 많은 사람들이 전화에 시달리고 사는 처지이기 때문에 은근히 나처럼 하고 싶어 한다는 것도 알게 되었다. 왜 선배들은 이렇게 간단한 요령을 코치해주지 않았을까?

이런 내가 핸드폰을 주로 '발신용'으로 쓰는 것은 당연하다. 이 얘기를 했더니 한 기자가 "귀족이시네요" 한다. '전화에 신경 끄고 살 수 있어서 좋겠다'는 의미일 것이다. 항상 전화에 노출되어 살아야 하는 기자 신분이니 오죽하겠나? 사실 한밤중이 되도록 핸드폰을 받는 사람을 보면 참 안돼 보인다. 저렇게 자신을 노출시키고 살아야 하나, 남에게 신경 쓰고 살아야 하나, 저렇게 좌불안석으로 살아야 하나 하는 생각이 든다. '사랑 전화'를 기다리지 않는 바에야 안쓰럽게 보인다. 전화에 대해서만큼은 과감하게 귀족이 되어보자. 요새는 '메시지' 기능도 쉽고 발신자 기록도 있으니 전화가 비서 역할을 톡톡히 해주지 않는가? 전화벨이 울리는 횟수를 통해 자신의 사회적 존재감을 확인할 이유는 없다.

예를 전화로 들었지만, 우리 시간을 빼앗기 일쑤인 모든 사안들에 대해서 자신의 원칙을 세울 필요가 있다. 트위터, 페이스북, 카카오톡 등 SNS 역시 중독증이 있으니 자신의 활용 원칙을 세울 필요가 있다. 쏟아지는 스팸 메일을 어떤 방식으로 걸러내는가 고민해야 하고, 온갖 광고 전단지를 어떻게 걸러내는가도 마찬가지다. 언제 어디서나 귀에 이어폰 꽂고 스마트폰에 코 박는 지하철 장면에 나도 동참할 것이냐 아니냐도 비슷한 고민이다. 자기 시간을 갖는다는 것과 세상을 차단하는 것은 분명 다르기 때문이다.

그런데 이렇게 시간 뺏기지 않으려 노력하는 나도 어떤 때는 수십 분씩 통화를 하고, 정기적으로 SNS에 빠지기도 한다. 내 마음이 그런 통화, 그런 소통을 깊이 원할 때다. 잘 아껴놓은 시간을 잘 쓰는 것은 온전히 나의 권리이니 말이다.

### 집을 멀리하는 지혜

'집'이란 참으로 애물단지다. 바람 잘 날이 없다고 할까. 아무리 사소하게 보이더라도 결코 무시할 수 없는 일들이 끊임없이 일어나는 곳이 집이다. 집에서 일어나는 일들의 가짓수는 이루

헤아릴 수 없이 많다. 더구나 집안일이란 시간뿐 아니라 감정 투입까지도 요구한다. 요즘은 여자든 남자든 집안일, 가족 일, 아이들 일 때문에 엄청난 압력을 받는다.

물론 집의 존재란 일에 크게 도움이 된다. 정서적 안정을 이루는 데 있어서 집의 의미란 아무리 강조해도 지나치지 않는다. 아무리 아옹다옹하더라도 집이란 서로 가장 신뢰하는 사람들의 집합체이기 때문이다. 그러나 집은 또 일에 방해가 된다. 일이란 몰입을 요구할 뿐 아니라 불규칙적인 리듬을 타기 때문에 조여줄 때 바짝 조여주어야 하는데, 집이란 습관적이고 정기적인 반복 리듬을 가지고 있기 때문이다. 딜레마다. 전업 주부가 있는 행운의 집에서는 그나마 순조로울 것이다. 일에 빠진 사람이 집 밖에서 온통 시간을 보내더라도 집을 다독이는 사람이 버텨주니 말이다. 그러나 그런 집이 얼마나 될 것이며, 더구나 만만하게 집을 멀리할 수 있는 사회 분위기도 아니다.

어떻게 할 것인가? '일이란 24시간 일'이라는 얘기를 나는 많이 한다. 24시간 일을 하라는 뜻이 아니라 실제 일하는 시간은 8시간이라 하더라도 언제나 일할 태세, 일할 준비가 되어 있어야 한다는 뜻이다. 그 전제 조건이라면 '언제나 시간을 낼 수 있는 준비 태세'다. 그러려면 개인적인 제약을 벗어날 수 있어야 하고 그중에서도 필요할 때 '집'을 멀리할 수 있어야 한다. 쉽지 않은 조건이자, 평소에 꾸준하게 신뢰를 쌓아두어야 비로소 만들어지는 여건이다. 그런 신뢰를 쌓는 몇 가지 원칙을 생각해보자.

첫째, 일하는 시간 생산성을 절대적으로 높여야 한다. 결혼 전 젊은이들에게 나는 수시로 잔소리를 한다. "9~6시에 일을 끝내는 습관을 들여라. 밤이나 주말에 일할 수 있다고 낮 시간을 어영부영 보내지 마라. 여자는 말할 것도 없고 남자도 마찬가지다. 특히 남자는 시간을 자유롭게 쓸 수 있다는 생각에 시간 생산성이 낮아질 위험이 있으니 더욱 조심하라. 결혼하면 그렇게 맘대로 못 한다. 게다가 아이라도 생기면 더하니 초보 시절부터 시간 생산성을 높이는 노력을 해야 한다."

둘째, 일의 리듬에 대해 주위에 예고하고 설득하는 노력을 해야 한다. 물론 갑작스레 생기는 바쁨도 있지만 일의 사이클은 미리 예견할 수 있는 경우가 많다. 조금만 앞을 내다보는 계획성을 가진다면 사전 예고가 가능하고 그에 대한 사전 준비가 가능하다. "가령 다음 주에는 꽤 로드가 걸려. 수요일까지는 늦을 거야. 마지막 주말에는 워크숍이 있어서 출장을 가게 돼" 등 나중에 바뀐다 하더라도 미리 예고하라.

셋째, 집안일에 대해서 최우선적 성의를 가지고 있다는 신뢰를 쌓아놓아야 한다. '필요할 때는 항상 집이 먼저'라는 믿음을 주어야 종종 '일이 먼저인 긴장 상황'에 대해서도 이해받을 수 있지 않겠는가? '일이란 24시간 일'이라는 원칙이 '집안일 역시 24시간 일'이라는 원칙으로도 성립할 수 있어야 하는 것이다. 24시간 내내 일을 하는 게 아니라 꼭 필요한 때에 꼭 그 자리에 있어준다는 믿음을 쌓아놓자.

넷째, 모질 때 모질어야 한다. 모질게 정을 떨쳐야 할 때는 떨쳐버릴 수 있어야 한다. 혼자 있어야 할 때 당신의 집이 당신을 구속하는 경우는 없어야 하는 것이다. 모질게 자신의 시간을 고집하라. 적어도 집에 대해서는 나는 남다른 시간 경쟁력을 가지고 있다고 할 만하다. 집과 사무실이 한 건물에 있으니 말이다. 많은 사람들이 부러워하는 방식이다. 그렇다고 누구에게나 권할 만한 방식은 결코 아니다. 집과 일터가 거리적으로 가까우면 오히려 더욱 독하고 모질게 집과 일을 구분해야 한다. 집에서 일하는 '워크-인 홈(work-in-home)'은 더더욱 모질고 독해야 지킬 수 있는 방식일 것이다. 집에 있으면서도 집을 멀리하는 지혜를 익혀야 하는 것이기 때문이다.

집을 멀리할 수 있는 지혜는 남편, 아내, 아이, 부모들 각자에게 다 필요하다. 누구나 마찬가지 심리인 것이다. 집이 주는 소속감은 자연스러운 것이되 집의 구속감을 받지는 않아야 하는 것이다. 때때로 집에서 떠나 있을 수 있는 자유를 느껴야 집에 대한 애착도 더 커진다. 집은 따뜻하지만 또 귀찮은 존재라는 사실을 직시하자. 만약 집과 일을 다 갖고 싶거든, 99%의 사람이 다 그렇지만, 집을 때때로 멀리하는 지혜를 갖추어보자. 그래야 집에 대한 사랑도 지속된다. 여하튼 아무리 멀리한다고 해도 가장 가까운 것이 '집' 아닌가?

**공간 사치와 시간 사치**

홀로 공간, 홀로 시간을 가질 수 있다는 것은 '사치'라는 말을 붙일 수 있을 만큼 귀한 축복이다. 그래서 나는 공간 사치, 시간 사치라는 말을 쓴다. 공간 사치와 시간 사치 중에서 하나만 선택하라면 시간 사치를 택하겠지만, 사실 공간과 시간은 다음과 같이 일종의 함수관계에 있다.

- 공간 사치도 높고 시간 사치도 높으면 지루해지기 쉽다.
- 시간 사치를 부릴 수 없는 사람은 공간 사치를 부리는 것이 좋다.
- 공간 사치를 부릴 수 없는 사람은 시간 사치를 부리는 것이 좋다.
- 공간 사치도 낮고 시간 사치도 낮으면 처참하게 느끼기 쉽다.

쉽게 말하면 이렇다. 집에 붙어 있는 시간이 짧은 사람이라면 집이 크지 않아도 된다. 다른 곳에서 공간 사치를 맛볼 수 있기 때문이다. 하지만 그렇게 짧기 때문에 오히려 더 귀한 공간이어야 한다고 느낄 수도 있다. 그런가 하면 집에 붙어 있는 사람에게 공간이 너무 작으면 답답하고 숨이 막혀서 뛰쳐나가고 싶어진다. 그런데 집에서 시간 여유를 부릴 수 있는 사람에게 공간이 너무 크면 오히려 막막하고 외로워서 뭔가 다른 것을 찾으려 집에서 뛰쳐나갈지도 모른다. 참 미묘하고 복잡하다.

이런 역학을 작업 공간에 적용하면 어떻게 될까? 사무실에 붙어 있는 시간이 별로 없는 사람에게는 사무 공간이 크지 않아도 괜찮다. 온 사방에서 공간 사치를 맛볼 수 있기 때문이다. 그러나 한편으로는 밖으로 도는 바쁜 시간의 궁핍 때문에 오히려 작업실에서 공간 사치를 부리려 할지도 모른다. 꽉 짜인 작업 일정 때문에 시간을 맘대로 하지 못하는 고용인들에게는 그 스트레스를 이기기 위해서 여유로운 공간 분위기가 도움이 될 것이다. 때로 각박한 일정을 화끈하게 벗어나는 시간 사치가 기를 살리는 것처럼 말이다.

그런데 불행하게도, 현실에서는 시간 사치와 공간 사치의 역학이 바람직하지 못한 모습으로 일어날 공산이 크다. 예컨대, 아이들과 복닥복닥하는 시절에는 집에 공간 여유가 있어야 쉴 수 있건만 현실은 그렇지 못하고, 아이들이 다 떠나고 부부만 남아 있을 때는 집만 휑해져서 오히려 더 외로워지는 식이다. 회사에서도 상급직일수록 덩그마니 큰 공간을 갖는데 그 직급 사람들이 만약 자기 방에만 앉아 있다면 업무는 제대로 안 돌아갈 터이다. 개인 방에서는 결재나 개인 손님 접대가 주로 이루어지는데 왜 그렇게 커야 하나? 그런가 하면 하급직들은 개미굴처럼 조밀한 공간에서 개미처럼 일해야 하니 참 갑갑한 상황이다. 그렇다고 쉽게 이 역학을 깨지도 못하는 딜레마 상황은 계속된다.

시간과 공간 사이의 심리에 대해서 의식할 필요가 있다. 보완 방식을 고민해보자. 공간 사치와 시간 사치 중 적어도 한 가지는 꼭 필요하다. 사람들이 시달리는 '여유 결핍증'을 다소나마 달래줄 수 있는 장치다. 둘 중 어느 것이라도 좋다. 시간 사치는 공간 여유를 만들어낼 수도 있고, 공간 사치는 시간 여유를 만들어낼 수 있다.

시간 사치와 공간 사치를 다 부릴 수 있으면 아주 근사한 삶이 될 것 같지만, 그런 상태가 지속되면 지루해져서 뭔가 사고를 칠지도 모른다. 사치란 심리적 속성상 마취와 같다. 시간 사치도 공간 사치도 없이 사는 무수한 사람들을 위해서는 무엇이 필요할까? '사적 빈곤'을 '공적 풍요'로 달랠 수 있는 방법은 어떤 것일까?

### 자투리 시간을 내 것으로 만드는 3가지 원칙

누구나 시간에 쫓긴다. 딱히 시간이 없다기보다도 시간이 갈가리 쪼개지는 상황에 부닥친다. 그렇게 되는 원인 중 하나가 길에서 보내는 시간 때문이다. 초능력을 가진다면 많은 사람들이 순간 이동을 첫 순위에 두는 이유도 바로 이 때문일 것이다. 많은 사람들이 하루 평균 두세 시간은 차에서 보낸다.

옛 사람들이 시간적 여유가 있었던 것은 생활이 상대적으로 단순했기도 하거니와 사람들의 활동 공간의 범위가 지금보다 훨씬 더 작고, 많은 활동들을 하나의 공간에서 할 수 있었기 때문일 것이다. 출퇴근 따로 할 것 없이, 학교 멀리 갈 것 없이, 나들이 멀리 갈 것 없이, 자고 먹고 일하고 공부하고 물건 사고 놀고 사람 만나는 일이 집과 들, 마을에서 일어나니 얼마나 시간적으로 여유로웠을 것인가. 작은 도시에만 가도 벌써 시간이 천천히 흐르는 것을 느끼며 새삼 놀란 적이 있지 않는가? 그렇게 시간이 유유하게 흐르는 삶을 살고 싶다고 꿈꿔본 적이 있지 않는가?

불행히도 우리의 시간은 수없이 토막토막 잘라진다. 그 토막 시간들을 어떻게 이어서 하나의 줄거리로 만들 것이냐는 매일매일 부딪히는 과제다. 길에서 보내는 시간을 줄이기 위해서 집과 사무실을 한 건물로 합하는 대결단을 시행함으로써 하루 최소 두 시간을 아꼈던 나이지만 여전히 길에서 보내는 시간은 만만찮다. 30분 만남을 위해 1시간 이상을 길에서 보내야 하는 일도 부지기수고 그보다 더 짧은 만남에도 길에다 시간을 투자해야 하는 경우가 많다.

이렇게 길에서 보내는 자투리 시간을 활용할 방법은 없을까? 일단 나는 차에 있는 시간을 즐기는 편이다. 일을 안 해도 되는 시간이다. 또 누구 눈치 안 보고 맘껏 혼자 있을 수 있는 시간이다. 음악을 마음껏 듣는 시간이고, 창밖에 펼쳐지는 도시와 자연을 마음껏 느끼고, 길거리 사람들을 기웃거리고 새로운 건물이 지어지는 것을 관찰하는 시간이다.

차가 막히면 아예 책을 펴들고 보기도 한다. 신문을 볼 때도 있지만 주로 자료를 본다. 회의 자료를 훑거나 강연 내용을 정리하며 할 말의 순서를 잡는다. 교통사고를 낼 정도는 아니니 안심

해도 좋다. 나는 무사고 운전사다. 차가 서 있을 때만 자료를 본다. 자료 보기에 빠져 있다가 뒤에서 빵빵대는 경우를 당한 적은 꽤 있지만 앞차를 박은 적은 없다. 차가 움직이는 동안은 생각하기에 좋다. 때로 생각에 열중하다가 "언제 벌써 여기까지 왔지?" 하고 화들짝 놀라는 적도 있다. 차가 움직이는 규칙성이 생각을 흘러가게 하기 때문일 것이다.

차 안에서는 무념무상으로 생각을 흐르게 하는 공간심리가 작용한다. 마치 절에 있는 것 같은 착각도 자아낸다. 아주 작은 공간 안에 갇혀 있는 느낌, 그리고 자유롭게 차를 움직이며 온 세상을 탐험하는 느낌, 두 가지가 동시에 가능하기 때문이리라. 많은 사람들이 아무리 막혀도 차를 끌고 나가는 것은 혼자 있는 시간이 은근히 좋아서 아닐까. 운전석에 앉으면 마치 온 세상이 제 맘대로 될 듯 착각하게 되는 것이 운전의 심리학이다. 경계해야 할 착각이지만 또 충분히 즐길 만한 착각이기도 하다. 워낙 제 뜻대로 되지 않는 일이 많은 세상이니 차만이라도 자기 마음대로 굴리는 느낌이 좋지 않은? 그 느낌에 얹어 온전한 자기 시간으로 만드는 요령을 덧붙일 만하다.

그렇다면 남이 모는 차를 이용할 수밖에 없는 처지에 있다면 어떻게 할까? 버스, 지하철, 택시에 여지없이 갇혀 있는 상황, 이 아까운 시간을 어떻게 할까? 요즘 점점 더 대중교통을 많이 이용하게 되면서 내 궁리도 많아졌다. 예전보다 훨씬 더 편해졌고, 장거리 갈 때도 훨씬 더 빨라졌기 때문이다. 대중교통의 가장 좋은 점은 내 손이 자유로워진다는 것이다. 메모를 자유롭게 할 수 있다. 프로젝트에 대한 구상, 디자인에 대한 구상, 글에 대한 구상, 책 구상 작업이 훨씬 더 자유스러워졌다. 머릿속 이미지를 종이 위에 또 화면 위에 그려낼 수 있으니까 진도가 잘 나간다.

원하건 원치 않건 우리 생활에는 적잖은 자투리 시간이 생긴다. 여기저기 쪼개지는 토막시간을 잘 이어붙여보자. "나의 역사는 차 안에서 이루어졌다"라고 할 만큼의 이야기가 만들어질지도 모른다. 여기 몇 가지 원칙을 권하고 싶다.

첫째, 아예 '쓸 만한 자투리 시간'을 만든다. 차 안의 시간은 누가 방해만 안 하면 상당히 고적한 분위기니 아예 긴 자투리 시간을 만드는 방식을 택한다. 최소 안정된 30분 이상을 가질 수 있다면 거리가 별 문제되지 않는다. 직장과 집 사이의 거리가 문제가 아니라 안정된 교통수단이 있느냐가 문제인 것이다.

만약 50분 출퇴근하는 사람과 90분 출퇴근하는 사람을 비교할 때, 후자가 편히 앉아서 자기 시간을 가질 수 있다면 이 사람이 오히려 시간을 버는 것이다. 만약 세 번 갈아타는 30분 거리와 한 번만 타고 가는 45분 거리에서 골라야 한다면, 나는 차라리 45분을 택하련다. 그런 집은 값도 더 쌀 것이다. 일찍 나오면 앉을 자리가 있는 종점 부근이라면 더욱 좋다. 통근 버스가 있다면 더욱 좋다. 나는 신혼 무렵에, 멀고 먼 70분 통근 버스에서 잠도 보충하고, 책도 보고, 프로젝트도 구상하면서 환상적인 시간을 가졌는데, 실제로 아주 영양가 높았다.

둘째, '돈 가치'와 '시간 가치'를 바꾼다. 예컨대, 버스를 타면 1시간, 택시를 타면 20분이라면 무엇을 택하겠는가. 시간이 중한 사람이라면 비용이 5~10배 더 들더라도 당연히 택시다. 결혼하고 무지막지하게 시간에 쫓기게 된 나는 '그래 둘이 한 집에 사니 비용이 절약되었다 치고 과감하게 택시에 투자하자!'고 마음을 먹고 일찍 나와 택시를 탔다. 회사에서 남들보다 1시간 먼저 시작하니 기분도 좋았고 정시에 퇴근해도 눈치가 덜 보였다. 물론 마음 같아서는 1시간 일찍 퇴근하고 싶었다. 정규 시간에 퇴근하면 택시도 시간 절약에 별 효과가 없었기 때문이다. 버스를 타고 터덜터덜 집에 오면 빨라야 7시 반, 그때부터 저녁 해먹으려면 참으로 고달픈 시가이었다. 시간은 돈으로 살 수 있다. 그리고 살 수 있다면 물건보다는 시간을 사는 것이 최고다.

셋째, '짧은 자투리 시간'에 호흡이 맞는 일을 만든다. '집 마인드'에서 '일 마인드'로 바뀌는 시간은 15~30분 사이가 가장 좋다고 한다. 하나의 일에서 다른 일로 전환하는 데에 걸리는 시간이기도 하다. 훈련에 따라 다소 차이가 나지만 대부분의 사람이 이렇다. 일상에는 다른 자투리 시간도 적잖게 종류가 많다. 그 짧은 시간에 할 일들을 만들어놓자. 나는 이런 기준을 가져본다.

- 30초~1분 최소 스피치, 최소 전화, 화장실 이용, 화장하기
- 3분 업무·인사 전화, 이메일 체크, 차 마시기, 충분한 의사 전달 스피치, 업무 메모 전달, 옷 입기

- 5분 메모 쓰기, 인사말 구상, 어슬렁어슬렁 걷기, 스케치
- 15분 회의 자료 보기, 인터넷 자료 체크, 강연 구상과 메모, 인사 대화
- 30분 책 읽기 기본(최소 30쪽의 호흡), 낮잠 자기, 업무 회의
- 60분 어떤 것도 깊이가 가능한 환상적인 시간

내친 김에 긴 호흡의 시간을 어떻게 쓸지에 대한 기준도 가져보자. 긴 여행 중 버스, 기차, 비행기 안에서 몇 시간씩 홀로 있는 시간은 아주 행복한 시간이다. 사무실이나 집에서 홀로 있는 것과는 또 다른 느낌이다. 책을 봐도 좀 다르고, 떠오르는 생각도 좀 특별하다. 여행은 역시 혼자 해야 가장 좋지 않을까.

- 90분 서울과 충청·강원권의 버스 여행, 책 반 권, 결말을 남기는 책 읽기, 리포트 구상
- 180분 서울과 경상·전라권의 버스 여행 또는 고속철, 책 한 권 끝내기에 완벽한 시간, 글 하나 끝내기(15매 내외)
- 360분 이상 비행기 타고 호주·유럽·미국 가기, 잠자기, 책 끝내기, 긴 글 끝내기 등

토막토막 시간이 쪼개지는 일상에서 자투리 시간을 황금 같은 시간으로 만드는 것은 만만찮은 과제다. 자면서 보내는 시간이든, 무념무상하게 생각을 흘려보내는 시간이든, 마음껏 상상하는 시간이든, 실현할 만한 아이디어를 만드는 시간이든, "나의 역

사는 차 안에서 이루어졌다!"라고 누구나 이야기하고 싶어지면 좋겠다.

**한 번은 독해져보라!**

그런데 이런 의문이 들지 않는가? "도대체 사람은 어떻게 독해질 수 있는 거야? 나는 성격상 독해질 수가 없어! 아니 어떻게 그리 독하게 홀로 시간, 홀로 공간을 만들 수 있어? 결국 나는 안 되는 건가?" 같은 의문들이 자연스럽게 들 것이다. 결론부터 말하자면, 독해지는 능력은 스스로 키우는 외에는 답이 없다. 남들이 아무리 "좀 독하게 해 봐!"라고 해도, 아무리 그럴 듯하게 들려도, 시간이 지나면 언제 그런 얘기를 들었나 싶을 만큼 다시 온갖 유혹들 앞에서 마음이 흔들리는 것이 인지상정이기 때문이다.

이런 점에서 자기 자신에게 독해보는 경험을 가져보는 것은 아주 중요한 체득 과정이다. 그리고 그 경험은 주변 사람들이 다 같이 독하기를 기대해줄 때 실행하는 것이 좋다. 말하자면 홀로 시간, 홀로 공간에 파묻혀 있더라도 사람들이 충분히 존중해주고 기뻐해주는 기간 말이다. 바로 공부하는 시간, 그리고 솔직히 말하자면 결혼하기 전 싱글일 동안의 시간이다. 이 기간 동안 한 번쯤은 자기 자신에게 완벽하게 독해보는 것은 두고두고 도움이 된다.

『왜 공부하는가』라는 책에서 상세히 밝혔듯이 나는 고2 겨울

방학에 '앞으로 1년 동안 오로지 공부만 할 거야!'라고 결단하고, 그 결단을 독하게 지켰던 경험이 있다. 그리고 다른 어떤 것보다도 그때 결단을 독하게 지켰던 것이 나에게 '언제든지, 필요하면 독할 수 있다'는 자신감을 심어주었다는 점에서 귀한 경험이다.

대단히 독한 1년이었다. 1주일에 한두 권씩 읽던 책 딱 끊고, 몰래 다니며 1주일에 한 편씩 보던 영화 딱 끊고, 저녁과 주말 TV마저도 딱 끊고, 오직 내 방 평상과 교실 책상만 오갔다. 학원에 다니지도 않았고 몇몇 친구들과 돌아가며 몇 과목에 대하여 그룹과외를 했을 뿐이다. 세수하고 밥 먹고 버스 타는 시간 외에는 공부만 했다.

참 지루하기 짝이 없는 1년이었을 텐데 어떻게 그럴 수 있었는가 모르겠다. 어떻게 그렇게 독하게 몰입할 수 있었나 이모저모 따져보면, 첫째 이유야 물론 절박감이다. 그 시절 내가 가장 꿈꿨던 것은 독립이었다. 하지만 당시 성적이 중간을 오가는 정도였는데 어디 독립이 가능하겠는가. 그래서 절박했다. 둘째 이유는 공부밖에 다른 선택이 없었기 때문이다. 이왕 하는 것 한번 독해보자 하는 심사였다. 어느 책 제목처럼 "공부가 가장 쉬웠어요"라는 말은 맞는 말이다. 인생살이에서, 또한 먹고살기 위한 일 중에서 그나마 공부가 가장 쉬운 편이다.

다음의 셋째 이유, 나는 이것을 중요하게 꼽는다. 당시는 상대평가가 없었기에 오히려 1년 동안 몰입이 가능했다. 지금은 수능이며 온갖 평가 시험이 전국의 학생을 일렬로 세우니까 수시로

순위를 대비하게 된다. 이런 상황은 공부를 아주 짧은 호흡으로 만들어버리고 순위 때문에 지레 포기를 하거나 또는 거품 기대를 만든다. 추락에 대한 불안과 상승에 대한 막연한 환상을 조장하는 것이다. 그러나 그 시절 나는 공공연히 비교할 잣대가 없으니 오히려 몰입할 수 있었다. 물론 그 순간엔 얼마나 답답하고 불안했을지 독자들은 짐작하시리라. 선배가 없고 멘토가 없다는 상황은 정말 막막하다. 하지만, 바로 그 덕분에 나는 내 페이스대로 공부할 수 있었다. 기본에 충실하면서 차근차근 나의 보폭을 조절할 수 있었던 것이다.

이렇게 독했던 1년은 나에게 그 후에도 독하겠다고 마음먹으면 언제든 독해질 수 있다는 자신감을 불어넣어주었다. 인생의 고비마다 꼭 독해야만 하는 때가 있다. 나에게는 영어 문제로 고생했던 유학 첫 1년, 유학에서 돌아와서 한국 상황을 새롭게 파악하는 탐색전을 펼쳐야 했던 첫 1년, 30대에 창업하며 익숙지 않던 세계를 항해해야 했던 첫 1년, 아는 듯 모르는 듯 잡히지 않던 현실 정치의 세계를 헤쳐나가야 했던 첫 1년이 그랬다. 그 외에도 수없이 스스로 선택하고 결단해야 하는 때는 인생에서 수없이 많다. 한 번 독해봤던 경험은 여러 상황에서 이러저러한 방식으로 도움이 된다. 참으로 한 번만 독해보자.

독하다는 뜻은 무엇일까? '유혹에 넘어가지 않는다'는 뜻이다. 악마의 유혹처럼 달콤한 것들은 오죽 많은가. '돈, 명예, 권력'은 대표적이다. '편하게 살자, 대충 일하고 말자, 눈감아주자, 오늘은 쉬자, 그냥 자버리자, 내일 시작하자, 쉽게 돈 벌자, 뭐 대수랴' 하는 마음들도 그렇고, '달콤한 초콜릿, 입맛 당기는 패스트푸드, 지글지글 기름진 음식' 등 온 세상이 유혹이다. 독하기 가장 어려운 상황은 역시 사람과 관련될 때다. '내 마음이 아파서, 다른 사람의 마음을 다치게 할까 봐, 멀어질까 봐, 사랑을 잃을까 봐, 소외당할까 봐, 믿음을 못 받을까 봐' 등 사람 때문에 생기는 이런 마음은 영원한 유혹이다.

공부하는 기간, 그리고 아직 싱글일 때 독해져보라는 건 그나마 '사람의 유혹'에서 의식적으로 벗어날 수 있는 기간이기 때문이다. 미션이 확실히 보이고, 방법도 보이는 편 아닌가. 사랑의 감정에 빠지고 결혼이라는 상황에 들어가면 '사람의 유혹'은 떨치기가 점점 더 어려워질 수밖에 없다. 그러니 독해질 수 있을 때 독해보라.

물론 아직 한 번도 독해보지 못했다면, 지금도 늦지 않았다. 당신이라는 사람을 위하여 꼭 한 번 독해보자. 1년이 너무 길다면 한 달이든, 석 달이든 독해보자. 공부가 싫다면 프로젝트도 좋고 창업도 좋다. 한 번만 독해보면 세상이 달리 보인다.

**홀로 있어라, 홀로 있게 놔둬라!**

사람은 홀로 있을 때 자란다. 홀로 자는 잠처럼 깨어 있는 동안에도 혼자 있어보라. 잠을 안 자면 기억조차 만들어지지 않는 것처럼 깨어 있는 동안 혼자 있는 시간이 없다면 우리의 몸과 마음은 지친다. 홀로 시간이 별로 없는 사람이라면 자문해볼 필요가 있다. 항상 사람들과 섞여 있으면 생각할 시간이 없어지고, 생각할 시간이 없으면 자라지 못한다. 꼭 도망가기 위해서만 홀로 있는 것은 아니다. 수많은 관계망과 수많은 정보에서 벗어나 온전히 자기 자신이 되어보는 시간이 필요하다.

남자든 여자든 혼자 시간이 꼭 필요하다. 어른이건 아이이건 누구나 혼자 시간이 꼭 필요하다. 완벽하게 혼자 빠지는 시간을 만들자. 나는 특히 '남자의 혼자 있음'을 권하고 싶다. 대체로 남자들은 진정으로 혼자 있는 시간이 많지 않다. 하루 종일 밖에서 사람들과 섞여 휩쓸려 사는 남자들이 대부분이다. 이렇게 살아서는 마음이 피폐해진다.

나는 '여자의 혼자 있음'도 권하고 싶다. 설령 혼자 집에 있더라도 진정으로 혼자의 시간과 공간을 즐기지 못한다면 충전의 혼자 시간이라고 할 수 없다. 머릿속에서 온갖 걱정을 몰아내고 완벽히 홀로 있어보라. 홀로 다니기를 공연히 두려워하는 여자라면 의식적으로라도 한번 홀로 다녀보라. 아무 문제도 없음을 깨닫고 신 나는 자유를 느낄 수 있을 것이다.

남자는 여자의 혼자 있음을 내버려두고, 여자는 남자의 혼자 있음을 내버려두자. 각기 홀로 있는 시간이 있어야 같이 있을 때의 기쁨이 더욱 커진다. 각기 홀로 서야, 서로 기대고 힘을 합하고 같이 일하고 같이 노는 기쁨이 더욱 커진다.

　나는 또한 '젊은이의 혼자 있음'을 권하고 싶다. 몰려다니면 물론 재미있다. 그러나 완벽하게 혼자 있는 시간을 통해서 젊은 이들은 자란다. 자신과 대결하는 혼자의 시간을 가져보라. 자신의 과거를 가혹하게 되돌아보고, 현재를 냉철하게 분석하고, 미래를 구체적으로 그려보는 혼자의 시간, 그 고독감과 막막함 속에서 새로운 성장의 싹이 트는 법이다.

　'아이의 혼자 있음'도 권하고 싶다. 보호받는다는 느낌을 심어주되 완벽하게 홀로 시간을 갖도록 하는 것, 아이의 성장을 위해서 꼭 필요한 일이다. 부디 아이들 좀 내버려두라. 아이들의 시간을 학원으로 채우지 마라. 아이들이 길을 잃고 또 찾으며 자랄 수 있게 하라. 아이들을 풀어주라. 아이들을 자유롭게 하라. 자유에 따른 책임, 자유의 외로움을 느끼게 하라. 그 외로움 속에서 아이는 인생 곳곳에 도사리고 있는 외로움을 헤쳐나갈 자신만의 지혜를 키워간다.

　혼자 있음은 '같이 있음'의 신뢰 위에서 이루어진다. 홀로 있어보라. 아무리 주위에서 방해해도, 독하게 자기만의 시간과 공간을 만들라. 자기만의 시간, 자기만의 공간이 있는 사람은 인생을 훨씬 더 너그러운 마음으로 대할 수 있다. 도망치고 싶을 때, 얼른 자신만의 시간, 자신만의 공간으로 들어서라. 또 다른 가능성이 보일 것이다.

# 2강

## 스트레스 쌓인다. 나만 이렇게 힘든 걸까?

"피곤하다, 힘들다, 어깨가 무겁다, 목이 뻣뻣하다, 머리가 지끈지끈하다, 스트레스 쌓인다, 풀 길이 없다……."

우리는 온갖 스트레스를 받으며 산다. 이 시대에 사람들이 가장 많이 하는 말 중 하나가 '스트레스'일 것이다. 아이는 아이대로 어른은 어른대로, 여자는 여자대로 남자는 남자대로, 학생은 학생대로 선생님은 선생님대로, 초년생은 초년생대로 경력자는 경력자대로, 직장인은 직장인대로 경영자는 경영자대로, 유권자는 유권자대로 정치인은 정치인대로, 민원인은 민원인대로 공무원은 공무원대로, 갑은 갑대로 을은 을대로 스트레스를 받는다. 하물며 아무 근심 걱정 없을 것 같은 젖먹이조차도 스트레스를 받는다고 하지 않는가.

그나마 아이들은 현명하다. 아이들은 '그냥' 스트레스를 푼다. 그만큼 본능에 충실하다. "아이들이 더 잔혹하다"라는 말이 성립하는 것도 이 때문일 것이다. 아이들에게는 남을 괴롭히는 것도, 떼를 쓰는 것도, 어리광을 피우는 것도, 폭력을 쓰는 것도, 욕을 하는 것도, 손가락을 빠는 것도, 소리를 지르는 것도, 진흙탕에 뒹구는 것도, 프랑스 영화 「금지된 장난」에서처럼 '죽음의 놀이'를 하는 것도, 자위를 하는 것도 스트레스를 풀기 위하여 자연스럽게 쓰는 방식인 것이다.

그런데 어른들은 스트레스를 풀 때도 바보짓을 곧잘 한다. 자신에게 맞건 안 맞건 사회적인 잣대를 따라가는 것이다. 그 방식이 또 다른 스트레스를 만드는 데도 따라서 해버린다. 예컨대, 폭음이 또 다른 스트레스를 만든다는 사실을 아무리 머리로 알더라도 여전히 그 폭음의 분위기에 빠져든다. 어른이 될수록 상상력이 빈곤해지거나 주변의 압력과 유혹에 외려 약해지기 때문일 것이다.

좀 더 창조적으로 스트레스를 풀 수는 없을까? 일할 때보다 더 창의적 발상이 필요하고 상상력이 필요하다. 남들이 보기에 좀 괴상하고 괴팍스럽게 보이건 별 상관없다. 스트레스란 자기만의 힘듦인데 어떻게 다른 사람과 똑같은 방식으로 풀리겠는가. 남이 뭐라 하건, 과학적으로 아무리 좋고 나쁨이 입증되었든 간에 자기만의 방식이 필요하다. 서로의 삶에 해를 끼치지 않는다면 문제될 것이 뭔가. 스트레스 푸는 데민큼은 적이도 옳고 그름, 정상 비정상을 떠니보지. 온갖 실험을 아끼지 말자. 어떤 때, 무엇을 할 때, 자신의 스트레스가 풀리는지 그 패턴을 잘 관찰해보자.

# 나쁜 스트레스를
# 좋은 스트레스로 바꾼다

'스트레스를 풀어야 한다'는 생각 자체가 강박관념처럼 작용하거나 '스트레스 때문에 그래' 하면서 외부에서 핑곗거리를 찾는 상황에 빠지는 것은 좋지 않다. 일단 인식해야 할 것은, 스트레스라는 게 꼭 나쁜 것만은 아니라는 사실이다. 만약 스트레스가 없다면 우리는 전혀 위험을 눈치 채지 못할 테고, 기민해지지도 못할 것이며, 결단을 내리지도 못할지 모른다. 한마디로 우리의 생존에 문제가 생기게 된다. 스트레스를 받으면 사람은 긴장 상태가 된다. 호르몬이 분비되면서 우리를 끓어오르게 한다. 힘도 나고 기운도 나고 머리도 빨리 돌아간다. 다만 긴장 상태가 지나치게 계속되면 해로운 호르몬으로 변하면서 우리 몸을 소진시키는 것뿐이다.

스트레스(stress)라는 말은 주로 심리 용어로 쓰이지만, 구조 역학 용어로는 '응력(應力)'이라 부른다. 어떤 물체에 외부에서 큰 힘이 가해지면 그에 저항하기 위해 나타나는 힘이라는 뜻이다. 한마디로 부러지지 않으려고, 뒤틀리지 않으려고, 구부러지지 않으려고 애를 쓰는 힘이라는 뜻이다. 이런 뜻으로 보면, 우리가 받는 스트레스란 자신을 보호하기 위해 애를 쓰는 힘이라 볼 수 있다. 귀하게 생각해야 하고 또 절대로 없어지지 않아야 할 힘이 스트레스인 것이다. 그래서 스트레스를 대하는 현명한 방법은 좋은 스트레스와 나쁜 스트레스를 잘 구별하고 그에 따라 적응하는 것이다. 나쁜 스트레스는 없애고 좋은 스트레스는 적극 받아들이는 것이 좋다. 더욱 현명하다면, 나쁜 스트레스를 좋은 스트레스로 바꾸는 것이 좋다.

'좋은 스트레스'는 자극을 주고 몸을 움직이게 만들고 머리를 쓰게 만들고 궁리를 하게 만든다. '이렇게 해보면 어떨까, 저렇게 해보면 되지 않을까' 하게 만드는 선순환의 스트레스다. '나쁜 스트레스'는 점점 더 자신을 궁핍하게 만들고 코너로 몰아가고 몸과 마음과 정신을 갉아먹는다. '잘 안될 거야' '너는 안 돼, 어차피 불가능해'라고 하게 만드는 악순환의 스트레스다.

나쁜 스트레스를 좋은 스트레스로 만드는 원칙은 간단하다. 첫째는 스트레스를 긍정하는 것이고, 둘째는 막연함을 없애고 '구체적인 할 일'을 만드는 것이다.

긍정하라, 당신이 스트레스를 받고 있다는 사실을. 당신이 아직은 약하다는 것을, 참 어리석다는 것을, 안타깝게도 내공이 부족하다는 것을. 대신 '구체적인 할 일'을 만들어서 막연함을 없애는 노력을 하라. 어떻게 해볼 수 있는 일로 만들어보라. 당장 해야 하는 구체적인 일을 만들라. 예컨대, '나는 능력이 안 돼'보다는 '내 능력으로 할 수 있는 일이 어떤 거지?' 하면 훨씬 더 좋은 스트레스가 된다. '내 능력에 맞는 일이 어떤 거지?' 하는 것보다는 '그 일을 하려면 어떤 훈련이 필요하지?' 하는 것이 훨씬 더 좋은 스트레스다.

'미래'는 막연하다. 그러나 '오늘'은 구체적이다. 막연하게 미래에 대해서 걱정하는 것은 부담스럽다. 도대체 잡히질 않기 때문이다. 좋은 스트레스를 자청하는 사람들은 '오늘 내가 하는 일'이 과연 '미래에 내가 하고 싶은 일'과 어떤 연관이 있을까, 도움이 될까, 디딤돌이 될까 하고 고민할 것이다. '오늘 하는 구체적인 일'은 정말 중요하다. 오늘 할 일을 고민하는 사람은 좋은 스트레스를 받고 있는 셈이다.

그리고 꼭 음미할 사실, 스트레스는 인생의 양념이라는 사실이다. 양념 없이 음식 맛이 안 나듯이, 스트레스 없는 인생이라면 맛없는 인생이 될 것이다. 여유와 한가로움과 뭐든지 잘나가고 뭐든지 잘 풀린다고 삶의 맛이 나는 것은 아니다. 문제가 있을 때, 뭔가 잘 안될 때, 뭔가 더 잘하고 싶을 때, 모자란 것이 있을 때 맛깔스러운 그 어떤 삶의 순간을 만들 수 있는 것이다.

만약 스트레스에 시달려 힘들기 짝이 없다면, 한 순간이라도 마음을 고쳐보자. "그래, 바로 이 맛이야!" 하고. 인생의 쓴맛, 신맛, 독한 맛을 맛보는 것이다. 인생의 맛은 더욱 깊어지고 그윽해질 수 있다. 그리고 나면 나쁜 스트레스가 어느새 좋은 스트레스로 바뀌고 있을지도 모른다.

### 가끔은 엉엉 울어라

스트레스 엄청 받으면서 정신없이 일하던 30대에 어느 영화의 한 장면에서 무척 위안을 받았던 적이 있다. 「브로드캐스트 뉴스」라는 영화 속에서 당치기 짝이 없는 TV뉴스 PD로 분한 홀리 헌터가 휴지 한 장을 준비하고는 엉엉 소리 내어 우는 장면이다. 마구 울고 난 후에는 언제 그랬냐는 듯 눈물 닦고 코 힘차게 풀고는 다시 일한다. 매일 그 '짓'을 한다. 이 여주인공은 살벌하고 냉혹하기 짝이 없는 직업의 스트레스를 푸는 자기만의 독특한 방법을 찾은 것이다.

사람이 운다는 것은 어떤 경우든 자기중심의 동기 때문이다. 감정이입 때문에 운다. '너무 불쌍해서, 너무 안되어서' 운다고 하지만 '나도 이렇게 될 수 있구나'라는 자기 연민 때문에 울음이 나오는 것이다. 전혀 모르던 사람의 빈소나 묘소에서도 눈물이 흐르는 것은 인간으로서 죽어야만 하는 운명 앞에 비장해지기 때문일 것이다.

그 후에 나도 우는 소질을 열심히 개발했다. 한번은 "엄마가 불쌍해, 엄마가 불쌍해……" 하는 나의 울부짖음을 듣고 딸들이 깜짝 놀라서 방에서 달려 나온 적이 있다. 드라마에서 배신을 당하고 아이를 혼자 낳아 키우던 여주인공이 옛 남자를 다시 만나는 장면이었다. 자존심 때문에 자기의 힘든 사연을 얘기하지도 못하며 그저 바라만 보는 장면에서 나는 눈물이 터졌다.

그런데 여기까지는 있을 수 있는 일이라 치더라도, 울면서 하는 말이랍시고 "내가 불쌍하다"고 하는 나도 참 어처구니없긴 했다. 딸들은 이 에피소드를 자주 꺼내며 "엄마는 엽기야!"라고 핀잔을 준다. 그러나 스트레스를 푸는 데에는 때로 엽기도 필요한 것이다. 나는 우리 딸들 역시 울분을 가슴에 담아두지만 말고 가끔은 엉엉 우는 재능을 발휘하기를 진정으로 바란다.

요점은, 자신을 불쌍하게 여길 줄 알아야 한다는 것이다. 이건 의기소침한 것과는 다른 태도다. 말뜻 그대로 자신의 처지를 동정해보라는 것이다. 다른 사람들의 위안은 물론 기분 좋다. 그러나 그 위안이란 대체로 지나갈 뿐이다. 진정 최종적으로 자신을 위하는 사람은 자신이어야 한다. 그만큼 나에게 나는 가장 귀한 존재이니 말이다. 자신을 불쌍하게 여기는 순간을 찾기 위해 온갖 창의적인 방식을 동원해보라. 소설, 시, 만화, 드라마, 멜로 영화, 휴먼 다큐를 이용해도 좋겠다. 어떤 것이든 무슨 상관인가. 자신의 감정을 한껏 풀어주기 위한 매체라면 어떤 것도 가치 있다.

꼭 엉엉 울어야 할 필요는 없을 것이다. 눈물 한 줄기 주르르 흘러도 좋고 눈시울만 뜨거워져도 좋다. 뭉클해져도 좋고 콧날이 시린 것만도 좋다. 바쁜 생활에서 사람들이 잃어버리며 사는 것이 바로 '감동(感動)'이다. 살아가는 용기, 살아갈 동기를 새삼 찾기 위해서 '감동'은 필수적이다. '감(感)의 동(動)'이 일어나는 순간이란 꼭 엄청난 사건 때문만은 아니다. 오히려 일상의 아주 작은 일에서 가슴이 움직인다. 그렇게 가슴이 움직이는 순간은 어쩌지 못하게 자신에게 완전히 몰입하는 순간이다. 몰입함으로써 우리는 무언가를 털어낼 수 있다.

직접 해보고 나니까 확실히 말할 수 있는 사실인데, 엉엉 울고 나면 정말 시원하다. 눈시울이 뜨거워지다가 눈물이 주르륵 흐르고, 그러다가 눈물 콧물이 뒤범벅이 되고, 숨죽이던 흐느낌은 드디어 참을 수 없는 흐느낌으로 변한다. 주체할 수 없는 감정에 사로잡히다 뚝 그치고 마음을 다잡고 이윽고 잦아든다. 이 과정에서 내 몸 속의 스트레스 호르몬들은 긴장과 이완을 거듭하며 나를 새롭게 태어나게 한다. 어느 덧, 좋은 기운이 흐른다.


**가끔은 자기 머리를 쓰다듬어주자**

엉엉 울며 자신을 불쌍하게 여겨주는 연민의 완전 반대편에 칭찬이라는 방법이 있다. 칭찬은 스트레스를 단번에 날려버린다.

그런데, 불행히도 사람들은 대개 칭찬에 인색하거나 또는 립 서비스 칭찬을 남발하는 편이다. "사랑해!"라는 말에 작용하는 심리나 "잘했어! 수고했어! 고생했어!"라는 말에 작용하는 심리나 비슷한 모양이다. 도저히 입 밖에 내기 힘들어 하거나 또는 습관적으로 남발하게 되는 점에서 말이다. 그러니 때때로 스스로 자신의 머리를 쓰다듬어라. "그래, 잘했어!" "그렇지, 넌 역시 참 괜찮은 사람이야!" 하는 심정으로. 기꺼운 마음으로 자신을 칭찬해보자.

물론 자신에게 가장 모질고 비판적이어야 하는 사람은 자기 자신이다. 아무리 주변에서 별의별 칭찬을 하더라도 자신에 대해 냉정한 평가를 할 수 있어야 한다. 남들은 대개 건성으로, 특히 결과만 보고 칭찬한다. 일을 해내기 위해서 흘린 땀과 피, 수많은 장애물들과의 싸움, 헤아리기 어려운 고뇌와 좌절의 순간들에 대해서는 깊이 이해할 수도 없을뿐더러 깊은 관심도 없이, 그저 겉핥기 칭찬을 할 뿐이다. 그 고난의 과정을 잘 아는 사람으로부터 칭찬을 받는다면 정말 괜찮은 기분이 된다. 예컨대 회사 경영진의 칭찬은 립 서비스가 되기 쉽지만 팀장의 칭찬은 그 무게가 완전히 다르다. 일을 제대로 해본 사람, 존경하는 선배가 칭찬해주면 눈물 날 것 같지 않은가.

남의 칭찬을 받으면 기대치가 높아지는 만큼 어깨에 힘이 들어가고 목이 뻣뻣해지기 쉽다. 그러니 자신이 일해온 과정을 가장 잘 아는 자기 자신으로부터 받는 칭찬은 충분한 가치가 있다. 그렇다고 허영에 겨워 부푼 환상으로 '공주병, 왕자병'에 걸리는 목불인견을 부릴 수는 없으니, 자신의 머리를 쓰다듬어주는 기준을 나름대로 세우면 좋을 것이다. 나 역시 기준이 있다.

- 정말 하기 싫은 일을 해냈을 때 쓰다듬어준다.
- 정말 힘든 일을 해냈을 때 쓰다듬어준다.
- 오래 긴 시간을 버텼을 때 쓰다듬어준다.
- 화나는 것을 견뎠을 때 쓰다듬어준다.
- 남의 칭찬을 듣고 부풀지 않을 때 쓰다듬어준다.
- 남의 비판에 흔들리지 않을 때 쓰다듬어준다.
- 내가 보기에 참 잘했을 때 쓰다듬어준다.

모두 내가 스트레스를 이기고 그 어떤 일을 해냈을 때이다. 그런데 이렇게 쓰면 대단하게 보여도 실제로는 아주 하찮은 경우일 때가 많다. 예컨대, 회사를 운영하고 있었을 때 나는 많은 중소기업의 사장이 그러한 것처럼, 매월 직원 급여를 제때 챙기고 나서는 나를 칭찬해주곤 했다. 예컨대, 피곤에 절어서 도저히 가기 싫은 회의에 갔다 오고 나서 나를 칭찬한다. 예컨대, 하기 싫은 일이지만 "눈감고 딱 두 시간만 하자!"고 결심하고 비록 결과가 신통치 않더라도 그 두 시간을 채우고 나서는, '참 의지 한번 꿋꿋하다' 하고 나를 토닥여준다. 예컨대, 죽기보다 하기 싫은 부탁을 남에게 하고는 '그래 잘했어' 한다. 아무리 거절을 당하더라도 역시 부탁해야 할 것은 해야 하기 때문이다.

화났을 때 참는 것만큼 나를 칭찬할 만한 것도 없다. 사실 참는다기보다는 얼마큼 냉철하게 상황을 대하느냐 하는 것인데, 아무리 화가 나더라도 일을 일로써만 대하는 태도를 견지하기란 참으로 힘든 일이다. 그러니 나를 칭찬해줄 수밖에.

'내 꼴이 기껏 이것밖에 안 돼?'라는 자기비판은 끊임없이 우리에게 가해지는 스트레스의 근원이다. 자기비판의 효용성은 분명히 있다. 자신을 채찍질할 수 있기 때문이다. 그러나 반대급부도 절대적으로 필요하다. 내가 나 자신에게 해주는 칭찬이란, 내가 나에게 주는 일종의 '당근'인 셈이다. 당근을 먹어야 채찍을 견딜 수도 있으니 기꺼이 당근을 스스로 내어주자.

**나를 위한 작은 사치와 작은 반란**

더 좋은 '당근'이라면 작은 사치를 부리는 일이다. 자신만을 위해서 작은 사치를 부려보자. 자신을 위로하고 아껴주는 일이다. 자신에게 상을 주는 일이다. 예컨대, 아무리 돈을 아껴서 짓는 집이라 하더라도 어느 한구석에는 여유 있는 공간을 두거나 아주 좋은 시설 하나를 설치하라고 나는 권한다. 그렇게 작은 사치를 부리면 아무리 전체가 검소하고 소박하더라도 어쩐지 풍성하고 여유롭게 느껴진다. 옷도 마찬가지다. 평소 소박한 차림을 하는 사람도 사치스럽게 느낄 수 있는 그 어떤 옷이 필요하다. 액세서리에 대해서도 마찬가지다. 책에 대해서도 마찬가지다. 음반에 대해서도 마찬가지다. 여행에 대해서도 마찬가지다.

이런 종류의 사치는 비싼 것과는 좀 다르다. '마음의 사치, 정신의 사치, 가치의 사치'라 할까. 물론 비용이 더 들 수도 있다. 평소보다 비용을 더 들여야 가치가 높아지는 듯 느껴지기도 한다. 시장 경제에서 사는 우리들이니 자연스러운 현상 아닐까. 다만, '값비쌈'이란 세상 잣대에 맞춘 게 아니라, 평소 자신의 씀씀이에 비추어 조금 더 비싼 것을 말한다. 수십만 원, 수백만 원, 수억 원대 같은 것이 무슨 소용이 있으랴. 그림의 떡일 뿐이다. 자신의 평소 돈 감각에 맞추어 약간 더 많이 쓸 때 오히려 더 사치스럽게 느낄 수 있다.

나도 작은 사치를 부린다. 나의 '집 사치'라면, 높은 마루 천장과 옥상이다. 공사비는 더 들었지만 높은 천장 덕분에 마루는 시원하고, 옥상은 온전한 나의 하늘마당이 되어 주말시간을 달래준다. 나의 '사무실 사치'는 흙이 있는 아주 작은 공간이다. 사무실에 흙이 있다는 것이 얼마나 큰 사치인가. 봄이면 씨 뿌리고 모종 심을 수 있는 사치를 부릴 수 있는 것에 감사한다.

나의 '액세서리 사치'는 다소 지나친 편이다. 세계 어느 곳에 가든 뭔가 하나 구해오지 않으면 견디질 못할 정도다. 남이 보면 상당히 귀한 물건인 줄 알지만 대개 만 원 남짓 하는 물건이고 아무리 비싸더라도 10만 원 안쪽이다. 공짜로 얻는 것이라면 더 좋은 사치다. 여행길에서 돌 조각, 나무 한 조각, 열매 한 조각, 깨진

벽돌 한 조각 주워 와서 '몸 액세서리, 공간 액세서리'로 만들곤 하는데, 공짜로 하는 사치인 만큼 마음이 더 풍성해진다.

가장 큰 사치라면, 역시 '잠깐 도망치는 시간의 사치'다. 급박한 시간의 쳇바퀴 속에서 잠시 도망 시간을 갖는 것처럼 사치스러운 일이 또 어디 있겠는가. 아무에게도 말 안 하고 몰래 또 불현듯 해야 효과적이다. 계획하고 실행하면 즐거움이 반감된다. 예컨대, 혼자서 먹는 평소보다 비싼 값의 맛깔스러운 점심, 혼자서 몰래 하는 드라이브, 불현듯 생각나서 혼자 나서는 색다른 쇼핑, 혼자서 잠깐 소요하는 산책 등 생각만 해도 벌써 마음이 푸근해진다.

알게 모르게 우리는 돈과 물건과 공간과 시간에 얽매여 산다는 것을 기꺼이 인정하자. 그리고 가끔씩 작은 반란을 꾀하자. 작은 사치가 큰 여유를 준다.


**스트레스를 푸는 8가지 방법**

스트레스란 여러 상황에서, 여러 조건에 의해, 여러 모습을 띠고, 여러 증상으로 찾아온다. 그러니 스트레스 푸는 패턴 역시 다양해야 할 것이다. 스트레스가 쌓이면 가장 많이 하는 짓이 '먹기'와 '잠자기'라고 한다. 이것도 그리 나쁘지 않다. 먹기와 잠자기에 빠진다고 해서 너무 죄의식을 가질 이유는 없다. 경험에 비추어보면 일 년에 한두 번쯤 먹기와 잠자기에 빠지는 것도 썩 괜

길을 잃어본다.
내가 어디 가는지 아무에게도 얘기하지 않고
마냥 길을 헤매본다.

찮은 일이다. 잠깐 감기 몸살에 걸리면 안성맞춤이다. 아프면 잠자기와 먹기를 잘하게 될뿐더러 낫고 나면, "아, 건강이란 이렇게 좋은 거구나!" 하고 새삼 삶의 열정을 느끼게 되니 말이다. 나 같은 '워커홀릭'인 경우에는 사실 아플 때가 가장 마음 편하다는 생각도 들 정도다.

그러나 스트레스를 풀기 위해서 몸을 일부러 아프게 만드는 바보짓을 할 수는 없다. 그러니 평소에 스트레스의 원인이 어디에서 오느냐를 잘 파악하고 스트레스가 풀리는 온갖 방식을 몸에 익혀보자.

첫째, 음악을 듣는다. 가장 쉬운 것은 역시 '음악 듣기'다. 혼자서 할 수 있고, 큰돈 들지 않으며, 종류가 많으니 그게 참 고맙다. 요즘은 음원 파일이나 유튜브가 있고 온 세계의 음악을 선택할 수 있으니 더욱 행복하다. 스트레스 종류에 따라 음악도 달라지게 마련이다. 화끈하게 머리를 깨뜨리는 하드 록을 들을 수 있고, 안정감 있는 클래식을 들을 수 있고, 경쾌한 팝도 좋고, 흥겨운 트로트 가요도 좋다. 감미로운 음악 또는 웅장한 음악일 수도 있다. 단조로운 음악 또는 변화무쌍한 음악일 수도 있다. 사람의 목소리 또는 악기의 소리일 수도 있다. 소리는 가슴의 선을 오묘하게 건드린다. "어디 '씨원한' 노래 좀 없나?" 이제 내 입에서 이런 말이 나오면 스트레스가 한참 쌓인 때라는 것을 내 주위에서 다 알고 이 노래 저 노래를 추천할 정도가 되었다. 마치 사우나 하듯 흠뻑 땀 흘릴 만한 노래를 들으면 정말 스트레스가 풀린다. 그런데, 우리 가요에 너무 감미로운 사랑 노래가 많다는 것이 나에게는 스트레스다. '그놈의 사랑 노래'는 스트레스를 더 쌓이게 하는 경우가 많기 때문이다.

음악 듣기란 완벽하게 혼자 할 수 있는 짓이라는 게 좋다. 헤드폰을 끼면 그야말로 구름 위를 나는 듯, 천상의 세계에 올라간 듯하다. 좋은 건축 좋은 공간에 가면 나는 음악이 들리는 것 같은 느낌을 받는다. 일종의 '환청' 효과인데, 좋은 건축 좋은 공간이라면 음악적인 아름다움을 가지기 때문이리라. 음악은 그렇게 원초적이다.

혼자 있는 시간, 전화를 안 받아도 되는 시간이라면 음악을 크게 틀어보라. 공간적으로 허락이 안 되면 헤드폰을 써라. 대개의 직장은 음악을 틀더라도 아주 잔잔하게 틀어서 소음을 상쇄시키는 소리에 불과하니 스트레스 풀기에 별로 도움이 되질 않는다. 직장에서 하루에 5분쯤 음악을 크게 튼다면 다 같이 감동하는 시간이 될지도 모른다. 마치 영화 「쇼생크 탈출」에서 아리아를 들으며 모든 죄수들이 한마음으로 감동했듯이 말이다. 음악의 힘은 정말 세다.

둘째, 영화를 본다. 우리 사회가 드디어 연간 1억 관람객 시대로 들어간 것은 아마도 우리 사회의 스트레스 지수가 높아진 것을 시사하는 현상 아닐까? 영화를 통해 잠시라도 고통스러운 현실을 잊고 싶다, 뭐든지 이룰 수 있는 판타지를 맛보고 싶다, 해피엔딩이든 새드엔딩이든 끝장을 보고 싶다 등 영화를 통해 스트레스를 풀고 싶어 하는 욕구는 누구에게나 있다. 영화관 가는 것도 각별한 재미지만, 바쁜 시간에 비디오와 DVD 그리고 일반화된 VOD 덕분에 정말 행복하다.

영화란 자신의 일상과 완벽하게 다른 세계를 체험하면서 뭔가 새로운 자극을 받게 만든다. 영화 보기란 '가상의 떠나기'다. 게다가 시각 체험, 청각 체험, 감성 체험, 지적 체험, 영적 체험 등 모든 것을 포괄한다는 점이 아주 매력적이다. 더구나 110여 분 내에 완벽하게 농축된 세계이니 얼마나 효과가 있는가. '집중 자극'이다. 책 읽기란 긴 시간을 요하니 몰입이 쉽지 않고 흐름을 놓치기도 쉽다. 책이 지적 탐험의 성향이 강하다면 영화란 감성적 체험이라는 점이 매력적이다.

게다가 영화 장르가 많으니 모든 종류의 스트레스에 효과 만점이다. 예컨대, 일이 잘 안 풀릴 때는 '추리영화'가 아주 좋다. 물론 끝이 깨끗한 추리영화를 골라야지, 잘못해서 인간의 엉킨 심리를 모호하게 그린 영화를 만나면 머리만 더 복잡해지기 십상이다. '사랑 영화'는 로맨틱 코미디든 멜로든, 삭막한 현실 세계를 잠깐 잊기에 좋다. '휴머니즘 영화'는 사람에게 치였을 때 치유력이 아주 높다. '액션 영화, 모험 영화, 무협 영화'는 추리 영화와 비슷하다. 다만 더 간단하게 시원해진다. 누군가에게 주먹을 한 방 날리고 싶을 정도로 분노가 쌓일 때 아주 효과적이다. '코미디 영화'는 일상에 대한 유쾌한 마음을 다시 찾기에 아주 효과가 좋다. '만화 영화'도 좋다. 아이의 동심이든 어른의 동심이든 천진난만한 마음을 일으키고 '나도 아직 이런 마음이 있어' 하고 나의 인간성을 확인하는 것이다.

나는 '하드보일드, 느와르, 심리추리 영화'를 선호하지만, 기분에 따라 잘 골라서 나의 스트레스를 조정한다. 잘 만든 한 편의 영화를 보고 나면 아주 좋은 치유 효과가 있다. 말하자면, '나도 괜찮은 것 해낼 수 있어!' 같은 심리다. 최근 가장 내 기분에 영향을 줬던 영화는 「변호인」과 「그래비티」다. 내내 눈물을 품고 봤던 「변호인」은 '과연 이룰 수 있을까?'라는 계속되는 의문을 '하는 행위 자체가 중요한 거야!'로 바꿔주었다. 이미 알고 있던 답이지만 다시 나를 각성시켜주는 계기가 되었던 것이다. 아무 사전 정보 없이 봤던 「그래비티」는 '내가 우주의 한 부분이자 나 역시 우주의 원칙을 따르고 있다는 놀라운 진실'을 떠올리면서 내 존재의 경이로움을 다시 한 번 깨닫게 했다. 중력이라는 상호 작용의 원칙이 사람 사이에 존재한다는 것이 얼마나 귀한가 생각하면서 갑자기 주변 사람들의 존재에 고마움을 느끼고 인간의 본질에 대해서 다시 한 번 생각하게 되었다. 이 느낌을 떠올리고 싶을 때 다시 한 번 이 영화들을 찾을 것임에 분명하다.

셋째, 손을 써서 무언가 만든다. 제 손으로 뭔가 직접 만들면 저절로 행복해진다. 하는 일이 확실하니 완전히 젖어들 수 있고, 만드는 성과가 눈에 보이니 기분이 절로 좋아진다. 이 점에서는 여자가 이점이 더 있을 것이다. 일상에서 요리라고 하는 기막힌 작업이 있으니 말이다. 바느질이며 뜨개질, 옷 만들기도 손 쓰기에 좋고 그 결과를 즐기기에 제격이다. 특히 머리가 복잡하고 너무 여유가 없다고 생각할 때, 손을 써서 무엇을 만들기를 나는 정말 권한다. 맛집에 가서 먹는 것도 좋겠지만 직접 요리를 해 먹으면 확실히 기분 전환이 된다. 정 만들 게 없다면 집 안을 손보는 것도 좋다. 예컨대 미루던 청소, 미루어두던 형광등 갈기, 미루어두었던 창문 닦기, 찌걱대는 문 손보기 같은 것 말이다. 때 빼고 광내면 우리의 마음도 밝아진다. 그러고 나면 그 지겨운 복잡스런 일에 다시 돌아올 마음이 기꺼이 생긴다.

내가 뜨개질, 바느질, 재봉질을 한다고 하면 사람들이 잘 믿지 않는 눈치지만, 내 인생에서 만든 작품이 수백 개가 되니 그동안 마음을 다스려야 하는 일이 얼마나 많았을지 짐작할 수 있을 것이다. 지금도 마음이 산란해지면 바느질 작업을 다시 손에 잡는다. 미국의 첫 여성 국무장관을 했던 매들린 올브라이트가 스트레스를 받을 때 바느질을 한다는 인터뷰 기사를 보고 얼마나 반가워했었는지 모른다.

그럼 남자들은 어떻게 손을 써야 할까? 손 쓰기 싫어하고 손 재주도 별로 없는 남자들이 할 수 있는 것이 뭐가 있을까? 손재주가 없으면 몸을 쓰는 일을 찾으면 될 것이다. 나의 '옆 지기'는 드디어 텃밭 작업을 찾아냈다. 밭에서 잡초를 뽑으면 무념무상의 경지로 들어간단다. '텃밭 김매기'라는 무념무상의 작업을 찾아낸 옆 지기에게 축복을 보낸다.

넷째, 길을 잃어본다. 내가 어디 가는지 아무에게도 얘기하지 않고 마냥 길을 헤매본다. '도망치기'라는 '시간적 사치'를 부리는 것이다. 나의 경우에는 직업적인 이유도 있다. 길 잃기는 공부 중 하나다. 고속도로에서 길을 잃는 어리석은 짓은 피하지만, 걸어 다니는 길은 많이 잃어볼수록 나에게 이롭다. 길을 잃어본다는 행위는 자기를 잃어보는 것이자 자기를 찾는 행위다. 자기가 자기라고 생각했던 것을 잠깐 부정하는 행위이자 또 자기를 찾아가는 긍정적인 행위다. 드디어 길을 찾았을 때의 그 기쁨. 나의 삶에서도 그렇게 길을 찾을 수 있을 것이라는 안도감이 든다. 무작정 길을 잃어보는 것, 가끔씩 필요하다.

다섯째, 색다른 쇼핑을 한다. 스트레스가 쌓이면 나 역시 '쇼핑'을 한다. '먹기' 역시 일종의 쇼핑이다. 꼭 식당을 찾지 않더라도 요리를 위한 재료 사기조차도 스트레스 푸는 데 아주 효과적이니 말이다. '일하는 여자'가 누리는 이점의 하나라면, 집안일 하면서 기분 전환을 할 수 있다는 것 아닐까? '일하는 남자'도 한번 그렇게 해보라. 작은 집안일에 신경을 쓰고 나면 괜히 여유가 생긴다. 청소든, 요리든, 아이들과 시간 보내기든, 텃밭을 가꾸는 것이든, 부모와의 대화이든 간에 상당한 심적 여유를 준다. "응, 그래, 너 참 괜찮은 사람이야" "인생엔 이런 순간도 있는 거지!" 하고 말이다.

아주 재미있기로는 색다른 쇼핑을 해보는 것이다. '눈요기 쇼핑'도 썩 괜찮다. 눈요기를 하면 눈이 맑아지고 또 밝아진다. 사지 못해 가슴 아프기도 하지만 보는 즐거움마저 빼앗길 수는 없지 않은가. 나는 '골동품 시장'에 가기를 즐긴다. 인사동도 좋지만 옛적에는 언감생심 너무 비싸서 소외감을 느꼈고, 요즘은 외국 상품들이 너무 많아서 썩 즐겁지 못하다. 그러나 여전히 갈 때마다 물건 하나쯤은 사게 되고 주말 벼룩시장에서는 이상한 것을 하나씩 사들고 온다. 내가 아주 좋아하는 곳은 청계천 연변의 '황학시장'이다. 숨어 있는 골동품 가게를 찾는 것도 재미있고 길거리에 넘쳐나는 온갖 종류의 기계 중고품과 어울려서 만물시장 분위기를 느끼는 것이 색다르다. '재료 시장'을 가면 더 재미있다. 옷감 시장도 좋고 온갖 자재 시장을 가는 것도 좋다. 못 보던 신제품들이 엄청나게 쌓여 있는 풍성함이 좋다. 완성품과는 달리 원자재를 보면서 이것들을 이용해 뭔가 만들어보겠다는 상상력이 펼쳐지니 아주 신 난다. 게다가 재료 시장은 싸서 좋다. 완제품과는 비교가 안 되게 싸니 그 싼 맛에 쇼핑하는 것도 아주 즐겁다. 아무리 돈이 없어 못 사더라도 '풍성함'을 즐기는 것이 쇼핑하기의 요체다. 빈곤한 머리, 가난한 마음을 풍요로운 물질을 통해서 풀어보자. 인간이란 물질적 존재이기도 한 것이다.

여섯째, 사람을 만난다. 스트레스 쌓일 때 만날 이가 있는 사람은 행복한 사람이다. 스트레스가 쌓이면 사람을 피하게 되거나 또는 아예 많은 사람들 사이로 왕창 휩쓸려버리려는 성향도 있다. 두 가지 다 그리 좋지 않은 방식이다. 어느 시점에 다다르면, 깊이 만날 수 있는 사람이 필요하다. 묵묵히 술잔 기울여도 좋겠지만 스트레스와 관련된 이야기를 나눌 수 있다면 더욱 좋다.

어떤 상대가 좋을까? 양쪽 극단이 다 효과가 있다. 스트레스 별로 없이 세상을 여유 있게 보는 사람이거나 또는 스트레스를 엄청 받고 있어서 동병상련할 수 있는 사람. 어느 쪽이 효과를 볼 것인지는 경우에 따라 다르다. 같이 화를 내주는 사람은 그 맛에 좋고, 아예 나를 바보 같다고 비판해주는 사람은 또 그 맛에 스트레스가 풀린다. 어정쩡한 사람을 만나면 오히려 더 피곤해질 수도 있다.

스트레스를 엄청 받고 있는 사람에게는 '맞장구 적극 쳐주기'나 아예 '마구 야단 쳐주기'가 효과적이다. 맞장구를 쳐주는 사람 앞에서는 '나만 이런 게 아니야, 내 잘못이 아니야, 나는 바보가 아니야!'라는 안도감에 스트레스가 제풀에 풀리고, 반대로 비판을 쏟아내는 사람 앞에서 열심히 자기방어를 하다 보면 '별 거 아니구나, 이렇게 해보면 좋겠구나' 등 풀어낼 묘수가 떠오르고 어느새 나쁜 스트레스가 한풀 꺾이면서 좋은 스트레스로 바뀐다. 양 극단의 경험을 즐겨보자. 사람 만나기란 극단의 묘미 때문에 좋은 것이다.

누구를 만나면 좋을까? 친구냐, 애인이냐, 같이 사는 파트너냐, 엄마냐, 아빠냐, 자식이냐, 동료냐, 선배냐, 후배냐, 선생님이냐, 나를 잘 아는 사람이냐, 잘 모르는 사람이냐? 경험상 한 가지 확실한 교훈을 얻고 있다. 삶의 궤적을 함께하는 가까운 사람이 스트레스를 푸는 데 항상 도움이 되는 것은 아니라는 사실이다.

일곱째, 기분 좋게 논쟁한다. 논쟁은 그 사람에 대한 각별한 관심을 표시하는 나의 독특한 방식이다. 그 사람에 대한 도전 또는 시험이라 할 수도 있다. 정확하게는 그 사람에 대한 나의 호기심이다. 어떤 생각을 하고 있을까, 어떤 정서일까, 어떤 바탕이 숨어 있을까, 무엇을 문제시할까 등의 호기심이다. 토론 거리가 생기지 않는 사람은 별로 흥미가 당기지 않는 사람이다. 사회 문제든, 전문 분야 이슈이든, 사업 문제든, 남녀 문제든, 철학적인 문제든 토론 거리는 온 사방에 널려 있는데, 그런 얘기를 나누지 못할 사람이라면 무슨 흥미가 더 가겠는가. 하물며 부부도 때로 뜨거운 싸움이 있어야 더 오래갈 수 있다는 것이 내 지론이다.

기분 좋은 논쟁을 하고 나면 정말 살맛이 난다. 아마도 사람의 기를 빨아들이고 또 내뿜으며 기의 흐름을 타기 때문이 아닐까. 그래서 스트레스가 쌓일 때면 나는 은근히 논쟁을 걸어본다. 열렬한 논쟁으로 전개되면 아주 재수 좋은 날이다. 치열하게 논쟁을 하고 나면 마치 땀 뻘뻘 사우나를 한 것같이, 마치 100미터 달리기를 한 것같이 기분이 상쾌해진다.

물론 기분 좋은 논쟁이어야 함은 물론이다. '생각을 정직하게 드러낼 것, 감정적이 되지 않을 것, 상대의 논지를 이기려는 승부 근성은 유지하되 우기지는 않을 것, 유머도 섞고 웃음보도 터뜨릴 것' 등. 이렇게 기분 좋은 논쟁을 한다는 자체가 점점 더 어려워진다는 현실이 나의 또 다른 스트레스가 되고 있지만, 그래도 나는 시도를 그치지 않는다.

여덟째, '페이퍼 플랜(paper plan)'을 만든다. 일이 안 되거나 하기 싫어지는 스트레스에 걸리면 나는 종이 한 장을 꺼내놓고 온갖 계획을 세워본다. 컴퓨터에 새 폴더를 만들어 쏟아놓기도 한다. 이렇게 혼자 계획을 세워보면 마치 모든 일이 다 풀릴 듯한 '환상'에 빠진다. 이번에는 안 되었지만 다음에는 될 듯한 '환각'도 생긴다. "너는 할 수 있어" 같은 '환청'도 들린다. 그러나 참 유용한 환상, 환각, 환청이다. 그 와중에 나를 다독일 수 있으니 말이다.

그래서 나의 컴퓨터 파일 안, 또 나의 플랜 메모 북, 나의 플랜 봉투에는 말도 안 되는 온갖 구상들이 들어 있다. 그중의 10%라도 실제로 해낼까? 말 그대로 '백지계획'이 될 가능성이 높다. 그러나 '백지계획'이 되어도 별 상관없다. 원래 '페이퍼 플랜'이란 '백지계획' 또는 '휴지조각이 되어버린 계획'을 말한다. 쓸모없는 계획인가? 그렇지는 않다. 계획이란 세워보는 자체에 의미가 있다. 자신을 정리하고 상상을 넓히고 자신의 논리를 세운다는 데 더욱 쓸모가 있다. 더구나 페이퍼 플랜이란 언제나 나 혼자 내 맘대로 세울 수 있지 않은가. 종이 한 장만 있으면 할 수 있는 백지계획은 스트레스 풀기에 효과 만점이다.

이런 페이퍼 플랜을 여러 다른 방식으로 응용할 수 있다. 종이 한 장 놔두고 예컨대 불만 리스트를 만든다, 스트레스 리스트를 만든다, 자신의 심리를 고대로 쏟아낸다, 보내지 않을 편지를 쓴다 등이다. 모두 자신의 속을 들여다보는 방식이다. 어느덧 나쁜 스트레스가 좋은 스트레스로 바뀌게 된다.

**일에 빠지면 어느새 풀려 있다**

스트레스는 일 때문에 생기는 경우가 많지만, 역설적으로 일에 완전히 빠질 때 스트레스가 완전히 풀리기도 한다. '몰입' 덕분이다. 일에 빠지는 것은 사랑에 빠지는 것과 비슷하다. 사랑에 빠지면 그 사람만 보이고 그 사람만 생각나고 그 사람 중심이 된다. 일에 빠지면 그 일만 보이고 그 일만 생각나고 그 일 중심이 된다. 사랑에 빠지면 삶이 활력이 있듯, 일에 빠지면 삶이 활력이 있다. 사랑에 빠진 사람이 부럽듯이 일에 빠진 사람 역시 참 부럽다.

일에 빠진다는 것은 마취이자 긴장이다. 탄탄하게 긴장될 때 자신을 완전히 잊어버리고 오직 대상에만 몰두할 수 있다. 엑스터시의 순간이자 카타르시스의 순간이다. 다음과 같은 방식으로 한번 그 순간을 만들어보자.

첫째, 생산하며 일에 빠진다. 일에 빠지는 순간은 역시 정신없이 그 무엇을 생산하고 있을 때다. 말하자면 제작과 생산을 하는 '프로덕션'이다. 몸을 쓰는 일일수록 더 잘 빠지고 특히 그 성과가 눈에 보이는 일일수록 흠뻑 빠지게 된다. 예컨대, 밥하기 싫어서 외식할까 꾀를 부리다가 일단 부엌에서 요리를 시작하면 재미가 붙고 그래서 신 나게 하다 보면 평소보다 반찬이 더 풍성해지는 것과 비슷한 이치다. 예컨대, 운동할 때는 몸을 움직이니 다른 생각을 할 겨를이 없다. 땀 뻘뻘 흘리고 땀 뚝뚝 떨어지고 호흡 헉헉 가빠지며 자기 한 몸을 불사르는 것이다.

나는 땀 흘리며 일하는 작업자들을 아주 부러워한다. 시공 현장에 가면 나도 목공, 콘크리트공, 페인트공이라면 얼마나 좋을까 하는 생각이 부쩍 든다. 온몸이 새카맣게 그을린 어부를 보면 그렇게 멋져 보일 수가 없다. 그 양반들의 노동 스트레스야 크겠지만, 일하고 있는 동안만큼은 완전히 빠져서 작업하지 않을까? '노동(勞動)'의 말 뜻 그대로 '힘을 들여 몸을 움직인다'는 것은 참 부러운 일이다.

경력이 쌓이면서 스트레스가 높아지는 것은 그만큼 돈, 조직, 사람에 부대끼고 의사결정의 부담감이 커지기 때문이다. 그런데 한 가지 더 이유를 찾아보자면, 손과 몸을 쓰는 노동에 참가하지 않고 입으로만 일하게 되기 때문 아닐까? 높은 직급 사람들이 솔선수범해서 제작 현장을 뛰고, 납품 기일에 맞춰 땀 흘리는 생산 과정에 동참하고, 행사장 준비와 마무리를 하면서 몸을 쓴다면 그 높은 정신적 스트레스를 한 방에 날려버릴 수 있을 텐데 말이다. 팀원들과 함께 몸을 쓰는 그 시간이 스피릿을 올려줄 것도 분명할 터이다. 어떠한 직업, 어떠한 직급을 가진 사람들도 흠뻑 빠져 생산하는 작업을 일의 한 부분으로 갖추기를 권하고 싶다.

둘째, 마감 시간을 정하고 일에 빠진다. 재깍재깍 초침 소리가 들리는 듯한 마감이란 피를 말리지만, 한편으로는 마감에 쫓기면 저절로 일에 몰두하게 된다. 그동안 왜 이렇게 못했을까 싶을 정도로 생산성이 높아진다. 누가 머리에 총을 들이댄 것처럼 에너지가 폭발하는 것이다. 마감 직전에야 원고를 쓴다는 기자의 생리도 충

충분히 이해된다. 취재하고 자료 찾고 인터뷰 따고 모든 준비가 되어 있어도 못 써내다가 마감 시간이 임박해서야 벼락 맞은 듯 써내는 것이다. 말 그대로 '스트레스'가 단단히 걸리는 상태다.

나에게도 인상적인 기억이 있다. '밀라노 트리엔날레 서울 전시관' 디자인을 할 때였다. 주최 측에 넘겨주어야 할 A4 반 페이지의 짧은 개요를 공항 가기 전 1시간 만에 써낸 것이다. 수많은 시안을 만들었지만 그전까지는 아무리 시간이 있더라도 끝내지 못했었다. 그런데, 이제 비행기를 타야 한다고 생각하자 글이 써지는 것이었다. 그 글은 내가 쓴 글 중에서 아주 잘 쓴 축에 속하니 더 기분이 좋았다. 게다가 영어로 쓴 글이니 하늘로 날아갈 듯했다. 나는 '마감 시간'이라는 벼락을 맞았던 것일까?

마감 시간을 영어로 '데드라인(deadline)'이라고 하는데, 참 절묘한 표현이 아닐 수 없다. 그 선을 넘으면 죽어버린다. 죽지 않으려고 데드라인을 정해두는 것이다. 그러니까, 데드라인이란 일종의 생명선이라고 해도 좋다. 일을 끝냈을 때의 그 희열을 모두 경험해봤을 것이다. 그럼에도 불구하고 일을 자꾸 미루게 되는 것은 사람들의 약한 속성이니, 나름대로 데드라인을 정해두는 것이 좋은 전략이다.

남에 의해 마감 시간이 정해지면 문제는 간단한 편이다. 물품이든, 글이든, 작곡이든, 그림이든 제출 마감이 정해지면 그에 따라 스케줄이 자동적으로 정해진다. 문제는 '품질'에 대해서 신경 쓸수록 마감 시간을 지키기가 어렵다는 것이다. 더 들여다보고 싶고 다시 만들어보고 싶고 더 고쳐보고 싶은 것이 인지상정이다. '시간이 있으면 더 근사하게 만들 수 있는데' 하는 마음 때문에 마감 시간을 미루는 유혹에 빠지는 것이다. 그러나 유혹을 이기자. 마감 시간을 지키는 것은 자신을 위해서다. 마감을 자꾸 미루는 사람은 결코 좋은 작업을 하지 못한다.

그래서 가장 좋은 방식은 자신이 직접 마감 시간을 정해두는 것이다. 남이 정해둔 마감 시간보다 더 당겨서 정하는 것도 좋다. 그 일을 해내는 데 필요한 시간을 자기 기준으로 짜는 것이다. 데드라인에서 역순으로 각 과정마다 세부 데드라인을 정해놓으면 자신을 채찍질하는 데 크게 도움이 된다. 이렇게 하면 품질을 떨어뜨릴 위험도 줄어든다.

셋째, 경쟁을 하며 일에 빠진다. '뜨거운 경쟁'이 있을 때에는 뜨겁게 일에 빠지게 된다. 이기기 위해서, 정확히는 살아남기 위해서, 승부욕과 생존욕이 작용하며 매진하게 된다. 경쟁이란 소모적이기도 하지만 무척 좋은 자극인 것이다. 사회에서의 경쟁은 시험장 시험과는 다르다. 학교시험, 자격시험, 직장시험 등은 수준을 가늠하는 것이 목적이고 단 하나만 뽑는 것이 아니지만, 사회에서의 경쟁은 그 한 자리, 그 한 사업, 그 한 프로젝트, 그 한 조직을 뽑는 것이기 때문이다. 그러니 때로는 비장할 정도로 치열하고, 때로는 처절할 정도로 온갖 방법이 동원되기도 한다.

내가 일하는 분야는 워낙 온갖 종류의 경쟁이 다반사로 일어난다. 설계 경기, 제안 공모, 설계 입찰, 공사 입찰, 감리 입찰, 턴

키 공모 등 다양하다. 누구에게나 공개된 경쟁도 있고, 자격 제한을 통해서 반 공개된 경쟁도 있고, 몇 군데만 지정하는 초청 경쟁도 있다. '가격'만 써내는 가격 경쟁도 있고, '안(案)'으로 뽑는 머리 경쟁도 있고, '안'과 '가격'을 같이 보는 종합 경쟁도 있다.

이들 경쟁은 온갖 눈치 싸움과 로비 작전 등으로 소모적일 때도 많아서 피곤하지만 아주 효과적인 카타르시스 역할도 한다. 속된 말로 '사우나'라 할 정도로 경쟁의 도가니 속에서 땀을 뻘뻘 흘리며 그 일에 빠지는 것이다. 결과가 좋든 나쁘든 주기적으로 이런 경쟁에 참가하면 아주 효과적이다. 경쟁력 높은 안을 만드는 역량이 발전함은 물론, 경쟁의 와중에서 카타르시스를 느낄 수 있는 것이다.

경쟁이란 결코 나쁜 것만은 아니다. 우리는 경쟁에 깊숙이 빠짐으로써 스트레스를 이겨낸다. 예컨대, 운동을 할 때도 '게임'이 되면 '커피' 같은 아주 작은 것이 걸렸다 하더라도 사람은 흠뻑 빠진다. 사람의 승부욕이란 놀라운 드라이브인 것이다. 가끔은 경쟁이라는 방식을 통해 '자신을 시험에 들게' 하라. 시험에 들어야 우리는 긴장하게 된다.

넷째, 위기를 관리하며 일에 빠진다. 문제가 생길 때는 도리없이 그 일을 해결하느라 전적으로 빠지게 된다. 곤혹스러운 일이지만 효용성도 있다. 이를테면 '돌발사고'라던가 '재난'이 생기면 정신없이 그 문제에 몰입하게 되고 어떻게든 그 문제를 해결하고 나면 세상이 달리 보인다.

가끔은 위기 상황도 좋다. 위기를 넘기는 데 완전히 빠지다 보면, 일에 대한 새로운 열정이 끓어오른다. 물론 평소에는 위기 발생을 방지하기 위해 힘을 기울이는 것이 현명하다. 그러나 문제는 얼토당토않은 데에서 발생한다. 가령 돈을 배달하다가 잃어버렸다, 하루아침에 와보니 사무실의 모든 컴퓨터를 도둑맞았다, 마감이 내일인데 컴퓨터 파일이 온데간데없이 사라졌다거나 바이러스 감염이 됐는데 복구할 시간이 없다, 믿었던 고객 회사가 갑자기 부도를 냈다, 다 된 프로젝트가 갑자기 취소되었다 등. 얼마나 황당한가. 모두 내 주변에서 목격한 일이다. 실은 이보다 더 황당한 일도 적지 않다. 아무리 방지하려 노력하더라도 위기는 어디선가 생긴다.

위기상황에서 느긋해보자. 일단 그 위기를 풀어내는 데 정신없이 빠져보자. 왜 문제가 생겼는지 한탄하지 말고 위기를 넘기는 데에 전력을 다해보자. 가능하면 웃어보자. 그 위기를 넘겼을 때 자신의 역량이 훌쩍 뛰어오른 것을 알게 될 것이다. 말하자면 위기관리 능력이 커지는 것이다. 연륜이 붙는다는 말은 다른 어떤 의미보다도 문제가 생기고 위기가 생길 때 그것을 풀어내는 역량이 커졌다는 것을 뜻한다. 위기 없이 사람은 자라지 않는다. 수많은 위기를 넘어서면서 사람은 크는 것이다. '위기'란 확실히 '계기'다. 그런 계기를 축복하는 마음으로 맞아보자.

## 혼자 낑낑대지 말고 일을 나눠라

"회의가 좋은 이유? 일을 나눌 수 있기 때문이다." 나도 여기에 십분 동감한다. 일을 잘하려면 열심히 해야 할 뿐 아니라 효과적으로 해야 한다. 단계마다 해야 할 일을 제대로 처리하고 각 부분이 제대로 돌아가고 또 전체가 잘 엮어져야 한다. 각기 일하는 사람이 자기 일을 분명하게 알고 지나친 부담 없이 처리하며 무엇보다 성과에 대한 보람을 느낄 수 있어야 한다.

이렇게 일을 나누는 목적으로 진행한다면 어떤 회의라도 무척 효율적이 되지 않을까? 일을 나누고 엮는다면 어떤 일도 아주 근사하게 처리되지 않을까? 스트레스란 자신이 컨트롤할 수 없는 상황에서 비롯된다. 과중한 일에 쫓기거나 너무 짧은 시간에 쫓기거나 효과가 명확치 않은 상황에서 일할 때 스트레스 지수가 급격히 올라간다. 그러니 일을 효과적으로 나누는 것이야말로 스트레스를 줄이는 첩경이다.

일을 나누자. 일을 떠안지 마라. 혼자 끙끙대지 마라. 자기 능력을 입증하기 위해서 무리하지 마라. 자기 존재를 입증하기 위해서 일도 망치고 건강도 망치지 말자. 조직의 대표든 조직원이든 마찬가지다. 팀장, 팀원도 마찬가지다. 각자의 위치에서 자기 할 일이 있다. 할 수 있다고 무슨 일이든 끌어안지 말아야 한다. 일을 나누고, 일단 일을 맡겼으면 철저하게 믿는 것이 좋다. 남에게 일을 맡긴 후에는 아예 머릿속에서 그 일을 지워버리는 것이 좋다. 일을 맡기고 못 미더워하면 서로 피곤해진다.

그런데, 일을 나누려면 '일머리'를 제대로 아는 것이 절대로 필요하다. 일의 전체를 꿰뚫어야 제대로 나눌 수 있고, 일의 부분의 역할에 대해 충분히 알고 있어야 어느 시점에 그 나눈 것을 적절하게 엮을 수 있는 것이다. 대장의 역량과 역할이 중요한 이유다. '대장'의 가장 중요한 역할은 일을 나누는 업무다. '통솔'은 하되 '지배'하지 않는, 어려운 기술이 필요하다. 조직을 대표하는 대장이 관장하되 위임하는 기술을 익히고, 프로젝트의 대장인 팀장이 지휘하되 독점하지 않는 기술을 익히고, 집의 대장인 주부가 가족을 받쳐주되 일을 떠맡지 않는 기술을 익혀야 한다. 나라의 대장인 대통령도 마찬가지고, 군대의 대장, 학교의 대장, 학급의 대장, 동아리의 대장도 다 마찬가지다.

말로 하면 이리 쉬운데, 실제로는 왜 그렇게 어려운가? 왜 일하는 사람들의 가장 큰 스트레스가 일하는 과정에서 불거지는가? 자신의 역량이 부족해서 그런가? 열심히 안 해서 그런가? 왜 성과가 안 보이는가? 이 과정에서 말로는 못할 스트레스를 받는다. 월급이 적은 건 어찌 어찌 참아내도, 일하는 과정에서 쌓이는 스트레스는 정말 나쁜 스트레스가 된다. 풀리지 않고 악순환이 반복되는 경우가 많기 때문이다. 그 이유가 조직체계인 경우가 많다는 사실이 더욱 힘들게 만든다. 능력이 부족한 사람이 프로젝트 팀장이 되거나 경영진에 앉아서 의사결정을 하는 경우에 스트레스가 심각해지는 것이다. 이런 경우에도 당장 최선의 해결책은 일을 나누게 만드는 것 외에는 없다.

최선을 다해 일을 나눠보자. '같이한다'는 느낌을 가져보자. 최고의 상황은 '탑'에 있는 사람이 일을 잘 나누고 각기 작업의 역할을 자연스럽게 이해하는 경우지만, 이것이 잘 안되면 차선의 상황, 즉 팀원들이 스스로 일을 잘 나누는 상황이라도 만들어야 한다. 이것도 잘 안되면 차악의 상황, 즉 팀원들이 팀장을 역으로 리드하는 수밖에 없다. 이상한 상황으로 보이지만, 현실에서는 부지기수로 일어나는 상황이다. 최악의 상황은 서로 전체와 연결 관계를 모르는 채 일을 나누지도 못하고 각기 피곤해하면서 서로 욕하다가 일을 망치는 경우다. 적어도 최악의 상황은 막아야 하지 않겠는가?

일을 나누고 또 어느 시점에 적절히 붙이고, 팀원들이 협조해서 일을 하게 만들고 또 그런 과정에서 각 팀원이 부쩍 성장할 수 있도록 하는 역할은 아무리 여러 번 해봐도 정말 어려운 일이다. 나는 사무실에서 혼자만 남아 늦게 일하거나 밤을 새우는 것을 보면 못 참는 편이다. 프로젝트를 끄기 위해서 야근이 필요하다면 해야 하지만, '같이해야 한다'가 내 주장이다. 물론 자신의 발전을 위해서 남는다면 그것은 좋다. 예를 들자면, 보고서 만들기 같은 '프로덕션'을 위해서 혼자만 남는 것은 못마땅하다. 그러나 '머리를 써서 구상하는 단계'에서 혼자 남아 있으면 나는 은근히 속으로 미소를 짓는다. '어떤 좋은 안을 보여줄까?' 그 친구는 분명 지금은 스트레스를 엄청 받고 있겠지만 아마도 좋은 스트레스일 것이다. 그렇게 혼자만의 구상 시간을 갖는 친구는 어느덧 시간이 지나면 훌쩍 자랄 재목일 것임에 분명하다.

**그래도 정히 안 된다면? 포기하라!**

달라이 라마의 어휘에는 스트레스라는 말이 없다는 글을 읽고 무척 흥미롭다고 생각했다. '명상'이 스트레스를 푸는 데 상당히 효과적이라는 임상실험을 쌓은 신경의학 의사들이 달라이 라마와 교류하면서 알게 된 신기한 사실이다. 대신에 달라이 라마는 명상을 하는 이유로 '한없는 연민을 통한 평화'를 꼽는다. 한마디로 명상이란 부정적인 것을 풀기 위한 행위가 아니라 긍정적인 상태로 자신의 상태를 끌어올린다는 개념이라는 것이다. 참으로 근사하지 않은가? 우리도 스트레스에 대해서 이런 생각을 가지면 훨씬 더 너그러워질 수 있을지 모른다.

인생이란 녹록한 것이 아니어서 스트레스를 맘대로 풀 수 없다. 아무리 다양한 기법을 익힌다 하더라도, 아무리 나쁜 스트레스를 좋은 스트레스로 바꾸려고 노력해도 임계치는 있는 것이다. 앞에서 스트레스란 압력에 대응하는 '응력'이라고 했는데, 그 힘의 한계를 넘어가면 부러지든가 구부러지든가 잘린다. 마치 활시위가 팽팽하게 당겨지다 줄이 끊어지는 것처럼 말이다.

그래서 필요한 것이 '포기의 용기'다. 포기는 용기를 필요로

한다. 끈기를 가지기는 오히려 쉬운 편이다. 그러나 포기해야 할 때 포기하는 것은 여간한 용기와 지혜를 갖추지 않으면 어렵다. 사람들은 "절대로 포기하지 마라!"라고 충고하는데, 책임감 없는 충고 아닌가 싶다. 아니, 안되는 일을 붙들고 자꾸 하라고 하면 그런 말을 듣는 사람은 얼마나 스트레스가 쌓이겠는가. 인생에는 훨씬 더 많은 옵션이 있고 일에는 훨씬 더 많은 옵션이 있으며 일하는 방식에는 더 많은 옵션이 있다. 그 많은 옵션 중에서 하필 왜 그 안되는 것, 그 안되는 방식을 고집해야 하는가. 물론 그 안되는 것이 '인류의 생사'를 걸머지는 일이라거나 '우주의 비밀을 밝히는 것'이라면 또 모를까. 그렇게 위대한 일이라면 사실 포기라는 말이 적용될 수도 없을 것이다.

포기할 줄 알자. 적어도 다음의 생각을 가지고 말이다. 첫째, 포기할 것과 끈기를 가져야 할 것을 구분하자. 둘째, 문제가 생긴 그 당장 그 문제를 너무 들이파지 말자. 셋째, 잠시의 시간이 지난 후에 다시 그 문제로 돌아와보자. 넷째, 다른 방식으로 시도해보자. 다섯째, 포기하는 것을 부끄러워하지 말자. 여섯째, 포기 역시 또 다른 용기와 지혜임을 알자.

# 3강

## 도대체 일이 안된다.
## 이 슬럼프를 어떻게 벗어나나?

"일이 잘 안된다. 일이 안 풀린다. 일이 계속 꼬인다. 지금 내가 제대로 하고 있는 걸까? 도대체가 신도 안 나고 재미가 없다. 슬럼프에 빠진 것 같다. 이 슬럼프에서 빠져 나올 방법이 없을까?"

'슬럼프'란 말 역시 '스트레스'라는 말만큼이나 우리가 자주 쓰는 것이다. 무언가 잘 안되고, 하는 일마다 부딪치고, 어딘가 안 풀리고, 기운이 오르지 않고, 마치 소설이나 영화에서처럼 악연의 악연이 거듭되는 때가 있지 않은가. 어떻게 이럴까 싶을 정도로 피곤한 일들이 연거푸 일어나고, 마치 악몽을 꾸고 있는 것 같은데 그 악몽에서 영원히 헤어나지 못할 것 같은 느낌, 마치 늪에서 허우적대는 느낌에 빠지는 때 말이다. 무기력한 나, 무기력해지는 나를 잘 알면서도 도저히 헤어나오지 못하는 공황 상태까지 갈 수도 있는 위험을 느끼는 때다.

자신이 컨트롤 안 된다는 느낌이 들고 자신도 모르는 그 어떤 힘이 작용하고 있는 것은 아닐까 하는 생각도 든다. 원인도 분석해보고, 자신의 의지 부족도 나무라 보지만 여전히 움직이지 않게 되는 이유는 무얼까? 혹시나 자기도 모르게 건강이 나빠지고 있는 것은 아닐까 하는 생각도 든다. 만성피로 증후군인가, 이상한 유행병에 감염된 것은 아닐까, 영양이 부족한 상황인가, 무기질이 부족해졌나 등 의심도 생긴다. 내가 나태해졌기 때문일까, 그만큼 절박하지 않기 때문일까, 결국 결단력도 추진력도 없기 때문일까, 별의별 생각이 다 든다.

뭐가 뭔지 알 수 없는 구조적 상황 속에서 자신이 망가져가는 느낌이 들 수도 있다. 영화 「박하사탕」에서 순수한 인간이 철저하게 망가지는 과정이 얼마나 리얼하던가. 시대를 잘못 만나서 그 순간 그 자리에 있던 바람에 얼마나 많은 사람들의 삶이 망가졌을까? 소설이나 영화에서는 주인공을 그런 상황에 그냥 내버려두거나 자살이나 사고로 죽음을 맞게 하기도 하지만, 현실에서는 그런 결말로 끝낼 수도 없고 삶이란 여전히 진행형일 수밖에 없으니 더욱 괴롭다.

도대체 어떻게 그 괴로운 시간에서 헤어 나올 수 있을까. 물론 지옥의 나락에 떨어진 것 같은 절망에 대해서는 그 절망에 깊숙이 빠져보는 것 외에는 다른 뾰족한 수가 없을지도 모른다. 그러나 일상에서 종종 느끼는 슬럼프란, 우리가 어떻게 대하느냐에 따라서 디딤일 수 있을지도 모른다.

# 삶의 리듬,
# 때의 역학을 읽는다

왜 나는 나를 괴롭히고 있을까? 어떠할 때 나를 괴롭히고 있을까? 잘 들여다보면, 하지 말아야 할 일을 하고 있는 때가 압도적임을 금방 알 수 있을 것이다. 할 일을 잘못 고른 것일까, 할 때를 잘못 고른 것일까? 두 가지 다 문제가 되지만, 그때에 필요한 힘을 제대로 쓰지 못하면 어디선가 삐걱대기 시작한다. 삐걱대다가 느려지고 드디어 잘 움직여지지 않게 된다.

수첩에서 갑자기 아랫부분에 각종 잠언들이 쓰여 있는 것을 발견한 적이 있다. 무슨 지혜가 더 필요할까 싶을 정도로 지혜로운 문구들이어서 깜짝 놀랐다. 흥미로운 것은 유독 '시간'과 '때'에 대한 잠언들이 많다는 사실이다. "얻기 어려운 것은 '시기'요, 놓치기 쉬운 것은 '기회'이다(조광조)." "기회는 새와 같은 것, 날아가기 전에 꼭 잡아라(스마일즈)!" "소비된 시간은 존재하고 이용된 시간은 생명이다(영)!" "어려운 일은 시간이 해결해준다(이솝)!" "시간을 선택하는 것은 시간을 절약하는 것이다(베이컨)!"

역사상 수많은 사람들이 그렇게 타이밍의 중요성을 강조했음에도 여전히 사람들은 타이밍을 맞추어 바로 그때 맞는 그 생각, 그 행동을 하지 못한다. 나 역시 지난 세월을 돌아보면, "아, 그때 이렇게 하는 것이 더 좋았을 텐데!" 하곤 한다. 지식과 용기와 준비도 부족했지만 무엇보다도 판단력이 없었다. 타이밍을 보는 지혜가 없었던 것이다. 안될 일을 붙들고 공연히 애태우고 속상해하던 적도 많다. 그때는 '때'가 아니었던 것이다. 때를 성숙하게 익히기에는 내가 너무도 부족했던 시절이다.

사람이 자란다는 뜻은, 좋은 타이밍을 찾아서 나설 때는 나서고 물러설 때는 물러서고, 자중해야 할 때 자중하고 적극적일 때는 적극적으로 대하는 판단력이 는다는 뜻일 것이다. 시행착오를 많이 겪어보아야 익혀지는 기술이다. 자신의 리듬과 일의 리듬과 생의 리듬과 기회의 리듬의 주파수를 잘 맞추어보자. 인생에는 온갖 리듬이 있게 마련이다. 잘될 때가 있고 안될 때가 있고, 의욕이 하늘에 충천할 때가 있고 땅에 떨어질 때가 있고, 빠르게 움직여야 할 때가 있고 가만히 지켜봐야 할 때가 있다. 그림을 그려야 할 때가 있고 글을 써야 할 때가 있다. 음악을 들어야 할 때가 있고 춤을 춰야 할 때가 있다. 그 리듬을 잘 읽고 그 리듬에 몸을 맡기고, 그 리듬에 맞추어 춤을 추듯 살 수 있다면, 인생의 맛을 드디어 아는 것이리라.

리듬을 탄다는 것은 '힘과 함께 논다'는 뜻이다. 무작정 힘을 쓰는 게 아니라 유연하고 융통성 있게 밀고 당기고 누르고 풀면서 힘을 써보는 것이다. 강약을 조절하고 타이밍을 맞추면서 유연하게 호흡을 조절하고 힘을 조절하며 즐기는 것이다. 노래할 때, 춤출 때, 활 쏠 때, 운동할 때와 비슷하다. 강약의 리듬을 따라 힘과 함께 노는 것이다. 그 리듬을 잘 읽어보자.

### 최악의 '메모러블 데이'는 있기 마련이다

먼저 받아들여야 할 것은 이상하게도 안되고 꼬이는 때가 인생에는 꼭 있게 마련이라는 사실이다. 이상하기만 하다. 왜 하나의 문제가 생기면 다른 문제들이 꼬리를 물고 일어나고, 왜 사고 하나가 생기면 다른 사고들이 꼬리의 꼬리를 물고, 왜 하나의 불운이 생긴다 싶으면 다른 불운들이 꼬리를 물고 덮치는가? 정말 엎친 데 덮친 격으로 계속 나쁜 일만 일어나는 '머피의 법칙'은 존재하는 것일까? 아니면 그냥 징크스인가?

예컨대 이런 식이다. 업무 때문에 스트레스 잔뜩 받고 '이거 관둬, 말아?' 하면서 집에 돌아오니 파트너가 먼저 선수를 치며 자기 스트레스 받은 얘기를 한참 늘어놓으며 직장 때려치우겠다는 둥 난리다. 겨우 가라앉나 싶더니 이번에는 큰아이가 나타나서 휴학을 하겠다며 진로 고민을 털어놓는다. 겨우 달래놓고 나니까 작은아이가 우울한 표정으로 나타나서 친구와의 다툼을 고민한다. 나의 스트레스는 꺼낼 엄두도 안 나는 상황이 된다.

비즈니스에서도 비슷한 상황이 생긴다. 프로젝트 하나의 스케줄이 펑크 나는 바람에 메우느라 정신이 없는 와중에, 일 잘하던 팀원이 당장 관두겠다고 하는데 분명 감정의 골이 파인 것 같고, 엉뚱하게도 배달 사고가 생기고, 엎친 데 덮친 격으로 컴퓨터가 해킹을 당해서 업무가 마비되고, 심지어 다른 직원 하나는 갑자기 교통사고를 당했다. 뭐 이런 식이다.

다들 약속이라도 한 듯 한꺼번에 나를 괴롭히려고 작정한 걸까? 내가 참을 수 있는 한계를 시험이라도 하려는 걸까? 혹시 불운의 여신이 몰래 노리고 있다가 문제 하나가 터지자마자 다른 문제들을 마구 터뜨리는 걸까? 내가 약해지는 지점을 노려서 내가 쓰러질 때까지 비수를 들이대는 걸까? 이런 의문이 들 정도다.

처음에 이런 상황을 당할 때는 하도 황당해서 잠을 못 이룰 정도였다. 그런데 몇 번 당해보니 "아, 이런 날이 꼭 있구나, 이번 것은 지난번 하고 이렇게 다르구나!" 하고 분석할 정도가 되었다. 그리고 위기 대응 능력도 늘었고 어떻게 해야 나의 멘탈을 지킬 수 있는지에 대한 감도 생기게 되었다. 그리고 나는 이런 날을 '메모러블 데이(Memorable Day, 기념일)'라 애칭을 붙였다. 수첩에 아예 '메모러블 데이'라고 써놓는다. 골치 아픈 일, 피곤한 일, 나쁜 일들이 하루에 수없이 일어났으니 충분히 추억할 만한 날 아닌가? 여하튼 서바이벌을 했으니 기념일이라 붙일 만하다고 여유를 부려보는 것이다.

최악의 메모러블 데이를 겪는 경륜(?)을 쌓다 보니 나의 판단 능력도 늘었다. 실제 불운의 여신은 때를 기다린다는 것을 말이다. 하나의 문제가 터지는 것은 어떤 징후다. 마치 예고편 같은 징후들이 나타나다가 어느 순간 한꺼번에 문제가 터지는 것이다. 그동안 문제가 터질 요인들이 잠재해 있었던 것이다. 그러니까 불운의 여신이 운명적인 시간을 기다리고 있었다는 해석은, 내 상태가 그런 상황을 낳게끔 하는 요인을 안고 있었다는 뜻이다.

사회적으로도 이런 상황이 생길 때가 있다. 예컨대, 여러 사고들이 거듭될 때가 있다. 이를테면 '육·해·공' 대형 교통사고가 날 때 '대체 왜 이러지?' 하고 불안해진다. 사고들이 거듭된다는 것은 이미 심각한 징후이며 그동안 작은 징후들이 쌓여왔던 것이고, 제대로 체계를 잡지 않으면 자칫 재앙적 사고로 이어질지도 모르는 상태인 것이다. 기업이 무너질 때, 또 국가 체계가 무너질 때, 다 이런 징후들이 나타난다. '최악의 메모러블 데이'란 우리 자신에게뿐 아니라 사회에 주는 경고이기도 한 것이다.

수첩을 뒤적여보면 일 년에 한두 번은 약한 강도로, 2~3년에 한 번씩은 꽤 심한 강도로 이런 최악의 메모러블 데이가 발생했다는 것을 알 수 있다. 나에게 경고음을 보내주는 사이클이 분명히 있는 것이다. 내가 어딘가 약해져 있다는 신호이자, 자칫 더 약해질지도 모른다는 경고로 나는 받아들인다. 어쩌면 인생에는 이런 '최악의 메모러블 데이'가 있어서 견뎌낼 수 있는 힘을 주는지도 모른다. 그러니 당신의 '최악의 날'에 당황하지만 말고 그 경고를 읽고 그 경고에 고마워하면서 마음을 다잡아보라!

최악의 메모러블 데이가 더 귀한 것은, 우리 자신의 생존을 증명하는 기념일이기 때문이다. 가만히 돌아보면 행복한 기념일들, 예컨대 생일, 결혼일, 결혼기념일, 졸업식 날 같은 때보다도 외려 최악의 메모러블 데이가 더 추억에 남는다. 최악의 메모러블 데이를 은근히 축복하라. 당신의 생존을 기념하는 날이다.

### 일을 해야 할 때와 일을 하지 말아야 할 때

'조울증'은 일종의 신경병으로 상승세의 '조'가 있고 하강세의 '울'이 있어서 조울(操鬱)이다. 영어로 '매닉 디프레션(manic depression)'이라고 하는데, 마니아처럼 에너지가 솟아오르는 흥분 상태와 나락으로 굴러떨어진 듯 에너지가 소진되는 공황 상태를 오가는 것이다.

우리가 아는 천재들 중에는 이런 조울증에 시달린 사람들이 꽤 많다. 이들은 '조' 주기에 있을 때 뛰어난 작품들을 남겼다. 대신 극도의 '울' 주기에 비극적인 시간을 보냈고 비극적인 최후를 맞기도 했다. '울' 주기에 자살을 한 사람(작가 버지니아 울프)도 있고, 심지어 착란 상태에서 살인을 한 사람(철학자 루이 알튀세르)도 있다. 내가 아는 한 교수님도 조울증에 시달리셨다. 평소 약으로 다스렸음에도 불구하고 조울 주기는 있었다. 이 교수님이 '울 주기'에 있을 때는 아예 가까이 가지 않는 것이 좋다. 야단맞기 십상이기 때문이다. '조 주기'에 있을 때는 신중해야 한다. 에너지가 넘쳐서 온갖 일을 벌이시기 때문이다.

그런데 누구에게나 조울 증세는 있다. 에너지가 넘치는 때, 에너지가 빠지는 때가 있고 스피릿이 높을 때, 스피릿이 낮을 때가 있다. 여성은 생리 주기와 더불어 조울 리듬이 있다고 하니, 예민한 여성이라면 자신의 생체 리듬, 기분 리듬을 예측하고 그에 따라 일의 리듬을 맞출 수 있을지도 모른다. 자신의 조울 리듬을 읽고 일을 해야 할 때와 하지 말아야 할 때를 가려보자. 그러면 적어도 슬럼프의 수렁에 빠지는 사태는 방지할 수 있을 것이다. 일을 하지 말아야 할 때 일을 벌여서 실수를 거듭하고 점점 더 자신을 늪으로 밀어 넣는 경우가 적지 않으니 말이다.

좀 더 적극적으로 나아가보면, '어떠한 때 어떠한 일을 하느냐' 방침을 세우는 것이 바람직하다. 사람이란 계속 일을 해도 버티지 못하지만 전혀 일을 안 하고도 버틸 수 없으니 말이다. 어떤 일을 어떤 컨디션에서 해야 효과가 있느냐를 관찰해두면 그에 따라 일의 완급을 조절하고 투입하는 에너지의 양을 조절할 수 있다.

예컨대, 밥을 먹고 바로 설거지를 해야 한다는 법은 없다. 하기 싫은 설거지도 하고 싶을 때가 분명 있고, 그럴 때 하면 오히려 기분 전환이 된다. 수험생이 하루 온종일 앉아서 수학 공부만 할 수는 없는 것이다. 수학 공부를 해야 능률이 오르는 때가 있고 국어 공부를 해야 능률이 오르는 때가 있다. 물론 전혀 공부를 하고 싶지 않을 때도 있고 공부를 하고 싶은 열정에 끓어오를 때도 있다. 그래서 여러 종류의 일들을 손에 쥐고 그 일들을 여러 상황에서 조합하기를 권하고 싶다. 어떻게 일들을 분류할 수 있을까? 나는 다음과 같이 분류를 한다.

- **온 머리를 투입해야 하는 일** 사업 구상하기, 공부하기, 제안서 만들기, 보고서 쓰기, 글쓰기, 회의하기, 프레젠테이션 준비하기 등
- **손만 써도 되는 일** 자료 정리, 책상 정리, 편집 포맷 정리, 컴퓨터 파일 정리, 그림 파일 정리, 보고서 편집 등
- **습관처럼 해도 되는 일** 거래처 만나기, 파일 만들기, 명함 정리하기, 청소하기, 전화번호 정리하기, 인터넷 서핑하기 등
- **감정이 투입돼야 하는 일** 사람 만나는 일, 고객 만나는 일, 사교하는 일, 인사하는 일, 애프터 모임에 가는 일 등
- **완전히 빠져서 하는 일** 내가 좋아하는 일하기, 내가 즐기는 놀이하기, 내가 좋아하는 사람 만나기 등

조합의 그림이 떠오르지 않는가? 하루에 여러 종류의 일을 그에 맞는 시간에 잘 배합한다면 훨씬 더 가뿐하게 여러 일들을 처리할 수 있을 것이다. 확실히 일에는 리듬이 있고 우리 자신에

게도 리듬이 있다. 어떤 종류의 일도 내키지 않는다면 일을 하지 말아야 할 때다. 운전하다 졸음이 오면 길옆에 차를 붙이고 잠시라도 눈을 붙여야 하듯이, 슬럼프에 빠지면 우선 눈을 붙이는 시간이 필요하다. 슬럼프에 빠지면 벗어나야 한다는 강박관념을 떨쳐내고 아예 그 슬럼프에 온통 빠져버려라. 그렇게 빠져야 오히려 벗어나는 반작용의 리듬도 떠오른다.

**올빼미가 될 때, 종달새가 될 때**

사람마다 시간 쓰는 타입은 다르다. 그중에서도 '밤 타입'이냐 '아침 타입'이냐를 두고 나는 '올빼미'와 '종달새'라는 애칭으로 부른다. 당신은 어떤 타입인가? 일어나 있는 시간을 따지지 말고 일이 아주 잘되는 시간을 헤아려보라. 머리가 가장 맑은 시간은 언제이고 머리가 가장 안 돌아가는 시간은 언제인가? 몸이 부드러운 시간은 언제이고 몸이 삐걱대는 시간은 언제인가? 의욕이 나는 시간은 언제이고 의욕이 떨어지는 시간은 언제인가?

이명박 전 대통령이 막 취임했을 때, 본인이 새벽형임을 과시하며 조찬 회의를 강행해 청와대 직원뿐 아니라 온 부처 공무원들이 혼비백산하면서 새벽형이 되려고 호들갑을 떤 적이 있다. 언론까지 새벽형 예찬에 나서며 호들갑에 동참했었다. 그때 나는 블로그에 "누구나 새벽형이 될 수는 없다!"는 글을 써서 큰 호응을 받았는데, 요점은 말 그대로다. 앞 장에서도 얘기했듯 자기 시간을 마음대로 쓸 수 없는 사람, 낮잠을 제대로 잘 수 없는 사람, 야근이 잦은 사람은 새벽형이 되기 힘들다. 그런데, 공무원들은 대개가 이런 사람들이다. 이런 사람들을 새벽에, 게다가 대통령이 주재하는 회의에 불러 모으면 회의에 참석하는 고위직은 그렇다 치더라도 회의 자료를 준비하는 하위직들은 한마디로 '죽는다'. 낮의 업무 시간이 엉망이 될 것은 뻔하고, 이렇게 가다가는 일하는 체계가 무너진다. 남을 괴롭히는 데 새벽 시간을 쓰는 것은 곤란하다. 자신이 새벽형이라면 자신을 연마하는 데 새벽 시간을 쓰고 다른 사람들과 하는 일은 정규 시간에 하는 것이 업무 생산성에 도움이 되는 것이다.

사람들은 업무 시간을 9~6시에 인위석으로 맞추는데, 실제로는 자신이 어떻게 시간을 쓰는지 잘 모르는 경우가 많다. '올빼미'라고 자신 있게 얘기하는 사람들은 대개 작가, 예술인, 연예인 등이다. 한번 작업에 들어가면 누구의 간섭도 받지 않을 수 있기 때문에 밤을 선호한다. 그런가 하면, '종달새'라고 자신 있게 얘기하는 사람들은 그리 많지 않다. 잠자리에서 일어나기란 죽기보다 싫고, 새벽에 일어나는 것은 노인장에게 맞는 생활이라는 선입관도 있는 듯싶다. 조찬 미팅이 많은 경영인들이 가끔 자신을 종달새라고 밝히는 정도다. 대부분의 사람들은 자신이 올빼미인지 종달새인지 잘 모르고 엉거주춤 사는데, 이것은 좀 안타깝다. 올빼미인가 종달새인가 하는 것은 얼마나 집중적으로 자신을 위해 투입하는 시간이 있는가를 나타내는 지표다. 자신이 올빼미 또는 종달새라고 얘기하는 사람들은 적어도 어영부영 시간을 보내는 사람은 아닐 확률이 높다.

9~6시 직장 생활을 한다고 해서 올빼미, 종달새가 되지 말라는 법도 없다. 올빼미가 되어도 종달새가 되어도 상관없다. 적어도 하루에 두세 시간을 누구의 방해도 안 받고 아무도 시키지 않은 일을 자진해서 하고 맑은 머리로 집중해서 자신의 일을 하는 사람이면 되는 것이다.

앞에서도 얘기했듯, 내가 새벽형 체질로 변한 것은 피치 못할 기로에서 선택한 스타일이었다. 만약 가족 없는 삶을 살았더라면 나도 영원한 올빼미 예찬자로 남았을지도 모른다. 많은 사람들이 종달새를 예찬한다는데 지금의 나도 마찬가지다. 그만큼 종달새는 시간을 좀 더 버는 것 같은 느낌이 든다. 새벽에 맑은 머리로 완전히 나 자신만을 위해 있다는 기쁨이 좋아서다. 그리고 새벽형을 만날 때, 더구나 작가, 예술인 중에서 의외로 새벽형이 많다는 것을 알고 나서 아주 즐거워하고 있다.

만약 자신의 리듬을 통상적인 직장 리듬에 맞출 수 없다면 과감하게 일을 바꾸어야 한다. 일의 조건에 따라 당신의 리듬을 바꾸든가, 또는 당신의 리듬에 따라 일의 조건을 선택하든가 둘 중 하나다. 공연히 그 사이에서 방황하지 말자. 그런데, 리듬은 조율이 가능하다. 내 경험에 비추어도 분명 가능한 조율이다. 조율 기간은 100일쯤이면 적절하다. 마치 '백일기도' 하듯 다음과 같이 자신을 테스트해보면 어떨까.

• 첫째 100일 되든 안 되든 지속한다.
• 둘째 100일 일 생산성에 이상이 없는지 체크한다.
• 셋째 100일 몸에 별 이상이 없는지 체크한다.

이렇게 300일을 버티고 나면 아마도 당신은 이미 종달새 또는 이미 올빼미가 되어 있을 것이다. 어떤 것도 상관없다. 올빼미로서 또는 종달새로서 충분히 먹이 잘 찾고 즐겁게 지저귀는 새가 되면 되는 것이다.

**바쁜 사이클과 느린 사이클을 교차하는 원칙**

헉헉대게 바쁘지도 않고 하품 날 정도로 지루하지도 않고, 적절하게 일하고 적절하게 쉬어가면서 살 수 있다면 얼마나 좋겠는가. 예컨대, 일주일에 마흔 시간만 정확히 일하고 주말 이틀과 공휴일에는 정확히 쉰다. 그리고 일 년에 한 달 정도는 휴가를 가는 것이다. 그러고도 기본 생활이 되고 어느 정도의 저축도 하고 은퇴 후의 삶이 불안하지도 않다면 얼마나 좋겠는가.
그러나 인생은 그렇게 규칙적이지 않다. 좋은 말로 하자면, 인생은 그리 단조롭지 않다. 마치 파도 또는 파동이라고 표현하면 맞을 것이다. 인생에는 정신없이 바쁜 사이클과 지루할 정도로 느린 사이클이 반복된다. 일이 많을 때는 정신없이 쏟아지다가 없을 때는 하루아침에 없어진다. 바쁠 때는 1초도 아까운 반면, 느릴 때는 전화 한 통 없이 고요하기만 하다. 인기를 먹고 사는 사람들은 인기가 높을 때는 잠도 제대로 못 잘 정도로 바쁘다가 인기가 떨어지면 찾아주는 이 한 사람 없을 수도 있다. 어제까지 하루에 스무 명씩 사람 만나는 일을 하다가 오늘은 만나주려는 이 한 사람 없는 처지가 될 수도 있다. 어제까지만 해도 하루 열두 시간씩 일하다가 오늘은 당장 갈 데 없는 처지가 될 수도 있다.

외환 위기와 금융 위기를 겪고 일자리는 줄어들고 불황은 계속되는 시대에 사는 우리 모두가 이 고통을 직접 또는 간접적으로 잘 알고 있다. 경기를 타는 직업일수록 직접 경험이 많을 것이다. 예컨대, 수출 중심의 산업은 오르내림에 시달린다. 패션 업종이나 건축 분야도 경기를 많이 탄다. 게다가 회사에서 잘려보고 사업을 닫은 경험이 있는 사람이라면 이 종잡을 수 없는 사이클에 진절머리를 칠 것이다. 도대체 어떻게 하란 말인가?

사실 정답은 결코 없다. 그야말로 변화무쌍한 시대에 어디에서 갑작스런 기회가 올지, 어디에서 갑자기 돌발 위험이 생길지는 누구도 모른다. 은퇴를 대비하거나 명예퇴직에 대비하든가, 전직을 고려하거나 낙향을 구상하든가, 과연 무엇이 좋다고 확언할 수 있을까? 다만 그 사이클의 흐름에 대한 의식을 좀 더 높이는 방법 외에는 별 수가 없을 것이다. 나는 다음과 같은 5가지 원칙을 갖고 있다.

첫째, 바쁜 사이클에 있을 때 느린 사이클에 대비한다. 승승장구 바쁜 사이클에서 자만심에 빠지지 않아야 한다는 것은 아무리 강조해도 지나치지 않다. 지금 당신이 정상에 있다면 떨어지는 길 외에는 다른 길이 없는 것이다. 재정적인 비축은 물론 또 다른 전환의 계기를 찾는 노력도 바쁜 사이클에서 해야 한다. 바쁜 사이클에서도 도취에 빠지지 않고 물밑 바쁨을 열심히 하는 사람들은 분명 연착륙의 전환을 잘할 것이다.

둘째, 느린 사이클에 있을 때 바쁜 사이클에 대비한다. 느린 사이클에서 무언가 바쁘게 움직일 거리를 찾는 사람은 운을 창조하는 사람이다. 예컨대, 새로운 사업 시작이란 호경기가 아니라 불경기에 시작하는 것이 좋다. 불경기에 시작하여 어느 정도 버티면 호경기를 타며 불같이 일어설 가능성이 높다. 느린 사이클에서 얻는 경험을 바쁜 사이클의 기회로 만드는 구상을 하는 것도 빼놓을 수 없는 노력이다.

셋째, 바쁜 사이클을 축복으로 만든다. 바쁜 사이클에 완전하게 빠져보는 것은 축복이다. 일분일초를 쪼개 쓰는 즐거움, 정다운 사람들을 못 만나는 아쉬움을 넘어서서 일에 빠지는 즐거움, 당신을 필요로 하는 사람이 있음을 느끼는 보람, 당신이 만든 것을 필요로 하는 상황에서 느끼는 보람, 그 자체를 즐긴다. '사람들이 당신을 찾는다'는 상황에 감사한다.

넷째, 느린 사이클을 축복으로 만든다. 느린 사이클에 완전

리듬을 탄다는 것은 '힘과 함께 논다'는 뜻이다.
그 리듬을 잘 읽어보자.

히 빠져보는 것 역시 축복이다. 그 기회는 다시 안 올지도 모르는 것이다. 바쁜 사이클일 때의 추억에 젖어들지 마라. 읽고 싶은 책을 읽고, 보고 싶은 영화도 보고, 만나고 싶은 사람도 만나고, 가고 싶은 곳도 가보자. 자신이 모자라다고 생각하는 부분을 채우는 데 즐거움을 찾는다. 바쁜 사이클에서 하고 싶어도 못했던 것을 하는 즐거움을 찾는다.

다섯째, 바쁜 사이클과 느린 사이클을 교차한다. 바쁜 사이클과 느린 사이클이 교차될 수 있도록 리듬을 조정하는 능력을 키우면 아주 요긴한 능력이 된다. 그 어떤 일에도 리듬이 있다. 생각하면서 판단을 유보해야 하는 다소 느린 사이클, 판단 이후에 재빨리 행동에 옮겨야 하는 바쁜 사이클이 있다. 그런 일들을 잘 조합할 수 있다면 바쁜 사이클에서도 여유롭게 느낄 수 있고, 느린 사이클에서도 불안에 덜 시달릴 수 있다.

**생각해야 할 때와 행동해야 할 때**

바쁜 사이클과 느린 사이클을 교차하는 리듬이란 생각과 행동의 리듬을 잘 교차시키는 것과 연관성이 있다. '생각은 느리고 행동은 빠르다'는 바람직한 원칙이다. 그만큼 신중하게 판단하고 그만큼 순발력 있게 대응한다는 것이니 아주 좋다.

우리의 현실도 점점 더 이것을 요구한다. 즉 생각과 판단에는 길고 긴 시간이 걸리지만, 한번 행동으로 옮기면 엄청나게 빠르게 움직여야 하는 것이다. 행동하는 데 따르는 리스크가 크기 때문에 판단에 참조할 정보들은 점점 더 많아지고 훨씬 더 많은 사람들이 의사결정에 개입되는 반면, 행동으로 옮기는 데는 아주 생산적인 제조기기, 엄청 빠른 컴퓨터, 물류나 홍보 등 정보 메커니즘 덕분에 훨씬 더 빠르게 움직일 수 있기 때문이다. 변화의 속도가 빠른 만큼 승부도 단기간에 나는 경우가 많아진다는 변수도 작용한다.

예컨대, 조그만 레스토랑 창업에도 기술, 자금, 장소, 내용, 영업방식 등 1~2년 고민하면서 판단을 내리지만 실제 개업에는 부동산 중개, 요식업 기기 등이 발달되어 눈 깜짝하는 시간에 준비할 수 있다. 예컨대, 공공 시설물의 공사기간은 신기술, 신공법, 신기자재 덕분에 엄청나게 단축되었다. 그런가 하면 시설물을 계획하고 설계하는 시간은 훨씬 더 오래 걸린다. 반대와 찬성이 교차하고, 수많은 민원이 걸려서 쉽게 결정할 수 없기 때문이다.

건물의 경우에도 지을 것인가 말 것인가 고민하는 시간이 설계 시간보다 훨씬 더 길다. 설계 과정 역시 구상하고 협의하는 시간은 긴 반면, 실제 도면을 그려내는 작업은 '캐드' 등의 도움으로 훨씬 더 빨리 할 수 있다. 예컨대, 제안서를 만들 때도 회의 시간은 길어지고 업무 협의 과정은 많아지는 반면, 실제 제안서 만드는 시간은 컴퓨터 덕분에 엄청나게 빨리 할 수 있다.

이런 현상을 어느 분야에서나 볼 수 있다. 일의 내실을 기할 수 있다는 점은 좋지만, 결코 좋은 것만은 아니다. 생각하고 판단하는 주기에는 진 빠질 듯이 지루해지고, 일단 결정되면 빠른 시간 안에 프로덕션을 해내야 하기 때문에 또 피곤하고 진이 빠지기 때문이다. 그렇지만 무조건 결정을 빨리 밀어붙일 수도 없고, 행동으로 바로 옮기지 않는다고 박력 없다고 비난할 수도 없다. 그만큼 판단에 신중해야 하는 사회 환경인 것이다. 반면, 생산에서는 '더욱 빨리, 더욱 빨리'를 고민하지 않으려야 않을 수 없다. 빨리 하지 않으면 경쟁력이 떨어지기 때문이다. 우리는 확실히 어려운 시대를 살고 있다. 느린 사이클에서는 한없이 느리고 빠른 사이클에서는 정신없이 빠를 수밖에 없는 것이다. 이런 상황에서 당신은 어떻게 할 것인가? 자신의 방어책을 고민해야 할 것이다.

나는 이렇게 나의 전략을 세워놓고 있다. "사이클이 다른 여러 일들을 동시에 한다. 어떤 일은 생각 사이클에 있고 어떤 일은 행동 사이클에 있게 만든다. 가능하면, 긴 사이클의 일 사이사이에 짧은 사이클의 일들을 끼워둔다. 말하자면 큰 프로젝트 속에 작은 프로젝트들을 쪼개 넣는 식이다. 가능하면, 생각과 행동을 같이하도록 한다. 생각하며 행동하고, 행동하며 생각한다."

나의 전략이 꼭 좋다는 것은 아니다. 다만, 당신의 전략은 세워두어야 할 것이다. 우리 모두 '생각이 너무 많고, 행동이 너무 빠른 시대'를 살고 있기 때문이다.

**고백할 때와 고백받을 때**

가톨릭교에는 '고해성사'라는 독특한 의식이 있다. 신의 대리인인 신부에게 고민을 털어놓고 은총도 받고 죄에 대한 사함을 받는다. 고백하는 사람에게는 무척 좋은 카타르시스를 준다. 고해성사의 내용을 절대로 남에게 얘기하지 않는다는 원칙이 있으니 신부를 전폭적으로 믿고 털어놓는다.

세속에 사는 우리 역시 이런 고해성사가 필요하다. 우리의 고민, 불안, 갈등, 희망, 깊은 절망을 털어놓을 수 있어야 한다. 나는 이것을 '쓰레기통이 되거나 쓰레기를 버리는 능력'이라고 좀 속된 방식으로 표현한다. 대학원 시절에 평소 말 없던 학우가 찾아오더니 어찌된 영문인지 내게 온갖 고민을 털어놓는 것이었다. 그날 술 마시며 하는 말이, 나를 보면 얘기를 털어놓고 싶어진다고 토로한다. 그러면서 툭 던지기를, "김진애, 쓰레기통 아냐?" 참 좋은 찬사였다. 남의 쓰레기를 받아줄 수 있는 쓰레기통이 될 자질이 있다는 것은 아주 좋은 점이라고 생각한다. 그 칭찬을 귀에 담고 나는 적절하게 쓰레기통 역할을 하려 노력해왔다.

그런가 하면 나는 또 나의 쓰레기를 버릴 적절한 쓰레기통을 찾으려 노력했다. 그 상대는 항상 똑같은 사람일 필요도 없고 꼭 가까운 사람일 이유도 없다. 돌아보면 옆 지기, 친구, 딸, 가족이 나의 고백 상대가 된 경우가 물론 많지만 나를 잘 알지 못하는 사람이거나 가까운 사람이 아닌 경우도 많다. 글을 쓰는 행위, 책을 쓰는 행위 역시 일종의 고백 과정이다. 이것을 상담이라는 말로 부를 수도 있겠으나 내가 고백이라는 말을 즐겨 쓰는 것은, 스스로 속을 털어놓는 과정이 무척 중요하기 때문이다. 말을 하면서 스스로 고민이 풀어지거나, 해답이 나오면서 머릿속도 정리되고 몸과 마음이 가뿐해진다. 고민의 무게도 줄어들고 논리도 정연해진다. 나를 버림으로써 얻는 것이 많다.

컴퓨터를 보면 '휴지통'이라는 아이콘이 있다. 필요 없는 파일을 버리는 곳이다. 이 휴지통에 파일을 버리려면 용기가 필요하다. 물론 요새는 USB나 외장하드가 있어 많은 용량의 파일을 보관할 수 있지만 모든 것을 다 보관할 수는 없기 때문에 일정 시점에 과감하게 자신이 가진 것을 버릴 수도 있어야 하는 것이다. 버리는 것은 훈련을 요한다. 또한 용기를 요한다. 적절히 버려야 순환이 잘 된다.

우리의 정서는 잘 순환해야 한다. 좋은 말로는 '정서 대사'고 자극적인 말로 하면 '감정 배설'이다. 부디 자신의 정서 대사에 귀를 기울여라. 정서를 쏟아놓을 수 있는 쓰레기통을 찾아라. 당신 자신이 쓰레기통이 되어주고 당신에게 쓰레기통 역할을 해줄 사람을 찾아라. 이렇게 우리의 감정을 쏟아놓는 것은 꼭 상대가 해결을 해주리라는 기대 때문은 아니다. 이야기를 하다 보면 상당 부분 제풀에 풀리고 무엇보다도 기분 전환이 되면서 자신의 문제를 객관적인 시각으로 바라볼 수 있는 여유가 생긴다. 받아주는 사람이 해답을 갖고 있는 것이 아니라 이미 내가 해답을 가지고 있는 것이다.

정히 쓰레기통 역할을 할 사람을 못 찾겠다면 독백도 좋다. 다만 입 밖으로 내뱉는 독백이어야 효과적이다. 마음속으로만 하면 큰 효과는 못 본다. 빈 방에서 독백을 해보라. '녹음기'에 대고 이야기하는 것도 좋은 방법이다. 다시 듣는 게 고역이지만 꼭 다시 들어야 할 이유도 없다. 독백 같은 이야기란 '하는 것' 자체에 의미가 있기 때문이다. 말하는 것이 고역인 사람은 일기 쓰기가 도움이 될지 모른다. 자신의 정서를 쏟아놓는 쓰레기통으로서의 일기다.

자신의 일이 영 안될 때 또는 너무 잘나가서 이상하게 느낄 때 일어나는 마음속 작용을 털어놓으며 우리의 정서를 순환시킴으로써 건강한 상태로 유지할 수 있다. 때로는 당신의 정서를 던지고 때로는 주변사람이 당신에게 던지는 정서를 이윽고 소화해보자.

### 24시간-1주일-1달-1년-3년-10년의 리듬

자신의 리듬을 읽어보라. 잘 관찰하고 기록도 해보라. 시간 리듬을 읽는 감을 기르면 일정표 이상으로 호흡 조절에 도움이 된다. 나 역시 이 책을 쓰는 것을 기회로 다음과 같이 나의 리듬을 읽어봤다.

- 나의 하루 24시간의 리듬을 읽어본다.

  05:00-08:00 완벽한 몰입 첫 사이클

  08:00-10:00 몰입 둘째 사이클 또는 아침 회의

  10:00-12:00 내부 회의와 외부 접촉

  12:00-14:00 점심, 짧은 낮잠, 캐주얼 자료 읽기

  14:00-17:00 외부 회의와 만남 사이클

  17:00-19:00 마무리 정리 확인 사이클

  19:00-21:00 집안일 사이클 또는 사교 만남

  21:00-23:00 가족과 뉴스와 책과 함께

  23:00-03:00 잠을 깊이 자는 리듬을 유지

  03:00-05:00 잠 또는 특별한 몰입 사이클

- 나의 1주일 리듬을 읽어본다.

  월  작전 회의, 외부에서 연락이 많이 오는 날

  화  현장 체크, 외부에 나가는 일을 처리하는 날

  수  가능한 한 사무실을 지키고 내부 브레인스토밍

  목  외부 회의가 많은 날로 아예 할당

  금  원치 않지만 외부 일이 많은 날. 저녁은 프리하게

  토  오전에 혼자 해야 하는 일 처리, 오후와 저녁은 한가롭게

  일  아침은 가족과 나머지는 혼자 해야 할 일 끝내기

- 나의 한 달 리듬을 읽어본다.

1주 프로젝트에 몰입할 수 있는 아주 좋은 사이클

2주 행정 준비(자금순환 체크, 외부 접촉 확인)

3주 일에 몰입할 만한 사이클

4주 행정 사이클(재정 체크, 외부 확인)

4.5주 여유만만 즐기는 사이클(자료-사람 만나기)

• 나의 1년 리듬을 읽어본다.

1월 은근히 바쁘지 않은 사이클, 개인 일 하기 좋다.

2월 외부 일이 걸리기 시작하는 사이클

3월 바쁜 사이클, 새 계획 추진, 전반기 행사 등

4월 안정 사이클

5월 바쁜 사이클

6월 극히 바쁜 사이클, 전반기 마무리

7월 느려지는 사이클, 새로 터지는 일은 거의 없다.

8월 아주 느린 사이클, 긴 여행, 외부 일이 거의 없다.

9월 바쁘기 시작하는 사이클, 새로 터지는 일이 많다.

10월 안정적으로 바쁜 사이클

11월 바빠지는 사이클(1년 단위 행정기간의 마무리)

12월 아주 바쁜 사이클, 마무리와 대외 사교 등

• 3년의 리듬을 읽어본다.

왜 3년인가? 3년은 하나의 프로젝트 사이클인 경우가 많다. 사업 사이클이기도 하다. 3년 안에 승부가 결정된다. 계속할지, 걷어치울지 말이다.

**1년째** 탐색과 자리 잡기 사이클

**2년째** 본격 운영되는 몰입 사이클

**3년째** 안정 관리 그리고 평가 사이클

- 10년 단위의 리듬을 읽어본다.

왜 10년인가? 하나의 일에 길게 매달리면 질리는 시점이 오기 때문 아닐까. 휴식하고 충전하는 '안식년'이 필요할 때가 온다. 아니면 '일의 전환기'를 맞을 때가 되었는지도 모른다.

1~3년  몰입하는 반면 위기가 많은 사이클

3~5년  안정을 무색할 수 있는 사이클

6~8년  무언가 더하고 빼면서 발전하는 사이클

9~10년  다른 방식, 다른 길을 준비하는 사이클

**전성기-침체기-공백기-전환기-재기, '때'를 읽어라!**

우리의 인생은 미리 정해놓을 수 있는 것도 아니거니와 미래가 환히 보이는 것도 아니다. 차근차근 준비하고 차곡차곡 올라가고 커다란 부침이 없이 안정된 호흡을 유지했으면 좋겠다고 바라지만, 그렇지 못한 것이 인생이다. 태풍이 언제 몰아칠지, 파도가 언제 높아질지, 눈보라가 언제 거세질지 전혀 모르고 살아간다. 월드스타든 직업인으로서의 연예인이든, 베스트셀러 작가든 꾸준히 작업을 일구는 작가든, 철밥통 직장인이든 계약직 직장인이든, 오너 경영자든 전문 경영인이든, 창업자든 계승자든 모두 각기 인생의 부침을 겪는다.

"인생에는 세 번의 기회가 있다, 인생에는 세 번의 위기가 있다"는 속담이 있지만 요즘 세상에는 훨씬 더 잦은 기회들이 있고 또 훨씬 더 잦은 위기들이 찾아오는 것 같다. 세상이 워낙 크고 변화 속도가 훨씬 더 빠르기 때문일 것이다. '이게 기회인데 내가 놓치는 것 아닐까, 이게 위기인데 내가 모르는 것 아닐까'라는 불안도 훨씬 더 자주 찾아온다는 얘기다.

누구나 인생의 사이클을 겪는다는 것을 기꺼이 받아들이자. 전성기가 있으면 침체기가 생긴다. 커리어에는 공백기가 있고 전환기도 있게 마련이다. 침체기, 공백기를 어떻게 전환기로 만드느냐에 따라 재기의 가능성도 커지는 것뿐이다. 빛나는 전성기를 일찍 겪어본 사람일수록 침체기, 공백기를 견디는 힘이 약할 수 있다. 불행한 일이다. 오랜 고난기를 겪은 사람일수록 제대로 된 준비기를 겪어서 그런지 일단 탄력이 붙으면 상당히 오랜 동안 전성기를 유지하기도 한다.

어떤 경우에나 우리가 받아들여야 할 것은, 화려한 전성기는 길지 않다는 사실이다. 애석하다고? 사실 너무도 공평한 것 아닐까? 수많은 사람들에게 기회가 돌아갈 수 있고, 그 기회는 또 다시 나에게도 올 수 있을 터이니까 말이다. 때를 잘 읽어보자!

# 4강

## 할 일이 너무 많다.
## 어떻게 이 일들을 다 하나?

"사람이 사는 데 해야 할 일은 왜 이리 많으며, 끼고 살아야 할 물건들은 왜 이리 많으며, 왜 이렇게 기계 종류는 많은가? 사람 만나야 할 일은 왜 그리 많으며, 인사할 데는 왜 그리 많은가? 챙겨야 할 일이 너무 많다. 어떻게 이 일들을 다 하고 사나?"

시시때때로 사람들은 이런 불만을 토한다. 시간적으로 좀 여유가 있을 때는 그리 문제되지 않는 듯싶다가도 좀 바빠지거나 몸 컨디션이 안 좋아지면 갑자기 모든 것이 번거롭고 모든 것에 쫓기는 느낌이 드는 것이다. 하물며 '명절' 같은 축복된 절기 역시 번잡스럽게 보자면 또 얼마나 번잡한가.

사람살이란 번잡할 수밖에 없다. 한 사람이 수많은 역할을 하고 살아야 한다. 가정의 일원, 학교의 일원, 직장의 일원, 사회의 일원으로서. '1인 3역'뿐인가, '1인 10역', '1인 100역'도 해야 하는 것이다. 연륜이 붙을수록 더하다. 10대에는 집과 친구와 학교의 반경에 불과하지만, 20대에는 직장과 애인과 가정이 추가되고, 30대에는 파트너와 아이들의 행동반경도 추가되고, 40대에는 노년의 부모님이 추가되고, 50대에는 자식의 동반자까지 추가된다. 어떤 종류의 일을 하는가, 사교 반경이 얼마나 넓은가, 취미가 무엇인가에 따라 해야 할 역할과 알고 지내는 사람, 알아야 할 정보, 끼고 사는 물건들도 늘어나게 마련이다.

어떻게 좀 단순하게 살 방법이 없을까? 다 버리고 살자니 그것도 맘대로 안 되고 다 떠나 살자니 그것도 불가능하고, 어떻게 해야 삶을 좀 단순하게 만들 수 있을까?

그런데 엄청나게 바쁜 사람이 의외로 태연자약하게 그 많은 일들을 처리하는가 하면, 별 하는 일도 없는 것 같은데 복잡해하고 불안에 시달리는 사람도 있다. "성격이 운명이다"라는 말처럼 성격도 작용할 것이다. 낙관적이냐 비관적이냐, 긍정적이냐 부정적이냐에 따라 대응이 달라진다. 경제적인 상황도 물론 작용한다. 여유 있는 사람은 돈으로 남의 시간을 살 수 있고, 여유 없는 사람은 가진 게 자기 시간밖에 없으니 말이다.

그러나 분명한 것은 누구에게나 24시간밖에 없다는 사실이다. 그 시간을 활용해서 어떻게 일을 하느냐, 해내느냐 못 해내느냐가 관건일 뿐이다. 여기선 '삶의 습관'에 주목해보자. 살아가는 데 필요한 덕목으로 의지, 목표, 꿈, 끈기, 체력, 능력 등 여러 가지를 꼽지만, 평소 간과되는 것이 '습관'이다. 성격이 운명일 뿐 아니라 습관 역시 운명이다. 성격은 마음대로 되지 않지만 습관은 다행히도 컨트롤이 꽤 가능하다. 자신의 습관의 패턴을 잘 관찰하고 그 패턴을 잘 디자인해보자. 몸 가볍게 마음 가볍게, 가뿐하고 단순하게 사는 습관의 힘을 길러보자.

# 일을 쳐내는
# 습관의 힘을 붙여라

　일하는 것도 습관이요, 일을 처리하는 방식도 습관이다. 공부하는 것도 습관이요, 노는 것도 습관이다. 사람을 만나는 것도 습관이요, 자료를 모으는 것도 습관이다. 먹는 것도 습관이요, 입는 것도 습관이다. 자는 것도 습관이요, 쉬는 것도 습관이다. 생각하는 것도 습관이요, 구상하는 것도 습관이다. 사람은 자신도 모르는 사이에 습관을 만들어나간다.
　습관이 나쁘면 언제 어디선가 문제가 생길 위험성이 농후하다. 몸 건강이 나빠지는 것은 물론이요, 머리가 잘 안 자랄 수도 있고, 감정이 성숙해지지 못할 수 있고, 마음이 차분해지지 못할 수 있고, 그러다 보면 많이 흔들릴 위험성도 크다. 그래서 어릴 적

습관이 중요하다. "세 살 적 버릇이 여든까지 간다"라는 말은 확실히 진리다. 좋은 습관이란 부지런하다는 것과는 다르다. 생활의 기본 틀이 튼튼하게 서 있다는 것을 말한다.

기억에 강하게 남는 선생님 중 한 분은 중2 담임선생님이다. 그다지 재미없는 '사회' 과목을 가르쳤고 매력적인 느낌은 아니어서 별로 인기가 없던 남자 선생님이셨다. 그러나 이 선생님은 참 좋은 습관을 나에게 붙여주셨다. '바른 자세'라는 습관이다. 선생님은 일 년 내내 아침 수업 전에는 물론 방과 후 청소 시간에도 바른 자세만을 지적하셨다. 때로는 지나치다 싶을 정도로 앉는 자세, 서는 자세, 걷는 자세, 책 읽는 자세에 대해서 잔소리와 함께 시범을 보이고 학생 하나하나의 자세를 고쳐주시는 것이었다. 그런데 일 년 열두 달을 그렇게 보내고 나니 나는 정말 자세가 똑발라졌다. 등뼈를 바로 세우고 앉고 서고 걷는 습관이 몸에 붙은 것이다. 지금도 앉아서 하는 일, 서서 하는 일, 걸어야 하는 일이 많은데 나는 등이 발리거나 허리가 끊어질 것 같은 척추 문제는 전혀 없다. 선생님이 습관으로 만들어주신 바른 자세가 나를 지탱하고 있는지도 모른다.

우리가 끼고 사는 물건들, 스케줄들, 일들을 쳐내는 매일매일의 습관을 점검해보자. 습관은 단순할수록 파워가 커진다. 단순화하는 습관은 배포가 필요하고 수없는 시행착오가 필요하고 그 시행착오에서 끊임없이 배우고 익히는 자세가 필요하다.

## '청소파'와 '요리파' 사이에서

자신의 성향부터 파악해보자. 단순하게 말하자면, 세상에는 두 종류의 사람이 있다. '청소파(cleaner)'와 '요리파(cooker)'. 쉽게 말하자면, 청소파는 깨끗하게 정리하는 데 힘을 들이는 성향의 사람이고, 요리파는 만들어내는 데 힘을 들이는 성향의 사람이다. 청소파는 '조직'하는 것을 좋아하는 편이고 요리파는 '창조'하는 것을 좋아하는 편의 사람일 것이다. 인상으로 보자면, 청소파는 아주 깔끔하게 보이고 요리파는 좀 지저분하게 보일 가능성이 농후하다. 청소파는 분주하게 보이고 요리파는 여유작작하게 보일지도 모른다. 청소파는 약속을 잘 지키는 편이고 요리파는 약속쯤이야 잘 지키지 않을지도 모른다.

당신은 요리파인가, 청소파인가? 세상을 흑백으로 나눌 수 없듯이 어떤 사람이든 청소파와 요리파의 두 성향을 다 가지고 있다. 누구나 정리 안 하고 살 수 없으며 누구나 그 무엇인가 만들어내지 않으면 살 수 없으니, 청소파와 요리파는 우리 속에 같이 자리 잡고 있다. 다만 자신이 '극(極) 청소파' 또는 '극 요리파'가 아닌가는 의문해볼 필요가 있다. 언제나 그렇듯이 '극'은 그리 바람직하지 않을 수 있으니, 자신의 징후를 진단할 필요가 있다.

'극 청소파'의 징후는 어떤 것들일까? 주변이 어지러우면 도저히 일이 손에 잡히지 않는다, 바빠 죽겠는데도 여전히 청소하고 빨래하고 정리하는 데에 시간을 보낸다, 몸이 솜처럼 지쳤는데도 치우질 않으면 못 견딘다, 손님치레 이후 정리를 안 하면 좀체 잠을 이루지 못한다, 당신의 청결 집착 때문에 주변 사람들이 기분 좋아하는 것이 아니라 피곤해한다, '깔끔하다'는 평을 자주 듣는다, 말끔하게 하는 데 시간을 쓰느라 일을 끝내지 못한다, 마감시간을 자주 못 지킨다, 잘 못 버린다, 가끔씩 자기가 안고 있는 수많은 물건들에 놀란다 등이 있다. 극 청소파들은 피곤하게 산다.

그런가 하면 '극 요리파'는 어떨까? 필요한 자료를 잘 찾지 못한다, 물건 찾느라 온 사방을 뒤지는 경우가 많다, 결국 못 찾고 아예 새로 사버린다, 잘 버리거나 아예 잃어버린다, 주위 사람들에게 '정신이 없다'는 평을 자주 듣는다, 한번 어디에 빠지면 다 끝내기 전까지는 잠도 안 오고 밥도 안 먹힌다, 주변 사람들에게 '자기중심적'이라는 불만을 듣곤 한다, 한번 빠지면 돈도 안 따지고 용도도 따지지 않고 그것만 들이판다, 마감시간을 자주 못 지킨다, 주변 사람들을 전전긍긍하게 만든다 등이 있다. 극 요리파들 역시 피곤하게 산다.

극 청소파나 극 요리파는 각기 다 문제다. 자신도 피곤하고 남도 피곤하게 만든다. 일하는 효율이 떨어지기 십상이다. 극 요리파가 빠지기 쉬운 함정은 자신이 '타고난 창조자'라는 환상이다. 그러나 일이 조금만 복잡해지거나 규모가 커지면 타고난 창조 재능도 별 효과가 없다. 체계가 없으면 한 걸음 더 나아가기 어려운 것이다. 극 청소파가 빠지기 쉬운 함정은 '깨끗한 비체계성'이다. 겉으로 보기에는 아주 깨끗하지만 실제 내용을 다스리는 원칙이 없어서 비생산적이 되고 겉모습만을 유지하기에 피곤해지는 것이다.

독자들 머릿속에서 금방 여러 사례들이 떠오를 것이다. 예컨대 관료와 공무원은 극 청소파일까? 법령에 근거하고 위계와 보고 형식에 맞추어 일하는 집단인 공무원들은 융통성보다는 일사불란한 조직과 질서에 집착하는 특성이 있으니 상상력이나 창조력은 전혀 없는 걸까? 대량생산이나 유통 체계를 맡는 사람들 역시 극 청소파일까? 한 단계라도 흐트러지면 전체 체계가 무너지니 정해진 규칙만 지키려 드는 걸까?

그렇다면 이른바 창조적 직능군에 속한다고 하는 사람들은 대부분 극 요리파일까? 예컨대 작가, 미술인, 음악인, 광고기획자, 경영기획자, 건축가, 과학인, 연예인, 경영인, 정치인 등은 체계 세우기에 약하고 즉흥적이기만 할까? 이들도 분명 체계를 세울 텐데 어떻게 창조와 정돈 사이에서 균형을 맞출까?

사실 이러한 예들은 다 고정관념이다. 어떠한 일에도 상상력과 창조력이 필요하고 어떠한 일에도 체계와 정리정돈 과정이 필요하다. 공간 상상력, 문학 상상력, 음악적 상상력, 시적 상상력뿐 아니라 법적 상상력, 행정 상상력, 토론의 상상력, 보고의 상상력이 필요하다. 창조적 작업을 성공적으로 하는 사람들은 놀랍도록 체계적으로 일한다. 예컨대 레오나르도 다빈치의 스케치북, 미켈란젤로의 작업실 시스템, 다산 정약용의 집필 시스템, 세종대왕의 관리 시스템은 창조파와 정리파, 요리파와 청소파의 놀라운 균형을 보여준다.

나 역시 고민해왔다. 나의 근본 성향은 요리파다. 요리 자체를 좋아하기도 하거니와 무엇을 만드는 데 집중하는 스타일이다. 청소하기를 워낙 싫어하려니와 일에 부대끼다 보니 깨끗하게 하기에 쓸 시간도 별로 없다. 내 작업실을 방문한 사람들은 내가 얼마나 많은 것들을 끌어안고 사는지 놀란다. 남들이 '세상에서 제일 더러운 차'라고 할 정도로 굴러가기만 하면 차도 내버려둔다.

나는 한동안 '청소 콤플렉스'에 걸렸었다. 주위에서 야단맞는 것은 물론 나 자신도 문제가 아닐까 의문했었다. 그래서 열심히 청소도 해봤다. 그러나 피곤했고 확실히 내 체질은 아니었다. 그래서 나 스스로 열심히 훈련한 것은 '정리하기'다. 깨끗하지 않아도 좋으니 잘 정리해두자는 방침이다. 말하자면 청소파는 아니어도 '정리파'는 되자는 것이다.

한동안의 훈련을 거친 지금의 나는 이른바 '어지러운 조직자(cluttered organizer)'가 된 셈이다. 겉으로는 어지럽고 혼란스러워 보여도 내부의 질서는 튼튼하다. 분류를 잘하려 노력하고 그 분류 방식에 따라 정리하는 데 부지런을 떠는 셈이다. 필요한 것을 못 찾는 일도 별로 없다. 주변 사람이나 같이 일하는 사람들이 놀랄 정도로 필요한 때에 필요한 그 자료를 잘 찾는다. 혼돈 속의 질서가 튼튼해진 셈인데, 이렇게 되기 위해서 무진 애를 썼다.

당신은 어떤 사람인가? 자신이 창조적인 요리파라고 자신하지 마라. 너무 내버려두고 정리하지 않다 보면 언젠가는 필요한

129

것을 못 찾고 진짜 하고 싶은 것을 놓칠지 모른다. 자신이 체계적인 청소파라고 자신하지 마라. 정리가 잘 되어 있는 듯싶어도 그 질서가 무너지면 자칫 자신도 무너질지 모른다. 사람이란 요리파와 청소파를 적절하게 넘나들 수 있는 묘기를 부릴 수 있어야 하는 것이다.

### 몸 가볍게, 줄이고 줄인다

선배 한 분은 결벽증이라 할 정도로 정리파다. '밤에 불을 안 켜고도 찾을 수 있도록 모든 것이 제자리에 있어야 한다'가 그의 원칙이다. 가히 상상이 되지 않는가. 마치 옛 선비의 잘 정리된 방이 떠오를 정도다. 듣자 하니 이 선배는 아주 만족스럽게 사시지만 같이 사는 파트너는 은근히 불만스러워한다니, 결벽증에 가까운 정리파란 피곤한 것이다. 본인뿐 아니라 주변에도 마찬가지의 기준을 기대하기 때문이다. 하지만 그 기준만큼은 본받을 만하다. 제자리에 제 물건을 두지 않고 그것을 찾느라 공연히 일 만들고 피곤해지는 경우가 얼마나 많은가?

정리의 가장 좋은 기준은 나뿐만이 아니라 '남도 찾을 수 있는 정도'다. 남도 찾을 수 있는 원칙이 되면 자신의 혼돈도 없어진다. 가장 기본이 되는 것에 대해 제자리를 갖추어보라. 그에 합당한 자리를 만들고 눈 감고도 찾을 수 있게 해보자.

휴대 필수품의 기본, 문방구의 기본, 자료 파일의 기본, 컴퓨터 시스템의 기본, 필요 공구의 기본, 필수 식자재의 기본, 자리에 맞는 옷의 기본, 읽고 또 읽는 책의 기본 등. 이렇게 기본을 갖추어놓고 나면 마치 뭐든지 할 수 있을 듯, 마치 부자가 된 듯한 기분에 빠질 수 있다. 자신이 완벽하게 준비된 것 같은 착각인데, 이런 착각도 기운을 올리기 위해서는 필요하다. 사람마다 기본 아이템은 꽤 달라질 것이지만, 원칙은 하나다. 얼마나 줄이고 줄일 수 있는가이다.

몸에 붙이는 휴대 필수품을 예로 들어보자. 평소 주머니 필수품의 변화를 들여다보니 참 많이 줄었다. 요즘은 딱 두 가지다. 지갑과 스마트폰. 업무 필수품 두 가지를 더하면 '수첩과 펜'인데, 스마트폰의 메모 저장 기능이 더해지면서 사라질까 말까 기회를 엿보는 중이다. 10여 년 전까지만 해도 열쇠꾸러미가 꼭 있었는데 전자 키가 일반화되면서 사라졌다. 핸드폰에 대한 나의 거부감이 상당했었는데 스마트폰이 되면서 나의 인식도 완전히 바뀌었다. 카메라 기능까지 더해주니 그야말로 만능이다. 좀 더 있으면 지갑도 필요 없어지리라. 스마트폰으로 신용카드 인증은 물론 모바일 머니가 현금을 대신해줄 테니까. 이 두 가지에 여권만 있으면 당장 비행기 타고 해외로 날아갈 수도 있겠다. 여권도 모바일 인증이 가능한 날이 올 터이니 스마트폰 하나면 다 되리라. 크기가 줄어들었다가 기능이 많아지면서 다시 커지는 스마트폰이 솔직히 거추장스럽기도 하다. 분명 '웨어러블(wearable)' 모드로 발전될 것이다. 몸에 붙인다는 개념이 말 그대로 실현될 것이다.

이렇게 기본을 체크해보는 이유는 무엇일까? 자신의 주머니 필수품을 줄이고 줄이면서 몸을 가볍게 하고 자신에게 가장 긴요한 것을 확실히 하기 위해서다. '항상 레디' 상태로 '임전(臨戰) 태세'를 확인하는 태도다. 물리적인 물품을 줄이는 것이 요체가 아니라, 자신이 필요한 기능에 대해서 평소에 충분히 준비가 되어 있는가에 대한 검증 방식인 것이다.

이런 식으로 문방구, 자료 파일, 컴퓨터 시스템, 필요 공구, 필요 식자재, 자리에 맞는 옷, 읽고 또 읽는 책의 기본 등에 대해서 줄이고 줄여보는 훈련은 무척 요긴하다. 삶을 심플하게 해주는 데 도움이 될뿐더러 설령 완벽하게 실행을 못한다 하더라도 자신이 지향하는 심플 라이프에 대한 개념을 갖게 해준다.

그런데 '읽고 또 읽는 책의 기본'은 뭘까? 어떻게 책을 줄이고 줄일 수 있을까? 옷에 대한 욕심 정도로 크진 않더라도 책에 대한 욕심도 만만치 않은데 말이다. 뜻은 이렇다. 누구에게나 읽고 또 읽는 책들이 있어야 한다는 것이다. 마음이 안 좋을 때, 스트레스가 조여올 때, 부담감이 심해질 때, 일이 안될 때, 도망가고 싶어질 때 그 책을 펼치면 마음이 가라앉는 책 말이다. 나의 서가 한 코너에는 그런 책들이 꽂혀 있다. 대개 작은 책들이고 글로 꽉 찬 책들이다. 내 상태가 수상하게 느껴질 때, 다가설 수 있는 코너다. 읽고 또 읽는 그런 책들이 나 자신을 만들어왔는지도 모른다. 자신의 멘탈을 지켜주는 책의 기본도 제자리에 놓아보자.

원칙은 하나다.
얼마나 줄이고 줄일 수 있는가이다.

## '나만의 수첩'을 꾸준히 써라

디지털 시대에 많은 방식들이 디지털식으로 바뀌지만 때로는 아날로그적인 방식이 여전히 내가 사람이라는 사실을 새삼 확인시켜준다. 걷기, 차 마시기, 밥 먹기, 흙 만지기, 손잡기, 안기 등 우리의 몸을 쓰는 일들이다. 아직도 인간으로서 내가 무엇인가를 주체적으로 하고 있다는 느낌을 준다. 그중 하나가 종이 위에 글 쓰기다. 글을 쓰거나 자료를 정리할 때는 당연히 컴퓨터를 쓰지만 아직도 내가 손으로 직접 종이 위에 쓰는 것이 있다. 수첩 쓰기다. 스마트폰 메모 기능을 쓸 수 있지만 나는 여전히 이 아날로그 방식이 마음에 들어서 계속 쓰게 된다.

사람들이 수첩을 적극적으로 쓰지 않는 것은 이상한 일이다. 혹은 너무 장중한 수첩을 장중하게 사용하는 것도 좀 번거로워 보인다. 『인생을 바꾸는 건축수업』이라는 책에서 내 직업상 꼭 필요한 '스케치북 활용'에 대해서 자세히 이야기한 적이 있는데 여기서는 수첩에 대해서 이야기해보려고 한다.

12월 말이 되면 나는 막내에게서 수첩을 신년 선물로 받는다. 사실은 내가 강요해서 받게 된 의식이다. 3000원짜리 아주 간단한 수첩이지만, 선물 받는다는 느낌이 좋아서 사달라고 한다. 나에게 맞는 이 수첩을 찾는 데 꽤 오래 걸렸다. 여러 종류의 수첩을 써봤다. 분류가 잘된 수첩, 장정이 좋은 수첩, 백지수첩 등 다 탐탁지 않았다. 너무 크거나 너무 무겁거나 잘 찾지 못하거나. 그러다 우연히 동네 학교 앞 문방구점에서 찾아낸 지금의 수첩은 내 맘에 쏙 들어서 계속 쓰고 있다.

나만의 수첩에는 몇 가지 원칙이 있다. 주머니에 넣을 정도로 가볍고 작을 것, 일주일 단위로 페이지가 넘어갈 것, 충분히 메모할 만한 공간이 있을 것, 왼편에는 약속 스케줄을 쓸 것, 오른편에는 계획된 일정을 쓸 것(프로젝트, 원고 마감, 생일, 기념일 등), 수첩 앞에는 12달 계획 페이지가 있을 것, 수첩 뒤에 빈 페이지가 많을 것.

별것 아니지만 또 별것이기도 하다. 내 맘에 들어야 하고 내 계획 성향에 맞는 수첩이니 말이다. 그만큼 수첩은 중요하다. 수첩은 나의 공적 생활의 전 기록이라 해도 좋다. 나는 만난 사람, 가본 곳, 회의에서 다룬 과제들을 되도록 다 써놓는다. 이왕이면 그 사람, 그 조직의 전화번호도 써놓는다. 혹시 나중에 문제가 생기면 바로 연락을 취할 수도 있다. 대충 언제 생긴 일인지를 알면 전후좌우 사정을 이해하기도 좋다.

나는 여전히 스마트폰의 간편한 메모 기능보다 종이 수첩의 감각이 좋다. 모니터와 달리 종이 수첩은 한꺼번에 볼 수 있는 총괄적 시각이 가능하기 때문이다. 수첩을 '차르르' 넘기면 마치 세월이 내 앞에 펼쳐지는 것 같은 여유가 생긴다. 연말 연초에 수첩을 바꾸며 한 해의 계획뿐 아니라 인생의 계획도 같이 점검할 수 있다.

수첩이란 계획 행위를 뜻한다. 삶에 대한 주체성을 상징하고 삶을 기록한다는 뜻도 있다. 공적인 일을 대하는 공인의 훈련이기도 하다. 수첩에 적어놓으면 깜박 까먹을 일도 줄어들거니와 앞으로 해야 할 일들에 대한 시간 감각도 확실해진다. 그래서 수첩은 남녀노소 누구에게나 필수품이 되어야 한다. 비서를 두고 스케줄을 맡기는 사람이라 하더라도 자신만의 수첩이 있어야 할 것이다. 자신의 삶은 자신의 것, 자신의 기록은 온전하게 자신의 것이기 때문이다. 디지털식으로 스마트폰 전자수첩을 쓰건, 아날로그식으로 값싼 종이 수첩을 쓰건 당신의 삶을 기록하고 계획하라. 이 과정에서 자신이 어떻게 시간을 쓰는지, 어떻게 에너지와 시간을 배치해야 할지 자신의 시간 패턴이 보일 것이다.

**할 일의 우선순위를 매기는 7가지 기준**

아무리 몸 가볍게 단순하게 살려 해도 우리는 매일매일 수많은 일을 해야 하기 마련이다. 시간에 쫓기고 돈에 쫓기고 교통체증에 쫓기는 와중에서 그 많은 일을 다 해내기도 어렵다. 그래서 할 일의 우선순위를 매기는 것은 절대적으로 필요하다. 그렇게 하지 않다가는 일에 치여버리거나, 마치 '밑을 안 닦은 것처럼' 찜찜한 경우가 적지 않게 생긴다.

그 우선순위란 사람마다 다른 것이 정상일 것이다. "중요한 일을 먼저 하라"고 하지만 '중요성'에 대해서는 사람마다 기준이 다른 것 아닐까? 다음의 우선순위는 어떤가? 나의 습관적 우선순위 기준이다.

첫째, 다른 사람에게 부탁해야 하는 일이 먼저다. 일이란 대체로 혼자서 할 수 없다. 여러 사람들이 하나의 일을 완성해야 하는 경우가 대부분이다. 팀워크를 잘하려면 남의 손을 거쳐야 하는 일은 빨리 자기 손에서 털어서 주어야 한다. 주문사항을 명확히 하기 위해서 사전 작업이 꼭 필요한 것은 물론이다. 그래서 나는 밤부터 새벽까지 일을 준비해서 아침에 넘겨버린다.

둘째, 빨리 할 수 있는 일은 빨리 해치운다. 그래야 머리를 비울 수 있기 때문이다. 전화 거는 일, 영수증 처리하는 일, 승낙과 사양을 분명히 해야 하는 일은 일정 시간을 정해서 그 시간에 끝내버리고 나를 자유롭게 한다.

셋째, 안 해도 되는 일은 과감하게 신경을 끈다. 인간 잡사들이 오죽 많은가. 그중에서 꼭 안 해도 되는 일이 많다. 예컨대, 얼굴 도장 찍기 위해 인사하는 일, 청소하는 일, 설거지하는 일 등. 그런 일들 때문에 내 머리, 내 시간을 복잡하게 하지 않는다.

넷째, 위로하는 일은 축복하는 일보다 먼저다. 예컨대, 나는 결혼식에는 자주 안 가지만 장례식에는 최대한 간다. 불행한 일은 좋은 일보다 항상 우선이다. 가족의 경우에도 위급한 사고, 맘 아픈 일, 어려운 일이 생길 때가 먼저다. 축하할 수 있는 좋은 일은 서로 시간이 되어 만날 때 축복하면 된다.

다섯째, 위급한 일은 다른 어떤 것보다 먼저다. 당연한 일이지만 강조하자. 당장 그 자리, 그 시간에 꼭 해야 하는 일을 놓치지 않는다. 다만 위급을 '위장'하는 일에 속지 않으려 노력할 뿐이다. 급하다고 난리치는 것에 많이 속아봤기 때문에 이제는 상당히 감이 생겼다.

여섯째, 정말 하기 싫은 일은 빨리 해버린다. 세상에는 꼭 필요한 일이면서도 죽기보다 하기 싫은 일이 있다. 예컨대, 남에게 사과하는 일, 남을 야단쳐야 하는 일, 남을 자르는 일, 돈과 관련된 일의 마무리를 지어야 하는 일, 서류를 처리하는 일 등. '매도 먼저 맞자'는 식으로 아예 먼저 나서서 빨리 해버린다. 그러면 머리가 비워질 뿐 아니라 나 자신을 칭찬할 일이 생겨서 좋다.

일곱째, 나를 위한 시간을 가장 먼저 비워놓는다. 그렇다. 나에게 나는 가장 중요하다. 내가 나 자신을 위해서 쓸 수 있는 시간을 확보하는 것이 가장 필요하다. 그래야 나는 일을 계속 할 수 있다. 나를 위한 시간을 먼저 비워놓으면 다른 일들을 어떻게 효율적으로 끝내야 하는가 길이 보인다.

**일을 제대로 처내기 위한 6가지 요령**

많은 사람들이 자발적으로 자신의 삶을 복잡하게 또 고달프게 한다. '할 수 없어서'라고 하지만 대개는 꼭 하지 않아도 되는 일을 떠안고 자신을 피곤하게 하고 결국은 남까지 피곤하게 하는 경우가 적지 않다.

우리 사회는 전반적으로 일 중독증이 강하다. 하지만 그리 효율적으로 일하는 사회는 아니다. 팀워크로 일하는 훈련이 약하고 결정권을 독점하려는 성향의 사람들도 많다. 자기가 처음부터 끝까지 모든 것을 다 해야 비로소 일을 했다고 생각하는 사람들도 많다. 마감을 앞두고 밤새고 난리를 쳐대야 일했다고 생각하는 성향의 사람들도 참 많다.

이 모든 성향이 다 문제가 있다. 일을 위해서도 안 좋고 자신을 위해서도 안 좋다. 모여 사는 우리들을 위해서도 좋지 않고 우리 각자의 건강을 위해서도 좋지 않다. 일을 쳐내자. 워커홀릭으로 알려진 내가 일을 쳐내라고 하면 나를 아는 독자들은 안 믿으려 할지도 모른다. 그러나 가장 열심히 훈련한 습관 중의 하나는 내가 떠안을 일에 대해서 냉정해지는 것이었다. 일 욕심 많은 나 역시 일을 떠안고 나를 괴롭히는 성향이 만만치 않기 때문이다.

'쳐낸다'라는 말에는 두 가지 뜻이 있다. '일을 없앤다'와 '일을 해낸다'이다. 즉 일을 잘 해내기 위해서 일을 기꺼이 없앨 수 있어야 하는 것이다. 다음의 요령을 잘 생각해보자.

첫째, 거절을 잘한다. 거절의 기술을 익혀보자. 마음이 약해서, 정에 약해서, 인심을 잃을까 봐, 또는 능력을 입증하기 위해서 우리는 거절하지 못하고 무리하게 일을 껴안는다. 그러다가 결국 건강 버리고 신용 망친다. 기꺼이 거절하자. 물론 예의 바르고 기분 좋게 거절하자. 자기 관리의 첫 번째 기술이다.

둘째, '할 수 있는 일'만 한다. 욕심, 야심, 자만심 때문에 분에 넘치는 일을 하지 말자. 사람은 뭐든지 잘할 수 없다. 특히 '시간 안에 해낸다'는 기준으로 보면 할 수 있는 일은 대폭 줄어든다. 숙련된 사람보다 시간을 두 배 더 들여야 그 수준의 일을 할 수 있다면 아직 할 수 있는 일이 아니라고 봐야 한다. '할 수 있는 일'이란 '시간 개념을 가질 수 있는 일'이고 '수준을 가늠할 수 있는 일'이다. 일정 수준을 일정 시간 안에 지킬 수 있어야 할 수 있는 일인 것이다.

셋째, 내 역할에 합당한 일을 한다. 이것은 정말 어렵다. 일이란 팀에 의해 이루어지는데 팀이 잘 굴러가려면 팀원들이 각자의 역할을 잘 해내야 한다. 팀원이 자기 일을 못해내도 문제지만 욕심을 부리고 일을 독차지하려는 것도 문제가 되고, 특히 팀장이 모든 일을 끌어안거나 우유부단하게 결정을 못하면 더 큰 문제다. 각 역할에 합당한 일을 하는 지혜란 쉽게 얻어지지 않는다. 여러 자리에서 일해보고 무수한 시행착오를 경험해봐야 얻어지는 현장의 지혜다.

넷째, 생산은 가장 짧은 시간에 한다. 생산하는 시간은 되도록 짧게, 최대한 경제적이어야 한다. 이 간단한 기준을 철저하게 지키면 심리적으로 훨씬 더 여유롭다. 컴퓨터, 제작 공구, 소프트웨어 프로그램, 문방구 등 갖출 것 갖추고 일하는 태세를 갖추자. 자신의 제작 생산성에 대한 믿음은 항상 마음의 여유를 준다.

다섯째, 당장 쓸모없어 보이는 일에 쓸 시간을 만든다. 일을 잘 해내려면 생각하고 구상하는 작업에 가장 많은 시간을 쓰는 것이 맞다. 당장 생산에 관계없다고 남들은 쓸데없이 시간 보낸다고 비판하고 상사들은 빨리 생산해오라고 몰아치겠지만, 굳건하게 버티고 일을 제대로 하기 위한 사전 투입을 하자. 이른바 '준비된 사람'이 되기 위한 시간을 찾으려면 다른 사소한 일들을 과감하게 쳐내야 한다.

여섯째, 완벽주의는 버린다. 완벽한 것은 좋지만 '완벽주의'는 문제다. 일을 완벽하게 하려고 노력하는 것은 좋다. 그러나 완벽하지 않으면 일을 못해내겠다는 것은 더 큰 문제다. 일의 결과뿐 아니라 일의 과정에 있어서도 마찬가지다. 불완전한 시행착오를 수없이 해봐야 완전에 조금씩 가까워진다. 이렇게 생각해보라. 당신이 불완전한 점은 당신의 인간적 매력이라고.

**예측불허의 변수를 고려한 4가지 계획**

계획 없이 막연하게 추진하다가는 낭패 보기 십상이다. 대충 감으로도 일할 수는 있지만 발전은 없다. 계획을 세운다는 것은 체계를 세운다는 뜻이다. 체계 없는 성장은 불가능하다. 물론 계획하고 일해도 잘못되는 경우는 많다. 다만 계획하고 일하면 적어도 실패와 시행착오로부터 노하우가 쌓인다. 수학 문제를 풀 때 과정을 꼼꼼히 적어가며 풀면 틀린 중간 단계를 알고 쉽게 고칠 수 있는 것과 마찬가지 이치다.

그러나 계획이란 결코 전능하거나 완벽치 않다. 당초 세운 계획대로 되지 않는 것이 오히려 정상이다. 우리 사회는 '계획에 대한 환상'이 심한 편이다. "청사진, 마스터플랜" 같은 말을 신봉한다. 건축 분야에서 나온 용어다. 그러나 실제 건축에서도 청사진이나 마스터플랜대로 지어지지는 않듯 인간사의 많은 일은 절대로 계획대로 되지 않는다. 계획대로 되는 곳은 유일하게 '실험실' 아닐까. 그나마 컨트롤이 가능한 곳이다. 환경을 설정하고 변수와 과정을 컨트롤할 수 있다. 그러나 사람 사는 현장이란 수많은 예측불허의 변수가 작용한다. 그래서 우리는 다음과 같은 계획에 능수능란해져야 한다.

첫째, '진행형 계획'이 최고다. 계획은 한 번으로 끝나는 것이 아니라 진행형이 되어야 한다. 끊임없이 현장의 변수에 맞추어 조정하는 것이다. '진행형 계획'을 끊임없이 수정하는 사람은 길을 잃지 않는다. 다만, '왜' 수정해야 하는지 알 수 있는 것이 가장 좋은 진행형 계획이다.

둘째, '나침반 계획'이 좋다. 좋은 계획은 나침반 역할을 한다. 헤매더라도 다시 본류로 돌아오는 방향감각을 제시하는 것이다. 중간 과정에서 헤매고 가지치기를 하는 것은 자연스러운 현상이다. 그렇게 주변을 돌아다니다가도 원래의 목표를 잊지 않도록 하는 것이 좋은 계획이다. 잊지 말자. 목표를 향한 길은 수없이 있다. 다만, 그 수많은 길 중에서 택하려면 목표와 원칙과 기준이 세워져 있어야 한다.

셋째, '전략 계획'을 세우면 최상이다. 그럴싸하게 들리는 '종합 계획'이나 '마스터플랜' 같은 경직된 말 대신 '전략 계획'이라는 유연한 말을 새겨보자. 전략의 힘이란 수많은 길들 중에서 왜 특정한 길을 택하느냐에 대한 시각을 명쾌하게 해주는 데에 있다.

넷째, '행동 계획'이어야 한다. 행동을 하게 해주는 계획이 진짜 계획이다. 계획을 세우는 이유가 무엇인가? 결국 행동을 이끌어내기 위한 것 아닌가. 행동으로 이어지지 않는 계획은 허망하다. 구체적으로 할 일을 끌어내고 가능한 행동으로 이어지게 하는 것, 즉 '할 일이 무엇인가'를 명쾌하게 해주는 '액션 플랜'이야말로 가장 좋은 계획이다.

### 분류하라, 쪼개면 길이 보인다

"통상 남자들이 분류에 강하고 여자들은 분류에 약한데, 분류를 잘하는 것을 보면 김진애는 남성적인 것 같다." 어떤 사람이 나에게 한 말이다. 나는 생각이 다르다. '그 어떤 작은 일도 일의 시작이 되는 기본 행위가 분류다. 분류를 제대로 못하면 어떤 일도 제대로 못한다. 분류 작업은 남녀의 차이가 아니라 훈련의 차이다. 분류는 훈련에 의해 습관이 된다.'

만약 일반적으로 남성이 분류에 더 강하다면 어릴 때부터 분류할 필요성이 높은 생활을 했기 때문일 것이다. 여성이 분류에 약하다면 분류 습관의 필요성이나 훈련 기회가 상대적으로 적기 때문일 것이다. 일반론으로 보자면 영미권 사람들은 유럽인들, 아시아인들보다 분류에 익숙한 편인데 그들의 분석적 사회문화 때문일 것이다. 비교하자면 일본인은 한국인보다 분류하는 습관에 익숙한 편인데, 정리를 중시하는 사회 분위기 때문에 생긴 생활 습관의 차이 때문일 것이다.

분류하는 습관은 정말 중요하다. 분류하지 않으면 '과연 어떻게 이 일을 해내지?' 하고 막연한 걱정에 빠질 위험이 농후하다. 그렇게 뭉뚱그려서 보면 막막하고 복잡하고 힘들게만 보인다. 그러나 작게 쪼개기 시작하면 '길'이 보인다. 구체적이 되기 때문이다. 여러 각도로 분류를 훈련해보자.

첫째, '우선순위'로 분류해보자. 예컨대, '꼭 해야 할 일 - 하면 좋을 일 - 하지 않아도 좋을 일 - 하면 절대로 안 되는 일' 같은 분류를 해보자. 그것을 자신의 시간에 배치해보라. 감이 잡힌다.

둘째, 정보 분류를 해보자. 예컨대, '꼭 필요한 정보 - 있으면 좋은 정보 - 없어도 상관없는 정보 - 알면 피곤해지는 정보' 식으로 분류해보자. 모자란 것이 무엇인지 명확하게 알게 된다.

셋째, '5W1H' 육하원칙으로 분류해보자. 마치 기자처럼, '왜 - 누가 - 무엇을 - 언제 - 어디서 - 어떻게'로 분류해보자. 기자에 버금갈 만큼 기민해질 가능성이 커진다. 사건의 맥을 짚는 능력이 일취월장 발전될 것이다.

넷째, 필요 물품의 분류를 해보자. 물품이란 정말 한없이 많다. '몸 관련 - 공간 관련 - 필기 관련 - 만들기 관련 - 먹기 관련 - 입기 관련 - 기계 관련' 등. '그 일을 하기 위한 그 물품'의 분류를 해보자.

다섯째, 공정으로 분류해보자. 할 일의 차례로 분류해보는 것이다. 예컨대, 요리라면 '쇼핑 - 재어두기 - 씻기 - 자르기 - 양념하기 - 끓이기 - 그릇에 담기 - 상에 놓기 - 먹기 - 물 설거지 - 말리기 - 재어넣기' 등. 차근차근 일에 따라 공정을 분류하면 드디어 시간 개념이 잡힌다.

여섯째, '이슈'를 분류해보자. 문제에 관련된 이슈를 분류해보자. 예컨대, '교통 문제'라면 '수요냐 - 공급이냐 - 어디서 생기는 문제인가 - 어떤 교통수단인가 - 다른 대체 수단은 어떤 것이 있는가 - 문제가 되는 것인가 - 무시해도 좋은 것인가 - 지금은 도저히 풀 수 없는 것인가 - 그나마 완화시킬 수 있는 것인가' 등. 모든 문제는 이슈로 분류할 수 있다.

일곱째, '목표'와 '동기'를 분류해보자. 예컨대, '당장 하고 있는 이 일의 목표 - 이 프로젝트의 목표 - 직접적 목표 - 간접적 목표 - 궁극적으로 이루려는 목표' 등으로 분류해보자. 집중하는 데 도움이 될 뿐 아니라 마음을 비우는 데에도 크게 도움이 된다.

분류를 하는 기준은 무한하다. 이런 분류 리스트를 만들고 또 만들어보라. 이렇게 분류하고 저렇게 분류해보자. 자꾸 분류하다 보면 습관적으로 분류를 하게 된다. 그만큼 머리에 체계가 생기는 것이다. 논리적이 된다는 뜻이기도 하고 합리적이 된다는 뜻이기도 하다. 체계가 있다면 곧 '전문가'가 되는 것 아니겠는가. 분류는 모든 일의 시작이다.

### 습관을 깨는 습관도 들이자

습관이란 참으로 무섭다. 한번 습관이 들면 벗어나기 참 어렵다는 점에서도 그렇다. 개를 키우며 새삼 느끼는 사실인데, 개는 정말 '습관의 왕'이다. 자던 곳을 떠나면 불안해서 칭얼대고, 장소가 조금 달라져 있으면 변을 못 보고, 먹이가 바뀌면 안 먹고, 충분히 뛰어넘을 높이인데도 칸막이 하나가 놓이면 절대로 넘지 않는 것이 신기할 정도다. 행동 테두리를 정함으로써 개는 마음을 안정시키고 의지할 곳을 만든다. 자신의 습관을 잘 들인다는 점에서 개는 사람보다 훨씬 더 지혜롭다. 그러나 개가 사람보다 못한 점이라면 자신의 의지로 습관을 깨지 못한다는 것이다. 자신의 습관이 얼마나 어리석은지 파악하지도 못하려니와 한번 습관이 무너지면 자신도 무너질 정도로 어리석기조차 하다.

우리는 자신의 룰을 정할 수 있을 뿐 아니라 습관을 들이기까지 하는 능력이 있다. 한 걸음 더 나아가 자신의 기존 습성을 파악하고 그 습관을 깨보는 일을 또 다른 습관으로 만들 수 있다. 자신도 모르게 길들여진 나쁜 습관들은 우리를 옥죄기 때문이다. 마치 선입견이나 고정관념과도 같다. 선입견이나 고정관념처럼 깨기 어려운 것이 어디 있는가. 자신의 틀, 프레임을 만드는 것도 중요하지만, 그것을 때로는 깰 수 있어야 그다음 차원으로 발전할 수 있다. 습관도 마찬가지다. 익숙해서 편하지만 나의 성장에 걸림돌이 되는 습관이 아닌지 의심해볼 필요가 있다.

게다가 우리는 인생의 단계마다 기존의 습관을 수정해야 하는 필요성에 직면한다. 일의 범위가 넓어지고, 맡는 일의 성격이 달라지고, 역할이 달라지면서 기존의 습관을 바꿔야 하는 경우도 있고, 파트너의 성격에 따라 맞추기도 해야 하고, 건강 상태나 경제 상황이 달라질 때도 삶의 습관을 수정해야 한다. 그러할 때 얼마나 유연성을 갖느냐가 우리 삶의 질을 결정하기도 한다.

시시때때로 습관을 깨보자. 공부하는 방식, 일하는 방식, 회의하는 방식, 결정을 내리는 방식, 주문하는 방식, 대화하는 방식, 먹는 방식, 자는 방식, 노는 방식, 말하는 방식, 듣는 방식, 인사하는 방식, 여행하는 방식 등 스스로 익숙해져 있는 것을 의심해보자.

예컨대, 나는 작업 중에 원점으로 돌아가서 '전폭적으로' 의심해보는 과정을 꼭 거친다. 일단 어느 정도 만족하는 안을 만들고 나면 잠시 묵혀두고 완전히 다른 안을 만들어보는 것이다. 내가 만든 틀, 내가 생각했던 개념, 내가 습관적으로 빠졌을지도 모를 원칙들을 의심해보는 것이다. 물론 대부분의 경우 다시 원안으로 돌아온다. 그러나 이런 의문의 과정에서 오는 이점은 정말 많다. 첫째, 원안에 훨씬 더 풍부한 아이디어들이 녹아든다는 것.

둘째, 원안에 대해서 훨씬 더 확신이 든다는 것. 셋째, 나와 완전히 다른 생각을 가진 사람들을 설득할 수 있는 논리가 생긴다는 것. 넷째, 분명 나올 다양한 비판에 대해서 나의 논리가 보다 명쾌해진다는 것. 이것이 나의 고정관념과 나의 습관을 깨뜨리려는 습관을 만드는 나의 이유다. 익숙한 습관을 깨뜨리려는 나의 습관이 부디 더 좋은 습관을 만들기를 바라면서.

## 5강

### 나는 모자란다.
### 도대체 나에게 능력이 있는 걸까?

"뭘 해도 나는 부족한 것만 같다. 내가 무엇을 할 수 있기는 한 걸까, 나에게 능력이 있기는 한 걸까? 왜 나는 해도 해도 잘 안 되는 걸까? 나는 요만큼밖에 안 되는 사람일까? 아, 이 지독한 콤플렉스여!"

자신의 능력에 대한 회의, 자신의 생각에 대한 자신 없음, 자신의 의견에 대한 확신 없음, 수시로 찾아오는 자격지심, 자신의 무능에 대한 불안은 너무나도 자연스러운, 불완전한 인간의 모습이다. 이 콤플렉스라는 녀석은 아무 때나 비집고 들어와 오랫동안 미적거리며 대체 나가려들지 않는다.

비단 원하는 학교나 직장에 들어가지 못할 때만이 아니다. 한창 잘나갈 때에도 이런 의문은 떠오른다. 승진하거나 새로운 직책을 맡을 때에도 '내게 자격이 있을까? 내 능력으로 얻은 일일까? 내가 과연 해낼 수 있을까?' 같은 의문이 따라온다. 하물며 인생의 짝을 만날 때에도 불안은 찾아온다. '내가 너무 기우는 것 아닐까? 내가 모자란데 이 사람은 왜 나를 좋아하는 걸까? 혹시 다른 이유가 있는 것 아닐까?' 겉으로 아닌 척하더라도 속으로는 자격지심이 솟아오르고 막연한 의심이 안개처럼 피어오르는 것이다. 자격지심만큼 사람을 괴롭히는 것도 없다. 마음과 정신과 혼이 시달리다가 결국 몸까지 상한다.

그런데 콤플렉스에서 완전히 벗어날 수 있는 사람이 이 세상에 과연 얼마나 있을까? 천재라 불리는 사람도 자신의 능력에 대해서 회의한다. 성공했다고 칭송받는 사람도 자신의 성공에 대해서 회의한다. 걸작을 만들어놓고도 예술가는 여전히 자신의 작품에 대해 불안해한다. 거의 모든 사람이 이런 자의식에서 벗어나지 못한다. '나만이 할 수 있다'는 사람은 오히려 어떤 '인격 장애'가 있는 것 아닐까? 물론 역사 속에서는 아주 희귀한 천재들이 있었다. 예컨대 생전의 모차르트, 생전의 미켈란젤로처럼 신의 총애를 한 몸에 받은 사람도 있다. 그러나 그들 역시 나름의 콤플렉스에 시달렸음을 후대의 우리는 안다. 세상에 콤플렉스 없는 사람은 없는 것이다.

스트레스에도 좋은 작용, 나쁜 작용이 다 있듯이, 콤플렉스도 마찬가지로 좋은 작용, 나쁜 작용이 다 있다. 만약 우리에게 콤플렉스가 없다면 겸손함도 없고 노력도 없고 포부도 안 생길 것이다. 반대로 지나친 콤플렉스에 빠진다면 자존감이 떨어지고 의욕 자체도 안 생길 것이다. 어떻게 하면 콤플렉스에 빠진 자신에게 조금 더 너그러워질 수 있을까? 어떻게 콤플렉스라는 자의식을 긍정적인 동기로 만들 수 있을까?

# 우리는
# 죽을 때까지 자란다

콤플렉스를 이기는 오직 한 가지 묘수가 있다. 그건 '모자라는 자신을 기꺼이 인정하고 그 상태를 즐기는 법'을 익히는 것 아닐까? 현재의 자신은 아직 부족해도 앞으로 여전히 자랄 수 있다고 믿는다면 우리는 현재의 자신에게 훨씬 더 너그러워질 수 있을 것이다.

실제로 사람은 계속 자란다. 죽을 때까지 자란다. 우리는 얼마나 더 살게 될까? 지금 40대라면 80세 이상 살 가능성이 높다. 20~30대라면 90세, 10대라면 100세 이상 살 가능성도 높다. 그 길고 긴 시간을 어떻게 살까? 6·3·3·4(+2)년 공부하고 55~65세 사이에 퇴직할 때까지 하나의 직업에 종사하면서 살 수 있을까? 아니면 15~20년 열심히 일하고, 40대 중반쯤부터 어쩔 수 없는 퇴직 인생을 살게 될까? 긴 인생에서 얼마나 많은 선택을 더 하고 살아야 할까? 확실한 사실이라면, 우리는 '물리적 수명은 길어지고 기능적 수명은 점점 짧아지는 패러독스'를 안고 살아야 한다는 것이다. 이런 모순과 함께 살려면 인생이든, 공부든, 프로 생활이든, 자신의 수준을 자꾸 높이는 작업 자체에서 재미를 느낄 수 있어야 한다. 『왜 공부하는가』에서도 얘기했지만, 인생이나 공부, 일에는 모두 단계가 있다. 그 단계를 생각해보자.

- 일생에는 단계가 있다.

    **첫째 단계** (학교) 공부를 통해 준비된 나를 써먹는 단계
    **둘째 단계** 나를 써먹으며 생긴 노하우로 자신의 '업(業)'을 세우는 단계
    **셋째 단계** 남을 위한 기회를 만드는 '업'을 세우는 단계
    **넷째 단계** 자신'만'을 위해서 새로운 기회를 만드는 단계

- 공부하기에도 분명 단계가 있다.

    **첫째 단계** 아는 게 뭔지 모르는 게 뭔지 잘 모르면서 막무가내로 들이파는 단계
    **둘째 단계** '아하' 하면서 더 알고 싶고 질문이 자꾸 더 생기며 재미를 느끼는 단계
    **셋째 단계** 마치 구름 위에 오르고 숲이 보이는 듯 전모가 보이고 자신의 한계도 알게 되는 단계

넷째 단계  드디어 자신이 궁금한 문제를 만들어서 그 문제를 이모저모 들여다볼 수 있는 단계

• 프로로 일하기에도 분명히 단계가 있다.

**첫째 단계**  주어진 일을 100% 잘하는 데 온 힘을 집중하는 단계
**둘째 단계**  다른 일과의 연관성과 전후좌우가 보이면서 110%의 효과를 보며 일하는, 아주 재미나는 단계
**셋째 단계**  처음부터 끝까지 전모가 보이고 그 구조와 구성과 필요한 요소를 파악하고 일의 리듬을 타는 단계
**넷째 단계**  왜 이 일을 해야 하는지 의문을 가지는 동시에 그 일을 위한 구상까지 스스로 할 수 있는 단계

자신의 단계를 담담하게 인정한다면, 설령 자신이 좀 모자라도 오히려 마음 편해지고, 아직도 자랄 단계가 더 많다는 사실 때문에 오히려 가슴이 설렌다. 앞으로도 더 자랄 것이라는 믿음이 현재의 나 자신을 지켜준다.

### 나보다 우수한 사람은 언제나 있다

나의 능력이 부족하다는 생각은 절대적인 기준보다는 상대적인 비교 때문에 생기는 경우가 많다. 이럴 때 '나보다 우수한 사

람은 그 어딘가에 분명 있다'고 생각하면 아주 마음이 편해질 것이다. 겸손 콤플렉스에 빠지라는 것은 결코 아니다. 야심을 낮추라는 것도 아니다. 원대한 계획을 세우지 말라는 것도 아니다. 다만 인정하자는 것이다.

언제나 일등은 있게 마련이고 꼴등도 있게 마련이다. 반에서는 물론 학년에서, 더 크게는 우리나라 전 학생을 통틀어서 일등과 꼴등은 있다. 학생 시절에는 학급이나 학년으로 등수를 매기지만 사회로 나가면 선후배 할 것 없이 같은 분야에서 일하는 사람이 수만에서 수십만 된다. 그러니 어떻게 더 탁월한 사람이 없겠는가? 눈을 넓혀 '세계'를 본다면 나보다 뛰어난 사람은 언제나 당연히 있다. 교육 여건은 물론 훨씬 더 나은 기술 배경, 경제 여건, 지적 풍토, 문화 여건, 시장 여건을 가진 사회에서는 나보다 뛰어난 사람들이 얼마나 많겠는가. 게다가 시간의 폭을 넓혀 '역사'까지 본다면 과거 역사에서 뛰어난 사람들이 수없이 있었음을 우리는 알고 있고, 미래 역사에서 더욱 뛰어난 사람이 나올 것임을 알고 있다. 세계와 역사를 공부하는 것은 자신의 폭과 깊이를 키워 큰 그림을 그려보는 것과 아울러 자신이 얼마나 보잘 것 없는지 새삼 깨닫기 위한 것일지도 모른다.

그런데 자신의 능력에 대한 회의는 멀리 있는 뛰어난 사람 때문이 아니라 자기 주변 사람과의 비교 때문에 생긴다. 예컨대 동기, 동창, 동료, 친구, 선배, 후배들과의 비교다. 비교 의식이 발동되고 질투와 시기심조차 들기도 한다. 고전적인 상황이라면 영화 「아마데우스」에 생생하게 묘사된 모차르트와 살리에리의 관계다. 살리에리는 자신도 상당한 재능이 있지만 신의 소리를 만들어내는 모차르트의 재능을 알아보고는 신을 저주하면서 모차르트를 궁지에 몬다. 모차르트 같은 천재를 만난다면 포기할 듯도 싶은데, 사람이란 가까운 사람의 재능을 오히려 인정하기 어렵다는 것이 사실인 모양이다.

물론 그렇지 않은 경우도 있다. 재능은 재능을 알아본다고 할까? 피아니스트이자 작곡가인 라흐마니노프는 자신의 피아노 협주곡을 치는 리흐테르를 보고 그 천재성을 알아보고, 자신의 곡에 대한 해석 전권을 그에게 주었다고 하니까 말이다. 최근 젊은 재능을 발굴하는 「슈퍼스타K」나 「K팝스타」에서는 비슷한 연배의 젊은이들이 경쟁하며 탈락해가는 과정을 보여주는데, 비록 눈물을 떨굴지언정 꿋꿋한 모습을 보이는 탈락자들이 인상적이다. 하지만 그것도 화면상으로만 그럴 뿐 같은 시간과 공간에서 경쟁을 벌이고 나서 탈락하는 심정이 결코 담담할 수만은 없을 것이다.

가까운 주변과 비교되는 상황, 실력과 능력의 차이를 인정하지 않으려야 않을 수 없는 상황은 참으로 괴롭다. 어떻게 할 것인가? 한 가지 다행인 점은 있다. 우리 대개가 일하는 분야들은 그렇게 선천적인 천재성에 의해 좌우되지는 않으니 말이다. 음악, 수학과 같은 분야에서야 천부적 재능의 힘을 누구도 막지 못하지만, 대개의 분야들은 노력과 성의와 훈련으로 수월성을 다툴 수 있으니 천만다행이라고 해야 할까?

　만약 당신이 당신과 가까운 사람의 수월성에 대하여 도저히 너그러운 마음을 가질 수 없다면 눈을 질끈 감고 그 사람에게서 멀어지는 것도 좋다. 완전히 다른 세계에 가서 놀아도 좋다. 보지 않으면 괴로움도 덜해지기 때문이다. 아니면 같은 분야에서라도 약간 다른 목표를 찾아도 좋을 것이다. 가령 클래식이 안되면 대중음악으로, 퍼포먼스가 안되면 작곡이나 PD로, 문학 창작이 안되면 문학 평론으로, 컨설팅이 안되면 마케팅으로 활동 영역을 바꾸듯 말이다.

　그러나 탁월한 사람과 멀어진다는 것은 얼마나 안타까운가. 탁월한 능력을 가진 사람들과 가까이 일하면 흥미로운 자극을 받고 일하기 자체도 훨씬 더 재미있고 근사한 기회를 훨씬 더 많이 만들 수 있는데 말이다. 이른바 '파트너십'을 만들어낼 수 있는 것이다. '파트너십'이 깨지는 데에는 여러 이유가 작용하지만, 일을 중심으로 생각하지 않는 상황일 때 가장 그럴 위험이 높다. 수익 배분, 크레디트 분쟁, 자리의 배분 등 번영을 어떻게 나눌 것인가에 대한 논공행상이 뜨거워지면서 더 이상 일 자체가 중심이 되지 않는 상황이 되어버리는 것이다. 일을 중심으로 생각하면 역할 조정과 사심 없는 경쟁협력이 가능하지만, 사람 사이의 경쟁이 되면 소모적인 상황이 되기 십상인 것이다.

　그러니 사람으로 비교하지 마라. 다만, 일 자체로 비교해보라. 나보다 우수한 사람이 있다는 사실이 일에 대한 호기심을 가로막을 이유는 없다. '일' 자체로 보면 오히려 무언가 해내고 싶은 욕구가 커진다. 게다가 '일'이란 무한하게 펼칠 수 있는 영역이다. 나보다 우수한 사람은 그 자신의 일을 찾으면 되고 나는 나의 일을 찾으면 되는 것이다.

## 하고 싶은 일과 할 수 있는 일의 리스트

그런데 나의 일을 찾는다는 자체가 너무도 힘들다. 하고 싶은 일과 해야 하는 일이 다르고, 하고 싶은 일과 할 수 있는 일이 달라서 생기는 딜레마가 만만찮다. 일자리 구하기 힘든 요즘이니 일자리 얻는 것만도 감지덕지해야 할지 모르겠으나 3년, 5년, 10년 경력이 쌓이면 그 간격이 점점 벌어지면서 가슴 한구석에서 무럭무럭 의문이 솟아오르는 것이다. 이 일을 계속해야 하나? 이렇게 해야 하는 일에 내 인생을 다 써야 하나? 내가 하고 싶은 일이 아니라서 잘 못하는 것 아닌가? 내가 할 수 있는 일이 이것밖에 없나? 이런 의문에 부닥치면 가만히 있지 말고 리스트를 만들어보라. 하고 싶은 일, 할 수 있는 일, 그리고 해야 하는 일. 서로 관계를 생각하면서 리스트를 만들면 뭔가 보이기 시작한다.

나는 '하고 싶은 것과 할 수 있는 것' 리스트를 곧잘 만들어본다. O, X 또는 △를 치기 위한 리스트다. 나는 할 수 있는 것도 꽤 많다고 여기지만 하고 싶은 게 많다는 게 더 큰 문제인 사람이다. 그래서 리스트가 도움이 된다. 학생 시절과 초보자 시절에 만든 리스트는 훨씬 더 길었다. 경력이 늘수록 리스트는 줄어든다. 지워간 것도 수없이 많고 새로이 등장한 항목도 있다. 다음은 40대 중반일 때 내가 만든 리스트다. 이 책을 읽을 독자들이 예측할 만한 시점에 만든 것이라 공감도가 높을 것 같아 붙인다. 지금 내가 새로 리스트를 만든다면? 연륜이 붙은 만큼 아마 훨씬 더 줄어 있을 듯도 싶다. 혹은 누가 아나? 더 늘었을지도 모른다.

- 내가 해보고 싶어 하는, 그러나 못 해볼 것 같은 것: 포장마차 또는 푸드 트럭, 클럽 운영, 영화감독(특히 SF 영화), 시장
- 내가 해보고 싶어 하고 또 해볼 것 같은 것: 소설 쓰기(특히 추리 소설), 영화 시나리오 쓰기, 디자인 벤처 만들기, 어린이를 위한 건축 책 쓰기, 북한에서 도시 만들기
- 내가 해보고 싶어 하는, 그러나 긴가민가 하는 것들: '도시와 사람'을 주제로 하는 우화적 글쓰기, '추리 공간' 만들기, 직접 공간 개발하기(예컨대, 마을 프로젝트), 절 설계하기
- 내가 해보고 싶어 하는, 그리고 꼭 하려고 하는 것들: 목판 지도 만들기, 채색 필사 만들기, 강아지와의 트럭 여행(이것은 완료했다)

이런 리스트를 만드는 것에는 이점이 있다. 리스트를 만들다 보면 하고 싶은 일이 꼭 본업이 아니어도 좋다는 생각이 드는 것이다. 먹고 살기 위해서 해야 하는 일과 내 가슴속에서 우러나서

하고 싶은 일이 병존할 수 있는 가능성도 보인다. 인생의 시간대에 따라 해야 할 일과 하고 싶은 일을 잘 배치할 수 있다는 기대도 갖게 된다. 하고 싶은 일을 열심히 적다 보면 구체적으로 그것을 할 수 있는 일로 만들 수 있는 가지가지 묘수가 떠오르기도 한다.

당신의 리스트를 만들어보라. 본업과 관련되지 않은 것도 좋다. 그렇다고 취미 생활만도 아니다. 인생이란 무척 길기 때문에 언제 본업이 될지 모른다. 자신의 본성과 가능성과 한계와 역량을 새롭게 발견할 수 있는, 흥미로운 리스트가 된다. 적어도 일 년에 한 번씩은 리스트를 만들어보자. 위에 적은 것 외에도 나에게는 더 많은 리스트가 있다. 맘속에 꼭꼭 숨겨두고 소중히 키워가는 나의 리스트다.

**살아남기 위해 하는 일이 가장 좋은 일이다**

그리고 마음을 먹어보자. 사람이 가장 단순해지는 때는 오직 그것밖에 할 일이 없을 때라는 것을 새삼 깨달아보자. 바로 생존을 위해 하는 일이 그렇다. '밥벌이꾼', '브래드위너(breadwinner)' 일 뿐이라고 한탄도 하지만 밥과 빵을 벌려고 하는 일처럼 고귀한 것이 또 어디 있을까? 사람은 절실해질 때 단순해지고 절실할 때 힘이 붙는다.

'농부'가 존귀한 존재인 것은 땀 흘려 생산하고 키워내는 사람이기 때문이다. '땅'이라는 풍요로운 품 안에서 생명을 키우는 '단순한 기쁨'을 누리는 존재다. 승려들은 먹거리를 위해서 땅을 일구고 가톨릭 수도승들은 치즈를 만들고 포도주를 만든다. 땀 흘려 몸을 쓰는 노동을 통해 정신의 건강함, 영혼의 풍요로움을 유지하는 것이다.

이 시대의 불행이라면 살아남기 위해 하는 일을 귀하게 여기지 않고 '부가가치 거품론, 한탕론'이 무성하다는 것이다. '적게 일하고 많이 번다'를 투자 효율성이라 보니, 참 한심하다. '일의 즐거움, 일의 존귀함'을 몰라서 답답하다. 적게 투입하고 많이 나올 수 있는 것은 이 세상에 없다. 공짜가 없는 것은 물론이다. 공을 들이고 열과 성을 들여도 그만큼 나오지 않는 것이 오히려 다반사다. 사람은 왜 일을 하는가? 일 자체의 보람을 위해서, 인간임을 확인하기 위해서, 남의 인정을 받기 위해서, 돈을 더 벌기 위해서, 일 자체가 흥미로워서 등의 이유가 있다. 그러나 일을 하는 첫 번째 동기이자 마지막 동기라면 역시 '살아남기' 위해서다.

많은 사람들이 나에게 '성공의 비결'을 묻는다. 나는 워낙 '성공'이란 말의 세속적 의미를 회의하기도 하거니와, 나를 움직인 요인은 기본적으로 '생존'이라 생각한다. '생존'이라는 말이 너무 처절하다면, '홀로서기'라 해도 좋다. 홀로서기 위해서, 내 손으로 벌어먹기 위해서, 회사의 생존을 위해서, 프로젝트의 생존을 위해서 일한다. 살아남기라는 명제는 그 자체로 성장을 촉진하는 가장 효과적인 드라이브다. '자라기'로 통하고, 궁극적으로 '번영'으

앞으로도 더 자랄 것이라는 믿음이
현재의 나 자신을 지켜준다.

로 통한다.

뛰어난 일을 했던 사람들이 원대한 목적과 위대한 동기로 일했던 것만은 아니다. 먹고살기 위해서 일하다가 자기도 모르게 뛰어난 작업을 하게 된 것이다. 예컨대, 셰익스피어는 생존을 위해 수많은 희곡을 썼다. 그의 작품 중에는 범작도 많다. 그가 남긴 4대 비극과 4대 희극은 당대에 위대하다고 했던 작품들도 아니다. 그렇게 수많은 희곡 작업을 했던 것은 자기가 속한 극단의 생존을 위해서였던 것이다. 요즘 같은 광고마케팅 시대에서 일찍 조명을 받고 일확천금을 거머쥐었더라면 셰익스피어는 그 뛰어난 작품들을 쓸 기회를 잃었을지도 모를 일이다.

지나치게 일찍 세속적 성공을 거두는 사람들의 인생은 그리 재미없을 위험성이 높다. 금 숟가락, 은 숟가락을 물고 태어나 온실 속에서 고이고이 자란 사람들은 많은 경우 자기만의 작업을 일구는 능력을 못 키우기 십상이다. 지나치게 일찍 세상의 주목을 받는 일을 해낸 사람은 진정으로 탁월한 일은 못해낼지도 모른다. 많은 작가들이 배고프고 헐벗었을 때, 누구도 자기를 알아주지 않을 때 좋은 작업을 해낸다. 많은 사업가들이 배고프고 아쉬울 때 새로운 사업을 일구어낸다. 많은 과학자들이 자신만의 호기심과 의문을 입증하고 싶어 할 때 새로운 발견을 해낸다. 많은 장사꾼들이 생존의 절실함을 느낄 때 팔릴 물건, 팔릴 만한 세일즈 방식을 만들어낸다.

살아남기란 축복이다. 우선 절실하게 살아남자. 살아남기 위해 자신이 하는 일을 비하하지 마라. 당신은 살기 위해 가장 고귀한 일을 하고 있으니 말이다.

### 공부를 너무 잘하면 선택이 줄어든다

공부 콤플렉스가 없는 사람은 우리나라에 한 사람도 없을 것이다. 공부 콤플렉스라기보다는 성적 콤플렉스가 더 맞는 표현이겠지만 말이다. 『왜 공부하는가』라는 책을 쓰고 사람들의 절절한 반응에 나 자신도 깜짝 놀랐던 적이 있다. 아, 공부라는 코드는 이렇게도 우리에게 긴장 가득한 주제로구나, 사람들은 이렇게 공부를 갈망하고 있구나, 공부 잘하는 방식 이상으로 중요한 것이 왜 공부하는지에 대한 자신의 답이로구나 하면서 새삼 공부에 대한 나의 태도를 다듬게 되었다.

정말 왜 공부하라고 하는 걸까? 부모님들은 왜 그렇게 공부를 잘하라고 할까? 선생님들은 왜 그렇게 공부를 열심히 하라고 할까? 선배들은 공부가 왜 그렇게 중요하다고 할까? 누구나 이런 의문에 빠져본 적이 있을 것이다. 학교 성적으로 주눅 들이는 우리 사회에서 이런 의문에서 벗어나기란 참 어렵다. 나 역시 적지 않게 이런 의문에 빠졌었고 지금도 빠지곤 한다.

물론 '학교 공부'인가 '나의 공부'인가 하는 변수는 있다. '그냥 좋아서 하는 나의 공부'는 누가 시키지 않아도 무지무지 재미

있다. 예컨대, 나에게 '영화 공부'는 영화 보기, 스크립트 찾아보기, 인터넷 사이트 찾아보기, 영화 잡지 보기 하나하나가 모두 즐거운 일이다. 예컨대, 나에게 '인물 공부'는 아주 흥미로운 소재다. 어떤 인물에 꽂히면 인터넷 검색으로 자료와 동영상은 물론 그의 책을 전작으로 사보며 열을 올리곤 한다.

그런데 '학교 공부'에 대해서만큼은 정말 딜레마다. 후학들의 공부에 대해서 신경 쓰게 되는 연배이니, '학교 공부'의 효용성과 유용한 방법론에 대해서 고민이 된다. 많은 사람들이 그러할 것처럼, 나 역시 학교 공부에 대해서는 이상론과 회의론을 동시에 갖고 있다. 학교 공부는 괜찮아야 하고 또 무척 괜찮을 수 있다는 이상론과 함께 학교 공부는 필수불가결하지 않고 그리 쓸모가 크지 않다는 회의론이 교차한다.

나의 학교 공부 역사에 비추어보더라도 그렇다. 사람들은 내 가방끈이 기니까 내가 엄청 좋은 성적으로 이름을 날리던 학생이었을 것이라 예단하는데, 전혀 그렇지 않았다. 나는 학교 공부에 치일 정도는 아니었지만 그렇다고 날리는 학생은 아니었다. 유명세가 붙은 학력을 볼 때 일반 기준으로는 상위권에 속하는 편이었겠으나, 사람이란 자기가 속한 환경에서 비교하는 심리가 있지 않은가. 학교에서 그리 뛰어난 성적이 아니었던 나는 내 공부 능력에 대해서 별로 자신해본 적이 없다.

어떻게 보면 나는 끊임없이 나 자신에게 놀란 편이다. 이화여중 시험에 합격했을 때는 뭐가 뭔지 잘 모르는 어린 때였고, 고등학교 진학할 때는 같은 중학에서 고교로 올라감에도 불구하고 혹시 입시에 떨어지지 않을까 싶을 정도로 학교 공부에 자신이 없었다. 서울공대에 합격했을 때는 조금 놀랬다. 떨어질 각오를 하고 시험을 봤는데 '이상도 하다, 어떻게 내가 합격하지, 별거 아닌가 보다' 싶기도 했었다. 나의 고등학교 시절은 지금과는 달리 내 공부 실력을 비교할 잣대가 전혀 없었으니 더욱 그러했다. 대학 입시 시험을 보고서도 나는 '어쩌다 내가 아는 것만 입시 시험에 나왔나? 주변과 비교할 기회도 없이 무작정 공부했던 것이 오히려 효과가 있었던 거였나?' 하는 생각도 했다.

그러다가 MIT에서 입학 허가를 받았을 때는 참 놀랬다. 한 선배는 내가 유학을 간다고 인사 갔더니 내게 던진 말이 있는데 그게 인상에 남아 있다.

"김진애가 그렇게 공부 잘했어?"

"공부 잘해서가 아니라 공부 잘하려고 가는 거지요."

내가 했던 말은 지금 봐도 정확한 표현이다. '내가 공부를 꽤 잘하는 편이구나!' 하고 드디어 크게 놀랬던 때는, '내가 요것밖에 안 되나?' 하고 꽤나 나 자신을 괴롭히면서 공부했던 유학 시절이었다. 참 모순된 상황 아닌가? 자신의 능력에 대해 회의하면서도 자신의 능력에 대해서 자신감도 갖게 되는 상황이라는 것이 말이다. 모순되어 보이는 상황이 나는 설레었다.

그런 점에서 나는 MIT를 참 괜찮은 학교라 생각한다. '무럭무럭 자라고 있다'고 느낄 만큼 지적으로 풍요로운 풍토였고, 동시에 '나 자신이 참 작구나'라고 느낄 정도로 지적 호기심이 충만한 사람들이 온 사방에 있다는 것이 좋았다. 지적 호기심을 자극하고 지적 태만을 경계하면서도 지적 억압이 없다는 것은 참으로 괜찮은 분위기다. 감동적인 강의를 듣고 짜릿했던 적도 있고, 경쟁하면서도 협력하는 팀워크 분위기에 한층 고무된 적도 있다. 이런 경험 때문인지, 나는 '좋은 학교'는 분명 있다고 생각하고 '좋은 학교 공부' 역시 분명 있다고 생각한다. 학교의 차이도 분명 있다고 생각한다. 사람의 능력 차이도 분명 있다고 생각한다. 공부하는 능력의 차이 역시 분명 있다고 생각한다.

그러나 바로 나의 이런 경험 때문에 나는 학교 공부를 꼭 잘 할 필요는 없다고 생각한다. 대체로 '패스' 수준만 되면 되는 것 아닐까? 공부를 너무 잘하면 행동의 옵션이 좁아질 위험이 크다는 아주 단순한 이유 때문이다. 다음과 같은 내 생각들에 대해 독자들은 어떻게 생각하는가?

하나, 학교 공부를 너무 잘하지 마라. 학교 공부를 너무 잘하면, 해봤자 학자나 기술자 정도다. 진입의 문도 좁고 생존경쟁이 치열하거니와 학문의 세계, 진리 탐구의 세계에서의 피 말리는 '원천 능력'의 경쟁에 평생 시달릴지도 모른다.

둘, 기업인, 경영인, 정치인들은 대체로 학교 성적이 그리 좋지 않았던 사람들이다. 그들의 학교 성적으로는 현장에 진출하는 선택이 더 나았기 때문일지도 모르지만, 철저하고 엄정한 현장 정신이 그들을 키워냈을 것이다. 다행일까, 불행일까?

셋, 학교 공부를 너무 잘하면 '탁월한 참모'가 될 수 있을지 모르지만 행동하는 배포가 필요한 '리더'가 되지는 못할지 모른다. '탁월한 머리'와 '행동의 용기'는 다른 것이다.

넷, 학교 공부를 너무 잘하면 '계속 잘나가야 한다'는 '성공 콤플렉스'에서 벗어나지 못할지도 모른다. 실패에 대한 두려움 때문에 용기가 없어질지도 모른다.

물론 공부를 하지 말라는 것도 아니며, 학교 공부를 잘하지 말라는 것도 아니고, 학교 성적이 나빠야 한다고 하는 것도 아니다. 다만, 학교 공부의 한계는 분명히 있다는 것뿐이다. 학교 성적의 강박관념에서는 벗어나자. 그리고 진짜 하고 싶어서 하는 공부를 하자. 학교 공부든 자기가 찾아서 하는 공부든 간에.

**'러닝 바이 두잉'이 최고다**

학교 공부보다 내가 더 무게를 두는 것, 또한 학교 공부에도 필수적으로 도입돼야 한다고 강조하는 것이 바로 '직접 해보며 배우기, 러닝 바이 두잉(Learning by Doing)'이다. 이 방식의 가장 좋은 점은 실패 콤플렉스에서 벗어날 수 있게 한다는 것이다. 다른 말로 하면 성공 콤플렉스에 빠질 위험을 줄여준다는 것이기도 하다. 왜냐? 직접 해보면 항상 성공 확률보다는 실패 확률이 높기 때문이다. 실패를 거듭하면서, 실패에 대한 면역이 생기는 것은 물론이다. 흥미로운 점은 패배주의에 빠질 위험도 적다는 것이다. 직접 해보면 아무리 실패하더라도 또 도전하고 싶은 마음이 더 드는 것이다.

옛사람들을 보면 참 신기하다. 지금 기준으로는 상당히 어린 나이였음에도 불구하고 상당한 업적을 이룬 사람들이 많다. 예컨대, 알렉산더 대왕은 20세에 왕좌에 올라 20대 초반에 천하평정을 했고, 남이장군은 17세에 무과에 합격하고 20대에 북방전선에 서서 "남아 스물에 나라를 평안하게 못하면(男兒二十未平國), 후세에 누가 대장부라 하겠는가(後世誰稱大丈夫)!"라는 말도 남겼다. 중국의 문단까지 매료시킨 허난설헌의 시들은 스무 살 전후에 쓴 것이다. 하기는 스물여섯에 죽은 누이 허난설헌의 시집을 묶어낸 허균 역시 젊은 시절부터 새로운 세상에 대한 뜻을 세웠다. 평균수명이 지금의 절반에 불과한 시절이긴 했지만, 그들은 어떻게 그렇게 어린 나이에 주목받는 위치에 서고 또 그런 일을 해냈을까? 그들은 지금 우리들처럼 이렇게 공부를 많이 하지 않았다. 지금 우리처럼 이렇게 많은 지식을 머리에 넣고 살지도 않았다. 그러나 그들은 '그 일을 했다.'

다시금 그렇게 되어야 하지 않을까? 지금은 너무 많이 가르치고 너무 많이 배우는 것 아닐까, 나는 의심한다. 어떤 일을 해내는 데에 왜 그리 많은 지식이 필요한 것일까? 모두가 뛰어난 학자나 새로운 기술을 발전시키는 혁신급 지식인이 되는 것도 아닌데, 왜 그렇게 많이 배워야 할까? 더구나 기술과 정보의 양은 도저히 다 꿸 수 없을 정도로 많아지고, 도저히 따라가지 못할 정도로 급속도로 발전하는 시대 아닌가.

이 시대에 다시금 주목받아야 할 방식이 '바로 그 일을 해보는 것', '바로 그 일에 필요한 훈련을 받는 것', '일함으로써 배우기'일 것이다. 배움과 일함의 온 과정이 '러닝 바이 두잉 프로젝트'가 되어야 하는 것이다. '러닝 바이 두잉'은 분명 가장 효과적인 자라기 방식이다. 직접 해보면 실제적인 것이 익혀질 뿐 아니라 아주 구체적인 궁금증이 생기면서 새삼 자료를 찾아보게 되고, 좀 더 다르게 해보고 싶은 욕구도 생기게 된다. 즉, '생각하기, 상상하기, 자료 찾기, 계획하기, 만들어내기, 스케줄 지키기, 설득하기, 결과에 책임지기'에 대하여 명확한 감을 갖게 된다.

'일을 직접 해본 사람'과 '책이나 다른 간접지식을 통해서 일을 아는 사람'은 천양지차다. 그야말로 프로와 아마추어의 차이다. 일의 현장이란 책에 절대로 다 담을 수 없을 만큼 온갖 변수들이 작용하게 마련이고 할 짓 못할 짓, 갖은 고충들이 개입되기 때문이다. 현장 경험, 현실 체험이 그렇게 중요한 이유다. 학교 공부에도 이런 '러닝 바이 두잉 프로젝트'가 더욱 왕성해져야 할 것이다. '모의 현장 프로젝트'라 할까, '과제 프로젝트 내기, 논문 쓰기, 설계 스튜디오, 실기 스튜디오, 실험 실습' 같은 것들이 모두 일종의 '현장 시뮬레이션'이다. 직접 해봄으로써 구체적인 호기심을 키우고 실질적인 작업 능력을 키우는 방식이다.

어릴 때부터 '러닝 바이 두잉 프로젝트'를 많이 해볼수록 하고 싶은 일을 찾는 데 도움이 된다. 선진사회일수록 강세인 공부 방식이기도 하다. 성적에 의해서가 아니라 자신의 욕구와 능력의 조합에 의해 진로를 정하고, 어린 나이 때부터 그에 합당한 훈련을 함으로써 아주 이른 나이에도 구체적인 업적을 만들어낸다. 본받을 만한 배우기 방식이다.

프로가 된 이후에도 마찬가지다. 프로의 일생이란 끊임없는 '러닝 바이 두잉 프로젝트' 그 자체다. 수많은 시행착오와 수많은 실패를 통해서 차츰차츰 더 성공률을 높이는 과정이 프로의 일생이다. 일을 하면서 새로움을 배워가는 것은 프로의 즐거움이기도 하다.

### 당신의 호기심에 도전하는 세 사람을 만들어라

'김진애너지'라는 별명은 내가 하는 일이 많아서 붙은 것이다. 많은 사람들이 이런 나의 에너지 원천이 무엇인가 궁금해한다. 그것을 열정이라고 부르는 사람도 있고 의지라 부르는 사람도 있다. 그러나 나는 단순하다. 나를 움직이는 동기는 다른 그 어떤 것보다도 '호기심'이다. 궁금하고, 알고 싶고, 더 깊이 알고 싶고, 해보고 싶고, 하면 어떻게 될지 알고 싶고, 느끼고 싶고, 체험하고 싶고, 직접 내 손으로 만들어보고 싶고, 만들면 어떻게 변할지 알고 싶다.

호기심은 우리 모두의 선천적 재능이다. 아이의 호기심은 누구도 못 말리는 것에서 알 수 있지 않은가. '왜?' '뭐야?' 등 아이들의 질문은 끝이 없다. 불행히도 학교생활, 사회생활, 가정생활 등을 통해 순하게 길들이려는 온갖 압력을 받으면서 호기심을 발동하려는 욕구를 잃을 뿐이다. 호기심을 잃게 만드는 분위기는 정말 종류도 많다. 질문하기 어렵게 만드는 분위기, 능동적인 생각을 억누르는 분위기, 무언가 직접 해서 확인해보기 힘들게 만드는 분위기, 혹시 틀리지 않을까 걱정하게 만드는 분위기, 너무 튀지나 않을까 신경 쓰게 만드는 분위기, 누구도 묻지 않고 누구도 답하지 않는 분위기, 서로 다 아는 척하는 분위기 같은 것들이다.

그런데 호기심이 꺼지면 공부는커녕이다. 호기심이 없어지면 금방 매너리즘에 빠지기 쉽다. '뭐 다 그게 그런 거지' 하고 심드렁해지면 무슨 새로운 눈이 생기겠는가. '그거 다 아는 거야' 하면 무슨 새로운 욕구가 생기겠는가. '별것 없어' 하면 무슨 재미가 있겠는가. 그러니 당신의 호기심에 불을 질러보라. 당신의 호기심에 불 지를 사건을 만들어보라. 호기심에 불을 지필 자극을 가져보라. 자극을 받을 때 호기심은 발동한다.

'자신에게 질문하는 사람을 만들 것'이라는 단순한 원칙을 나는 권한다. 질문이란 생생한 동기, 생생한 자극이 되기 때문이다. 선생님의 질문, 동료의 질문, 상사의 질문, 고객의 질문, 친구의 질문, 부모의 질문, 자식의 질문 등 질문을 받으면 대답해야 하기 때문에라도 사람은 구체적이 되고, 아는 것 모르는 것을 확실하게 분별하는 성향이 생긴다. 질문을 잘 받아주는 사람이라는 이미지를 만들어야 함은 물론이다. 당신의 호기심을 유지하려면 특히 세 사람을 가까이 두어라.

• 강렬한 후배
• 강력한 동료
• 호기심 많은 아이들

'강렬한 후배'는 그들의 기대와 비판으로 당신을 괴롭힐 것이다. 언제 무서운 도전을 해올지 모르는 강적이다. '강력한 동료'는 끊임없이 당신을 위협하고 경쟁하면서 도전의식을 불러일으킬 것이다. '호기심 많은 아이들'은 천진난만한 눈빛과 순진무구한 질문으로 새로운 의문을 당신에게 던질 것이다. 그 아이들이 자신의 아이라면 그들의 삶을 통해 세상을 새롭게 살펴볼 수도 있다.

모시려고만 하는 후배, 줄만 대려고 하는 후배, 기대려고만 하는 후배들만 주변에 있다면 뭔가 자신이 잘못하고 있다고 생각해도 좋다. 힘을 주고받지 않는 동료, 자극을 주고받지 않는 동료, 당장의 이익만 교환하려는 동료만 주변에 있다면 어느새 한계는 올 것이다. 질문하지 않으려는 아이, 당신의 눈을 똑바로 쳐다보지 않으려는 아이, 같이 놀자고 조르지 않는 아이가 있다면 뭔가 크게 잘못되어가고 있는 것이다. 정신 바짝 차려야 할 때다.

## 일을 놀이로 만드는 원칙, 놀이를 일로 만드는 원칙

'일 콤플렉스, 놀이 콤플렉스'는 짝꿍 콤플렉스다. '일 잘해야 한다, 잘 놀아야 한다'도 있고, '일하기 싫다, 놀고만 싶다'도 있고, '일하기 너무 힘들어, 노는 데 돈 너무 많이 들어'도 있고, '일 안 해서 걱정이야, 놀기만 해서 죄스러워'도 있다. 왜 이리 우리는 일과 놀이에 대해 이런 콤플렉스를 가질까?

나는 『나의 테마는 사람, 나의 프로젝트는 세계』라는 책에서 프로의 첫 번째 정의라면 "하루 온종일 일하고도 '야, 오늘도 신나게 놀았다!' 말할 수 있는 것"이라고 쓴 적이 있다. 많은 사람들이 이에 공감한다. 일을 놀이처럼 즐길 수 있는 것, 그것이 프로의 기본이다. '내 능력보다 약간 더 힘든 일을 할 때, 무엇을 만들어감을 느낄 때, 서로 등을 치고 어깨를 같이함을 느낄 때' 우리는 '야, 오늘도 신 나게 놀았다!' 할 수 있는 것 아닐까. 나는 여전히 이렇게 생각한다. 일을 잘하는 사람들은 확실히 일과 함께 논다.

그런데 일은 정말 인생의 놀이 아닌가? '일하기 싫다, 일하기 재미없다'고 우리는 종종 내뱉지만 일이 없으면 정말 재미없을 것이다. 사람에게 일이 없다면 세상은 얼마나 삭막할까, 얼마나 살맛이 안 날까, 하루는 얼마나 길까? 확실히 일은 인생의 놀이다.

일을 잘하는 사람들이 하는 놀이는 뭔가 특별해 보이지 않는가? 일을 잘하는 만큼 잘 노는 것 같다. 아니, 일을 잘하는 것만큼이나 노는 것을 무척 중요하다고 생각하는 듯싶다. 통상적으로 '놀이'라 생각하는 행위 역시 '일'의 한 부분으로 만드는 재주가 있는 듯도 싶다. 물론 이렇게 되려면 훈련이 필요하다. 처음 해보는 일로 헉헉댈 때야 어디 놀아지겠는가. 일에 진저리를 친다면 놀이를 일의 연장으로 만들고 싶겠는가. 이런 사람일수록 일과 놀이를 이분법으로 구분하는 경향이 있다. 그런 경향에서부터 벗어나보자. 일을 놀이로 만들고 놀이를 일로 만들어보자.

물론 그리 쉽지는 않다. 일이란 겉보기와 완연히 다른 경우가 많기 때문이다. 예컨대, 남을 즐겁게 해주어야 하는 일의 실제 과정은 그리 즐겁지 않아 보인다. 노래, 춤, 연주, 연기와 같은 경우처럼 남이 보기에 즐거울 정도의 수준이 되기 위해서 '무한한 되풀이 훈련'을 해야 하는 일이란, 솔직히 나에게는 끔찍하게까지 느껴진다. 게다가 남의 웃음을 끌어내야 하는 '코미디 작가, 개그 작가' 정도 되면 피 마르고 뼈 깎아먹기 십상 아닐까.

그런데, 나도 좀 헷갈린다. 나는 지나치게 '일'을 중심으로 사는 편이라고 자아비판을 하지만 과연 내가 일하는 건지 노는 건지 잘 모를 때가 한두 번이 아니다. 예컨대, 내게 책을 읽는 것은 일인가, 놀이인가? 예컨대, 여행을 가는 것은 일인가, 놀이인가? 예컨대, 각종 회의에 참여하는 것은 일이기만 한가? 예컨대, 사교 모임에 가는 것은 놀이이기만 한가? 예컨대, 프레젠테이션을 하는 것은 일이기만 한가? 예컨대, 프로덕션을 하며 정신없이 보내는 시간이란 일에 빠진 시간이기만 할까? 정말 헷갈린다. 그러나 그렇게 헷갈리더라도 일과 놀이의 경계를 한번 무너뜨려보자.

- '일을 놀이로 만드는 원칙'은 간단하다.
    - '이 일이 무엇인가?' 호기심을 갖는다.
    - '이 일을 왜 하는가?' 나름 정의해둔다.
    - 이 일을 그 어떤 큰 과정의 한 단계로 만든다.
    - 이 일에서 얻는 것 하나를 확실히 정해둔다.
    - 일이 실제 되어가는 과정을 유심히 관찰한다.
    - 이 한 단계, 이 한 과정에 몰입한다.
    - 사람과 벌어지는 심리 역학을 즐긴다.
    - 일의 과정을 기록한다.

- '놀이를 일로 만드는 원칙' 역시 간단하다.
    - 지적 호기심을 유발하는 놀이로 만든다.
    - 일과 관련된 테마를 도입한다.
    - 이 놀이가 지향하는 최고 수준을 그린다.
    - 이 놀이 다음에 펼쳐질 일을 그린다.
    - 사람과 나누는 심리 역학을 즐긴다.
    - 이 놀이에 흠뻑 빠진다.
    - 이 놀이의 논리와 속성을 알아간다.

이런 원칙이 모든 사람에게 적용될 수 있는지 아닌지는 잘 모르겠다. 너무 '일 중심, 워커홀릭'의 기준인가? 하지만 일을 놀이처럼 만들고, 일하는 과정 자체를 즐겁게 만드는 것만큼은 틀림없다. 우리 사회에서 특히 신경 써서 키워야 할 재주는 '노는 재주'일 것이다. 제대로 놀 줄 모르는 젊은이가 종종 '왕따'가 되지만, 어른이 되어 제대로 놀 줄 모르면 사회생활에 지장이 있을 뿐 아니라 늘어나는 여유 시간을 주체하지 못하고 황폐해지기 쉽다. 모자라는 시간에 허덕이는 것보다 남는 시간에 시달리는 것이 훨씬 더 괴롭다. 아무리 일에 허덕인다 하더라도 우리는 감당할 수 있는 만큼 일할 뿐이다. 그러나 남는 시간이란 주체하기 어렵도록 괴롭다. 어슬렁어슬렁 여유를 부리는 것도 잠깐, 맘껏 TV 보고 여행 다니고 친구 만나 노는 것도 잠깐, 여유 시간이 길어지면 주리를 틀 정도로 지루해진다.

　이런 상황을 방지하려면 자신의 놀이에 '테마'를 도입하는 것이 좋다. 일과 전혀 상관없는 것도 좋고 일과 연관시켜도 좋다. 다만, 그 자체의 놀이 재미에 흠뻑 빠져야 한다. 예컨대, 많은 의사들이 음악을 즐긴다. 직접 연주를 할 정도다. 과학인들도 음악 연주를 좋아한다. 예컨대, 아인슈타인은 탁월한 바이올린 연주자로 특히 모차르트를 좋아했단다. 많은 의사들이 테니스에 빠졌다가 나이가 들면 골프로 빠진다는데 상상력 풍부한 아인슈타인은 '요트광'이었단다. 이들의 놀이는 자신의 일과 어떤 관계가 있었을까? 한편으로는 '정적 성찰'을 도와주고 다른 한편으로 '동적 스트레치'를 통해서 스트레스를 푸는 장치일 것이다.

혁명가 체 게바라는 더 흥미롭다. 전투 한가운데에서도 책을 읽었다는 이 독서광은 운동으로는 '럭비광'이었다. 의학박사 학위를 가진 이 지적인 혁명가는 '잉카 유적에 대한 논문 쓰기'를 한동안 했다는데 아예 고고학자가 될까 할 정도로 잉카 유적 '마추픽추'에 반해버렸단다. 체 게바라의 젊은 시절의 여행 취미는 결국 그를 혁명가로 이끌었다.

'놀이는 언제 일이 될지 모른다. 일은 언제 놀이가 될지 모른다.' 이런 마음으로 놀이와 일을 대하는 여유를 가져보자. 예컨대, '영화광'인 나는 건축과 도시의 공간해석에 대한 지독한 관심으로 영화를 본다. 언젠가 책을 한번 쓸까 싶을 정도로. 예컨대, '소설광'인 나는 공간 묘사에 대한 엄청난 관심으로 소설을 본다. 언젠가 '문학과 건축'에 대해 책을 한 권 쓸까 싶을 정도로. 예컨대, '디자인'에 관심이 큰 나는 디자인 박물관, 전시회를 즐겨 찾는다. 언젠가 '소품 가게'를 하나 차려볼까 싶을 정도로. 예컨대, '음악광'인 나는 음악과 건축의 구축적인 비교 속성에 매혹된다. 언젠가 음악을 모티브로 한 건축을 만들고 싶을 정도로. 예컨대, '추리광'인 나는 추리 공간의 속성에 엄청난 관심을 가지고 소설과 영화를 본다. 언젠가 순수한 '추리 공간'을 한번 설계하고 싶을 정도로.

나의 취미 같은 이러한 놀이는 언젠가 나의 일이 될지도 모른다. 더 중요한 것은, 나의 놀이가 나의 본업에 끊임없이 던져주는 풍부한 의문들이다. 또한 나의 일은 언젠가 취미 같은 놀이가 될지도 모른다. 생사를 걸고 활동해야 하는 치열한 현장을 벗어나는 단계가 되면 나의 노하우를 이용하여 그 무언가를 놀이 삼아 일로 만들 수 있을 듯싶다. 그때 나와 비슷한 관심을 가진 사람들이 흥미롭게 참여할 수 있는 놀이 일감을 만들어낼 수 있을지도 모른다. 일과 놀이 사이를 넘나들 수 있는 인생, 그 테마는 무궁무진할 수 있음을 믿는다.

**사교 콤플렉스란 누구에게나 있다**

많은 사람들이 타인과 관계를 맺고 넓혀가는 일에 무척 고민한다. 인간사란 근본적으로 인간관계의 사슬을 피할 수 없고, 인간관계에는 그것이 아무리 피상적이라 할지라도 감정이 개입되며 그 때문에 상처를 받을 위험도 커지기 때문이다. 나 역시 지금도 고민한다. 사교에는 정설이 없고, 잘하려 할수록 잘 안되기 때문이다. 사교는 필수적이지만 사교란 정말 피곤하기 때문이다.
사교하기, 이를테면 인맥을 관리하는 일이 죽기보다 싫다면 아예 하지 말라고 나는 권하고 싶다. 해야 한다고 생각하고 하는 사교는 상대방이 금방 알아채기 때문이다. '꾸민 사교'는 다른 사람을 위해서도 도움이 안 되고 자신을 위해서도 정말 해롭다. 그런 상황이 계속되면 자신만 힘들어하는 것이 아니라 만나는 사람들도 힘들게 만들고 자칫 사교 콤플렉스에 빠지게 된다.
그러나 사교는 누구나 정도껏 하고 살 수 있다. 거의 누구나 사교에 대해서 은근히 겁내고 있다는 것을 안다면 당신의 마음도 좀 편해질 것이다. 모든 사람들은 모르는 사람, 처음 보는 사람에 대한 두려움이 있다. 무척 사교적이라고 보이는 사람도 속으로는 은근히 모르는 사람에 대한 두려움을 느낀다. 나쁜 평가를 받을까 두렵고, 거부당할까 또는 냉대받을까 무섭고, 혹시 결례하지 않을까 겁나는 것이다. 아는 사람, 익숙한 사람, 친한 사람, 그룹에 속한 사람들끼리만 만나는 것을 선호하게 되는 이유다. '연'을 강조하는 우리 사회에서는 더욱 문제가 된다.

그런데 아는 사람들만 매양 만난다면 언제 네트워크를 넓힐 수 있겠는가. 게다가 호의로 다가오는 사람에게 사람은 절대로 매정하게 대하지 않는다는 인간 심리의 기본이 있음을 믿자. 첫인상이란 아주 중요한 것이지만, 한 번의 만남으로 맺지 못한 관계라도 두 번 세 번 만나게 되면 살얼음 풀리듯이 풀리는 것이 또 인간관계다.

사교하는 재주도 분명 자란다. 초년병의 어수룩함이 1년, 3년, 5년 지나면서 자연스럽게 없어지듯이 사교하는 재주 역시 자기도 모르는 사이에 어언간 자란다. 처음에는 악수하고 명함 교환하고 자기 소개하기도 어색하지만, 곧 화젯거리도 잘 꺼내게 되고 부드럽게 대화를 이어가고 상대방을 유쾌하게 해주는 단계에 이른다. 그렇다고 경력이 높아지며 '떠버리'나 '마당발'이 되어 이것저것 안 해도 되는 이야기까지 해가며 사교랍시고 하는 것을 보기란 민망하다. 지나치게 친한 척 굴거나 소위 '망가지는 사교'란 좋은 사교와는 거리가 있기 때문이다. 우리 사회 특유의 이른바, '갈 데까지 가는' 사고 방식에 길들여진 사람이라면, 자신의 미래에 대해서 의문해보아야 할 것이다. 그런 사고는 대개 '한탕'으로 그치기 쉽고 인물이 자라는 데 있어서 한계가 뚜렷하기 때문이다.

사고의 성장 단계는 분명 있다. 다음과 같은 단계를 생각해보자. 각 단계마다 자기에게 맞는 섬세한 기술이 필요하다. 가장 높은 단계까지 갈 수 있다면 더 이상 사교라는 말이 필요 없을 정도가 되는 것이리라. 우리는 어떤 단계까지 갈 수 있을까?

- 1단계  자신의 인상을 남길 줄 아는 사교
- 2단계  자신의 관심사를 알릴 수 있는 사교
- 3단계  자신의 일 능력을 알릴 수 있는 사교
- 4단계  남이 만든 사교 방식에 따라가는 사교
- 5단계  사교 대상에 따라 다른 사교 방식을 구사하는 사교
- 6단계  자신이라는 '사람'에 흥미를 갖게 하는 사교
- 7단계  자신의 관심사에 사람을 이끌 수 있는 사교
- 8단계  자신의 일에 사람들을 이끌 수 있는 사교
- 9단계  자신이 없으면 아쉽게 느껴지게 하는 사교
- 10단계  자신이 없어도 자신이 있는 듯 느껴지게 하는 사교

**모자라다고 느낄 때 가장 많이 배운다**

'나는 왜 이렇게 모자라는가?'라는 의문에 부딪힐 때마다 이렇게 생각하자. '모자라다고 생각할 때가 가장 좋다.' '아직도 배울 것이 있어 행복하다.' 모쪼록 죽을 때까지 그렇게 생각하는 게 좋다. "넘치면 모자라느니만 못하다!"라는 명언을 기억해보라. 일이란 자신의 능력보다 약간 어렵고 힘들게 느껴질 때가 가장 흥미롭다. 익히 잘하는 일을 해야 할 때처럼 지루한 것도 없다. 기계적으로 풀어내는 것 같고 자신이 기계의 부속품이 되는 듯 지루해진다. 돈 역시 약간 모자랄 때가 오히려 기분 좋다. 아예 아무 것도 없다면 물론 문제겠지만, 전혀 신경 안 쓰고 무엇이든 살 수 있다면 참으로 지루하지 않을까?

능력 역시 마찬가지다. 가장 신 날 때란 역시 모자라는 것을 채우고 싶고, 채우고 나면 무언가 달라질 것같이 가슴이 두근두근할 때다. 그 모자라는 것을 채우면서 어떤 일을 해낼 때, 겨드랑이에 날개가 돋는 듯하고 가슴이 부푸는 것을 느낀다. 죽을 때까지 약간은 모자라다고 느끼며 살 수 있다면, 우리는 분명 죽을 때까지 즐거운 마음으로 사는 동시에 죽을 때까지 자랄 것이다. 그리고 확실한 것은, 우리는 영원히 모자랄 것이라는 사실이다.

## 6강

## 나는 누구인가?
## 나는 어떤 일을 해야 할까?

"나는 어떤 사람일까? 무엇을 하며 살아야 할까? 무엇을 할 수 있을까? 무엇을 해야 할까? 무엇을 하고 싶어 하는가? 내게 맞는 일은 무엇일까? 도대체 나는 누구인가?"

이 의문들은 일생 내내 따라 다닌다. 비단 어릴 때, 사춘기 때, 전공 고를 때, 대학 다닐 때, 직장 다닐 때만이 아니다. 어른이 되어도, 남들 눈에는 상당히 전도유망한 공부를 하고 있더라도, 남들이 선망하는 일을 하고 있더라도, 여전히 '나는 누구인가'라는 의문에서부터 벗어날 수가 없다. 내가 하고 있는 이 일이 진정 내가 하고 싶은 일일까? 내가 해야 하는 일일까? 다른 가능성은 없을까? 지금이라도 다른 길을 택해야 하는 것 아닌가? 끊임없이 머리 한쪽을 당기는 질문들이다.

아마도 죽을 때나 되어서야 "나는 이런 사람이었던 것 같군. 이것을 하기를 잘했군. 저것을 했어야 마땅했군" 하고 읊조릴지도 모를 일이다. 여전히 "그러나, 글쎄……" 하면서 말이다. 살고 있는 동안에는 끊임없이 의문에 시달려야 하니 참 허망하기조차 하다. 하지만 발상을 바꿔보면 이런 의문의 상태는 사실 축복이다. 의문이 있기에 우리는 '가능성'을 열어두고 살 수 있다. 미래를 모르고 자기 자신이 누구인지 잘 모르기에 다른 길을 찾고 새로운 것을 해보려고 갖은 애를 쓴다. 속아 살지만, 그래서 축복이다.

그렇다고 해서 아예 무지하게 살 수는 없다. 방향을 정하기 위해서,

어떤 가능성을 찾기 위해서, 적어도 당장의 선택을 하기 위해서라도, 우리는 끊임없이 질문할 수밖에 없다. '이 일을 해도 괜찮은가, 이 일로 먹고살 수 있을까, 이 일을 하면 즐거울까, 이 일을 하면 보람이 있을까' 등의 질문들을 자신에게뿐 아니라 친구, 선배, 부모, 직장 상사에게 물어본다. 그러면서 자신의 능력을 점검해보고 적성이 어떤 것인지 따져보고 하고 싶은 일과 할 수 있는 일을 가늠해본다.

이런 의문을 조금이라도 풀어주기 위해서 수많은 테스트들이 있다. IQ 테스트, EQ 테스트, 적성검사, 애니어그램과 MBTI 같은 성향 테스트, 심리 테스트 등. 하물며 별자리, 혈액형, 관상, 사주 같은 고전적인 방법도 그럴듯하게 포장되어 우리의 불안한 심리에 호소하기도 한다. 이런 테스트들은 성향을 판단하는 데 유용하며 자신의 적성과 능력에 완전히 반대되는 쪽으로 선택하는 위험을 줄여주는 효과도 분명 있다.

하지만 우리가 사는 세상은 이런 테스트들보다 훨씬 더 복잡하고 훨씬 더 많은 변수와 옵션들이 있다. 또한 사람이란 생각이 계속 변할 뿐 아니라 훈련 여하에 따라 능력 또한 늘어난다. 그리고 참 골치 아프게도, 자신의 소망조차 끊임없이 바꾸는 자못 변덕스러운 주체가 사람이다. 그러니 능력 테스트든 성향 테스트든 자신의 일을 택하는 데 있어 과연 얼마나 효과가 있을까? 그럼 우리는 어떻게 길을 찾아야 할까?

# 나를 읽는 12가지 질문을
# 스스로 던져보라

나는 '자신의 생리와 잘 맞는 일을 해야 한다'고 생각한다. 자기에게 자연스러운 일을 하자는 얘기다. 일이란 그 일의 생리에 합당한 당신의 생리를 요구한다. 사람이 하나하나 다르듯 일도 하나하나 다르다. 일의 생리와 자신의 생리가 잘 맞으면 그야말로 행복하기 짝이 없는 상황이 되는 것이다.

생리(生理)란 '성격, 기질, 성질, 감정, 성향, 성정, 능력'을 뭉뚱그리는 말이다. 이(理)와 감(感), 성(性)과 정(情), 기(氣)와 질(質), 능(能)과 역(力)을 모두 아우른다. 소망, 욕망, 희망, 야망도 작용한다. '생각'뿐 아니라 '행위'도 포함한다. '생리'란 가장 자연스러운 '생의 이치', 즉 '삶의 이치'인 것이다. 능력이란 훈련 여하에 따라 갖출 수 있고, 성격이란 적당히 늦추고 조일 수 있다. 그러나 본질적인 생리는 잘 바뀌지 않는다. 유전인자, 성장 배경, 성격, 기질, 축적된 지식과 체험이 어우러져 만들어진, 일종의 '생의 습관'이기 때문일 것이다.

자신의 생리를 막연하게 생각할 것이 아니라 구체적으로 체크해보는 것이 좋다. 나는 다음의 12가지 질문을 나 자신에게 시시때때로 묻는다. 또 여러 상황에서 내가 하는 행동 패턴을 잘 관찰해본다. 말보다 오히려 행동에서 생리가 더 잘 나타나기 때문이다.

- **질문1** 하루의 시간을 어떻게 쓰고 싶은가?
- **질문2** 사람이 좋은가, 사물이 좋은가?
- **질문3** 사람을 타는가, 안 타는가?
- **질문4** 돈이 필요한 이유를 대보라.
- **질문5** 파워가 좋은 이유, 싫은 이유를 대보라.
- **질문6** 머리가 좋아야 하는 이유를 대보라.
- **질문7** 어떤 순간에 행복을 느끼는가?
- **질문8** 보는 게 좋은가, 하는 게 좋은가?
- **질문9** 정리형인가, 복잡계형인가?
- **질문10** 빠른 편인가, 느린 편인가?
- **질문11** 여러 가지를 한꺼번에 하는가, 한 번에 한 가지씩 하는가?
- **질문12** 10년 후의 나는 하루를 어떻게 보내고 있을까?

나는 나 자신에게뿐 아니라 주변 사람들을 관찰하는 데에도 이 질문들을 즐겨 쓴다. 질문은 간단하지만 그 속에 숨은 함의는 넓고 해석은 무한가지다. 상당한 시간을 같이 보내는 우리 아이들의 생리를 읽는 데 크게 도움이 되었거니와, 만나는 사람들이 어떤 생의 이치를 가지고 있는지 파악하는 것도 항상 새로운 즐거움이다. 물론 가장 유용한 때는 같이 일할 사람을 선택할 때다. 잡(job) 인터뷰를 할 때든, 프로젝트 파트너를 고를 때든 크게 도움이 된다. 인생의 많은 부분들이 어떤 일에 어떤 사람을 어떠한 기준으로 선택하느냐에 따라 그 내용이 정해지지 않는가.

내 자신에게 이 질문들을 적용해보니, 흥미롭게도 질문 1과 12에 대해서만큼은 나의 답이 시시때때로 바뀌지만 나머지 열 가지 질문에 대해서는 큰 변화가 없다. 내가 일관된 사람인 걸까 아니면 사람의 생리란 근본적으로 변화하기 어려운 것일까? 자신의 생리를 스스로 읽어보자.

각 문항에 따라 이분법적인 유형으로 나누었는데, 둘로 나누어보면 명쾌하게 파악할 수 있기 때문이다. 자기가 어느 한 편으로 분류될까 봐 겁먹을 이유는 없다. 사람은 꼭 이분법적 유형으로 나뉘는 것은 아니며, 어차피 무한한 스펙트럼상에 존재한다. 빨·주·노·초·파·남·보 일곱 색깔로만 나뉘는 게 아니라 아무리 세분해도 나눌 수 없는 복합 컬러다. 0과 1로 구성되는 '디지털'처럼 딱 부러지지도 않고 '아날로그'적이고 끊임없이 변하는 존재가 사람이다. 게다가 사람이란 '매트릭스(matrix, 조합)'적이기도 하다. 12가지 문답의 수없는 조합에 의해 만들어지는, 종잡을 수 없게 복잡한 존재가 인간이다. 사람 하나하나가 오직 하나밖에 없는 특별한 존재다. 얼마나 흥미로운가?

**하루의 시간을 어떻게 쓰고 싶은가?**
**(안정 지향형 vs 변화 지향형)**

무척 쉬운 질문이다. 그러나 이 질문을 하면 사람들은 '무슨 그런 질문을 하나?' 하는 표정을 짓곤 한다. 한번 생각해보라. 하루의 시간 보내기에 어떤 그림이 그려지는지, 어떤 그림을 그리고 있는지 대충 그려보고 나면 그 패턴이 보일 것이다.

- '스케줄 지키기형'인가, '스케줄 짜기형'인가?
- 남이 정하는 스케줄인가, 자기가 만드는 스케줄인가?
- 규칙적인 일정인가, 돌발적인 일정인가?
- 일 시간과 놀이 시간을 어떻게 배치하나?
- 몰입의 시간과 분산의 시간이 어떻게 배치되나?
- 홀로 시간과 사람들과 섞이는 시간이 어떤 비율인가?
- 하루가 빠르게 가나, 느리게 가나?

하루의 시간 보내기에 대한 태도는 삶의 방식, 특히 '변화와 안정에 대한 태도'를 암시한다. 만약 또박또박 스케줄에 따라 잘 움직이고 그에 대해 별 거부감이 없는 '스케줄형'이라면 거의 어떤 일이라도 할 수 있는 사람이다. 일이란 대체로 변화보다는 규칙이 더욱 필요하기 때문이다. 만약 당신이 도저히 말릴 수 없는 '비 스케줄형', 즉 짜인 일정에 못 견뎌하고 자유로운 시간 쓰기에 중독되어 있다면 당신의 사회 활동 입지는 제한될 수 있다.

물론 훈련에 의해서 시간 쓰는 방식은 달라진다. 우리는 대체로 '어쩔 수 없는 스케줄 인간'이 될 수 있다. 그러나 '얼마나 견딜 수 있느냐'는 또 다른 문제다. 예컨대, 나는 하루 18시간 일해야 하더라도 자유롭게 시간을 쓰고 싶어 한다. 직접 스케줄을 만들고 돌발 일정도 개의치 않으며 숨 막히게 빠른 하루도 개의치 않는다. 그런 하루를 보내야 잠도 잘 잔다. 나와 아주 가까운 한 친구는 8시간 동안 확실히 일하고 나머지 시간을 맘대로 쓰기를 더 좋아한다. 나는 본질적으로 '변화 팬'이고 나의 친구는 본질적으로 '안정 팬'이다. 나는 죽을 때까지 일하고 싶어 하고 나의 친구는 때가 되면 근사한 은퇴를 하고 싶어 한다.

어느 누가 좋고 나쁨이 있을까? 나는 변화가 많은 일을 택했고, 변화에 민감한 환경을 택했고, 부침이 심한 직업을 택했을 뿐이다. 나의 친구는 튼튼하게 받쳐주는 조직의 일을 택했고 안정적이지만 때가 되면 은퇴해야 하는 기관에서 일하기를 택했을 뿐이다.

비겁한 것은 동시에 두 마리 토끼를 다 가지려 드는 것일 게다. 안정과 변화, 안전과 자유, 스케줄과 비 스케줄이라는 두 마리 토끼를 한꺼번에 가지려는 것은 과욕이다. 그러나 사람이란 비겁하기도 하고 또 과욕을 부리기도 하는 것 아닐까? 우리는 이 두 마리 토끼를 어떻게 다스리고 있을까?

### 사람이 좋은가, 사물이 좋은가?
(사람 지향형 vs 사물 지향형)

무슨 일을 할까 선택하는 데 있어서 사람에 대한 태도는 가장 중요한 변수다. 물론 이 세상에 사람이 연관되지 않는 일이란 없다. 또한 사람은 대체로 사람에게 흥미를 갖는다. 그러나 그 흥미의 정도는 다르다. 사람에 대한 흥미가 꼭 필요한 일이 있고 그렇지 않은 일도 있다. 또한 사람이 사람을 꼭 좋아해야 한다는 법도 없다.

예컨대 우리는 의사나 법관에 대해서 따뜻하고 배려 가득한 인간적 면모를 기대하지만 의사나 법관은 개별 사람에 대해 다소 냉정한 편이 더 나을 것이다. 냉철한 판단이 필요한 상황이 많고, 사람 하나하나의 안타까운 사정에 대한 연민이 자칫 판단력을 흐리게 할 수도 있기 때문이다. 그런가 하면 '서비스업'에 종사하는 경우에는 사람에 대한 흥미가 없으면 길게 하기 어렵다. 아무리 구시렁구시렁 별의별 욕을 다 하더라도 여전히 사람이 좋다는 사람이 아니라면 서비스업을 택하지 않는 것이 맞다. 특히 대면 서비스업의 경우에는 더할 것이다.

사람의 좋은 점, 재미있는 점, 약한 점, 강한 점을 발견하는 능력이 있는 사람과 그렇지 않은 사람은 상당히 차이가 난다. 과학기술인들은 통상 사물에 강하지만 그중에서도 사람에 강한 사람은 훨씬 더 흥미로운 일을 벌일 수 있다. 예컨대, 특허나 신기술 창안자들에게는 사람 흥미와 사물 흥미가 잘 섞여 있을 확률이 높다. 사람에 관심이 많을수록 사람이 필요로 하는 사항을 착안할 가능성이 높기 때문이다. 경영으로 진출하고 창업을 해내는 과학기술인들은 틀림없이 사람 지향형일 확률이 높다.

그렇다면 인문사회 계열은 어떠할까? 인문사회 계열은 대체로 사람에 강한 편으로 알려져 있다. 사람 관계에 얽힌 일을 주로 다루기 때문이다. 그렇다고 이들이 사람을 좋아하는 걸까? 꼭 그렇지만도 않다. 예컨대, 사회, 언론, 경영, 법, 정치 관련 종사자들은 '사람 군(群)과 그 증후'에 대한 관심은 크지만 '개별 사람'에 대한 관심은 상대적으로 약한 편이다. 말하자면, 뭉뚱그리기는 잘해도 하나하나의 인간 상황을 파악하는 데에는 취약할 수 있는 것이다.

문화예술인들은 전형적인 사람 지향형이다. 인간과 인간 세상을 소재로 하여 인간성이라는 주제를 탐구하고 인간성을 축복하고 승화시키는 작업을 추구하기 때문이다. 하지만 문화예술인들은 대체로 사람에 대한 선호가 편향적인 편이다. 좋아하는 사람,

싫어하는 사람이 분명하여 도대체 사람을 좋아하는 건가 싫어하는 건가 헷갈리게 만들 수도 있다. 또한 문화예술인들은 인간의 선한 속성, 악한 속성에 대한 깊은 성찰과는 대조적으로 실세상에서의 통념적인 사람 접촉에는 의외로 약한 편인 경우가 많다.

이런 속성들을 생각해보면 '사람 지향'이라는 개념에도 여러 종류가 있음을 알 수 있다. 사람을 어떻게 대하는지 자기 자신에게 잘 물어보고 또 자기 자신의 행동을 잘 관찰해보자. 그에 따라 자신이 선택할 일에 대한 큰 방향을 그려볼 수 있다.

- 나는 사람을 좋아하나?
- 나는 사람에게 어떤 흥미를 갖고 있나?
- 나는 사람에게 거리감을 둘 줄 아나?
- 나는 사람과의 거리감을 못 견뎌하나?
- 나는 사람이라는 종(種)에 관심이 있나?
- 나는 한 사람, 한 사람에게 개별적인 관심이 있나?

**사람을 타는가, 안 타는가?**
**(그룹형 vs 솔로형)**

'사람을 탄다'는 뜻은 사람과의 접촉에 대한 선호를 말한다. '정(情)을 탄다'는 말과 비슷한 뜻이다. 사람 접촉을 얼마나 그리

느냐, 그 접촉에 얼마나 영향을 받느냐에 따라 '그룹형'과 '솔로형'으로 나누어진다.

홀로 일하는 데 강한 사람이 있고 여럿이 일하는 데 강한 사람이 있다. 사람들이 모여서 '왁자하게' 일해야 기운이 충천하는 사람이 있는가 하면, 그런 분위기가 계속되면 산란해져서 집중을 못하는 사람도 있다. 사람을 타는 사람은 사람을 직접 접촉하는 일이 없으면 영 재미없어 한다. 사람을 타지 않는 사람은 드라이해 보일 정도로 분위기를 타지 않는다.

물론 어떤 사람이건 또 어떤 일이건 그룹형과 솔로형의 속성이 섞여 있게 마련이다. 혼자와 여럿을 넘나들어야 일이 되기 때문이다. 구상과 결단은 혼자 해야 하지만, 아이디어를 얻는 브레인스토밍, 팀업 회의 등 과정에서는 사람들과 엮여야 하며, 일단 '실행' 단계가 되면 어떤 일도 혼자 하기는 어렵다. 다른 사람들과 얼마나 잘 엮이며 서로 비슷한 생각과 목표를 공유하느냐에 따라 일의 성과는 크게 달라진다. 다만 기본적인 성향은 있게 마련이다. 자신의 성향에 잘 맞는 일을 택하면 그 일을 훨씬 더 잘 해낼 수 있다. 특히 이 성향은 일의 어느 단계에 자신이 잘 맞는지 구분하는 데 도움이 된다. 자신이 솔로형인지 그룹형인지 테스트해보자.

- 사람들의 반응을 받아야 신 나는가?
- 사람들의 반응에 별로 흔들리지 않는가?

- 사람 만나기를 진정으로 즐기는가?
- 사람 만날 때 호기심이 발동하나?
- 열 날 스무 날씩 사람을 안 만나도 별 문제 없나?
- 사람을 직접 만나기를 선호하나?
- 전화나 이메일, SNS로 통하기를 좋아하나?
- 사람을 약간 멀리서 보기를 좋아하나?
- 사람에게 가까이 다가가기를 좋아하나?
- 사람을 꼭 만나야 일이 된다고 생각하나?

### 돈이 필요한 이유를 대보라
**(벌기형 vs 쓰기형)**

　돈을 좋아하지 않는 사람은 이 세상에 없다. 요새는 어린아이들이나 청소년들도 안색 한 번 안 바꾸고 "돈 많이 벌고 싶어요. 돈 많이 버는 직업이 좋아요" 한다고 한다. 그런데 정말 돈이 왜 필요한 건지 생각은 하고 이렇게 말하는 걸까? 그 속을 들여다봐야 한다.
　돈에 대한 자신의 생각은 무척 중요하다. 우리는 자본주의 사회에 살고 있거니와 정의감, 도덕감, 패배감, 성공, 의욕, 포부, 동기, 선택 등 모든 인간의 행위와 감정에 돈이라는 변수가 작용한다. 돈에 대한 가치관과 삶에 대한 가치관이 얼마나 일관성을 갖느냐, 서로 얼마나 조화되느냐에 따라 개인의 행복은 물론 사회의 행복도 좌우된다. 돈에 대한 생각은 일에 대한 태도를 좌우하기도 한다.

정작 돈이 왜 필요한가를 정색하고 물어보면 사람들은 어떤 종류의 답을 할까? 다음의 '가나다 시리즈'와 'ABC 시리즈'를 생각해보자.

가. 돈이란 많으면 많을수록 좋다.
나. 쓰고 싶은 것보다 돈이 더 많았으면 좋겠다.
다. 쓰고 싶은 것보다 돈이 약간 적어도 괜찮다.
라. 돈에 구애받지 않고 무엇이든 하고 싶다.

A. 생존을 위해서 돈이 필요하다.
B. 즐기기 위해서 돈이 필요하다.
C. 체면을 지키려면 돈이 필요하다.
D. 권력을 행사하려면 돈이 필요하다.
E. 하고 싶은 일을 하기 위해서 돈이 필요하다.
F. 독립을 위해서 돈이 필요하다.

당신은 어떤 답을 할 것 같은가? 딱 하나씩만 고르라면 나는 '다 - F'를 고를 것이다. 약간 모자라야 돈에 대한 애착심을 없애지 않을 것 같고, 돈은 더도 덜도 아니고 독립적으로 살기 위한 수단이라고 생각하는 편이다. 나 같은 타입은 돈을 많이 벌지는 못할 것이다. 버는 것보다 약간 더 많이 쓰고 싶어 하니 약간 모자란 듯 살겠고, 독립을 방해하는 돈 벌기 방식은 마다할 것이니 어디 열심히 돈을 벌겠는가. 나는 이른바 '쓰기 위한 돈 벌기 타입'이다.

'돈 벌기' 타입이든 '돈 쓰기' 타입이든 간에 자신에게 맞는 돈 벌기 방식을 택해야 한다. 돈에 대한 알레르기나 돈 벌기에 대한 판타지를 갖지 말고 자신이 생각하는 필요 욕구에 따라 구체적인 일을 정하는 것이 현명하다.

예컨대, 건축 분야에서 돈 벌기를 원한다면 나는 자재업이나 시공업이나 부동산 개발업으로 진출하라고 권하는 편이다. 한 가지 기술로 복제 생산해서 파는 종류의 일이 돈 벌 가능성이 높고, 이른바 모험도가 높은 일은 실패의 위험만큼이나 성공 배당률이 높기 때문이다. 돈 벌기에 대한 우선순위가 높다면 설계·계획 직능은 절대 택하지 말라고 아예 못을 박는다. 설계·계획 일의 주문생산 속성상 수익성이 결코 높지 않기 때문이다.

명심해야 할 것은, 일을 열심히 하거나 일을 잘한다고 해서 돈을 많이 버는 것은 아니라는 사실이다. 또 돈을 많이 버는 사람이 꼭 돈 벌기 위해서만 일하는 것도 분명 아니다. 돈에는 돈의 논리가 있고 돈 벌기의 논리에는 돈 벌기의 논리가 있다는 사실을 유념해야 하며, 돈이 돈을 낳는 못마땅한 현실 세태도 의식할 필요가 있다.

왜 돈이 필요한가에 대해서 경계해야 할 점들도 있다. 즐기기 위해 돈이 필요하다는 사람들은 정작 돈 벌 가능성은 낮을지도 모른다. '일확천금'의 망상에 빠질지도 모른다. 체면을 유지하기 위해 돈이 필요하다는 사람들은 무척 피곤한 삶을 살 위험이 높다. 권력을 행사하기 위해 돈이 필요하다는 사람은 자칫 위험한 유혹에 빠져들지도 모른다. 돈에 구애받고 싶지 않다는 사람들은 그것이 얼마나 허망한 순진함인지 깨닫는 데 시간이 아주 많이 걸릴지도 모른다.

그러나 돈을 벌었으면 하는 욕망은 결코 부끄러운 것이 아니다. 돈의 필요성에 대한 자신의 기준에 대해 정직해지자.

### 파워가 좋은 이유, 싫은 이유를 대보라
(권력 지향형 vs 권력 순응형 vs 권력 비판형)

파워를 좋아하지 않는 사람이 있을까? '좋은 뜻의 파워'라면 누구나 좋아할 것이다. '힘, 역량, 능력, 영향력, 권위' 등 좋은 파워란 듣기만 해도 안심이 될 정도다. 좋은 파워란 있으면 있을수록, 비록 사회적 의무감은 커질지언정, 사는 의미를 키울 수 있으니 마다할 이유가 없다. 다만 세속적인 파워, 이른바 '권력'이라고 하는 것이 되면 사람들의 생각은 꽤 달라진다.

'권력 비판형'은 아마도 많은 사람들이 공식적으로 표명하는 태도일 것이다. 특히 독재와 일제강점기 등 부정한 권력의 역사를 겪어왔고 여전히 권력층의 부정부패와 특혜가 끊이지 않는 우리 사회의 환경이 이런 태도를 갖게 만든다. 권력의 속성 자체에 대한 알레르기, 수단과 방법을 가리지 않는 '권력욕'에 대한 혐오, '권력 지상주의'에 대한 염증, 오만한 '패권주의'에 대한 거부감 때문에 '권력 경원'이 되고 권력이라 하면 부정적 반응부터 나오는 것이다.

이 반대편에 '권력 지향형'이 있다. 경제 권력, 행정 권력, 정치 권력에 대한 거부감이 없을 뿐 아니라 권력을 동경하고 잡으려 든다. 많은 출세 지향형이 이런 성향일 확률이 크다. 한 가지 성향을 더 들자면 '권력 순응형'이 있을 것이다. 많은 사람들이 속으로 권력 비판형이든 권력 지향형이든 간에 밖으로 권력 순응적인 행동을 하게 될 확률도 크다. 비판은 하지만 구조적으로 인정하는 모습을 보이거나 또는 비판적 시각 없이 권력을 쥔 현재 권력층에 순순히 따르거나 떠받드는 태도를 갖는 것이다.

당신은 어떤 유형에 속하는 것 같은가? '같은가?'라고 묻는 것은, 권력에 대한 태도는 상황에 따라 변동의 폭이 크기 때문이다. 영화 「변호인」에서 보듯, 출세를 꿈꾸며 권력에 순응적이었던 사람이 권력 비판적인 행동으로 바뀌는 순간에는 용기만이 아니라 '울분, 안타까움, 자신에 대한 성찰'이 작동하는 것이다. 대부분의 사람 속에는 잘못된 권력에 대한 비판의식이 잠재해 있다. 인간의 근본적인 윤리의식이 작동하는 것이다.

'파워에 대한 생각'이 중요한 것은 그것이 '팀 정신, 조직 소속감, 권위에 대한 존경, 사회적 도덕감, 위기 상황에서의 윤리의식' 등에 영향을 미치기 때문이다. 개인의 선택 행동에 동기를 부여하는 것은 말할 것도 없다. 그래서 자신이 파워에 대해서 어떤 생각을 갖고 있는지 짚어봐야 할 것이다. 하지만 이럴 때 권력에 대한 직접적인 질문보다는 오히려 사회에 대해 어떠한 욕구를 갖고 있는지에 대한 원천적인 질문을 하는 것이 적합하다.

- 세상을 바꾸고 싶은가?
- 당신 뜻을 펼쳐보고 싶은가?
- 사회 정의를 실현하고 싶은가?
- 더 좋은 사회를 만들고 싶은가?
- 더 강한 사회를 만들고 싶은가?
- 사람들의 존중을 받고 싶은가?
- 외부의 무시를 당하기 싫은가?
- 더 좋은 일을 하고 싶은가?
- 더 중요한 일을 하고 싶은가?
- 더 뜻있는 일을 하고 싶은가?

이런 질문들에 적어도 70% 이상 '그렇다'라고 답변하는 사람들은 모두 권력 지향형이라 볼 수 있을 것이다. 그런데 이렇게 본다면 우리 대부분은 모두 권력 지향형 아닐까? 실제 모든 사람들은, 밖으로 드러나건 아니건, 자기 안에 권력 지향적 속성을 갖고 있다. 이 사실을 담담하게 인정해보자. 권력이란 인간 사회의 공기와도 같은 것, 또는 필요악이어서 그 자체를 부정할 수는 없으며 지나친 권력 지향을 견제하기 위해서도 지나친 권력 경원을 경계해야 하는 것이다.

우리가 견제할 것은 좋은 파워를 가지려는 순수성이 권력 독점욕으로 오염되지 않도록 노력하는 것뿐이다. 권력 비판적인 사람이 막상 자신이 권력을 가지면 더욱 권력 중심적이 되는 경우가 적지 않다. "비판하면서 닮는다"는 말이 바로 그것이다. 권력은 그렇게도 오염되기 쉬운 것이다. 바람직하기는 권력 비판형의 사람들이 권력 자체에 대한 알레르기를 걷어내고 권력의 자리에 가서 괜찮은 일을 해내는 것일지도 모른다. 적어도 그의 비판 의식이 권력의 오염을 그나마 막아주지 않을까?

우리는 곧잘 '주류-비주류' 또는 '인사이더-아웃사이더'로 나누고 사람들을 그 테두리 안에 넣기도 하지만, 사실 이 모두가 자기 나름대로의 파워를 가지려 노력하는 인간의 여러 모습일 것이다. 자신에게 냉철하게 질문해야 할 것은, 권력 지향의 그 고달픔이 싫어서 권력 경원형이 되는 것이 아닌지, 자신이 파워의 자리에 있지 않더라도 남의 파워를 인정할 줄 아는지, 권력에 따라다니는 '부패의 유혹'을 견딜 역량이 있는지 여부 아닐까? 자신의 권력 지향성에 대해 떳떳해져보자.

## 머리가 좋아야 하는 이유를 대보라
### (유용 스마트형 vs 무용 스마트형)

"머리는 좋은데 공부를 안 해서." "노력은 했는데 머리가 나빠서." "머리는 좋은데 운이 안 따라서." 많이 들어본 얘기들이다. 과연 머리란 얼마나 일과 관련이 있을까? 자기의 머리를 평가해 보고 일에 대한 태도를 평가하는 다음의 'ABC 시리즈'와 '가나다 시리즈'를 한번 떠올려보자.

A. 내 머리는 꽤 탁월한 편이다.
B. 내 머리는 우수한 편이다.
C. 내 머리는 보통이다.
D. 내 머리는 나쁜 편이다.
E. 내 머리는 아주 나쁜 편이다.

가. 나는 집중하는 일이 있다.
나. 나는 별로 집중하는 일이 없다.
다. 나는 좋아하는 일이 있다.
라. 나는 별로 좋아하는 일이 없다.
마. 나는 싫은 일도 해야 한다면 열심히 한다.
바. 나는 싫은 일은 하지 않는다.

당신은 같이 일할 사람으로 어떤 사람을 선호하겠는가? 나 같으면 일에 대한 태도에서는 '가'형과 '마'형을 선호하고 거기에 머리에 대해서는 'C형'이라면 대체로 오케이라 생각할 것이다. 나만이 아니라 대부분 같이 일할 사람을 판단할 때는 'ABC 시리즈'보다는 '가나다 시리즈', 즉 일에 대한 태도를 더 중요한 기준으로 생각할 것이다. 더구나 머리 좋음에 대한 판단은 하기가 어렵지 않은가. 그러나 일에 대한 태도는 조금만 겪어보면 금방 알게 된다.

그럼에도 불구하고 사람들이 자신에 대한 평가를 할 때면 'ABC 시리즈'에 더 신경 쓰는 것은 흥미로운 현상이다. '공부'와 '시험'에 시달리는 우리 사회이기 때문에 생긴 '머리 콤플렉스'가 아닐까 싶다. 머리가 좋아야 성적이 좋고, 성적이 좋아야 구직하기 쉽다는 고정관념도 작용할 게다. 머리가 좋은 사람들이 꼭 일을 잘하는 것은 아니고 또한 일할 사람을 구할 때 성적 따위를 크게 따지지 않는 분위기가 생겨나고 있음에도 불구하고 이런 고정관념은 끈질기게 이어지고 있다.

머리란 뭉뚱그려서 좋고 나쁘다 하기 어렵다. 어느 부분이 발달했느냐 떨어지느냐 하는 차이가 있을 뿐이다. 그 머리 좋다는 아인슈타인조차 물리학적 상상력은 탁월했지만 수학 능력은 떨어졌다고 하지 않는가. 아인슈타인은 자신이 잘하는 것에 집중했던 '유용 스마트형'이었을 뿐이다. 우리 각자 강한 부분은 분명있게 마련이며 그 강점을 살리면 되는 것이다. 공연히 머리 좋다는 평을 들으면서 아무것도 해내지 못하는 '무용 스마트형'보다는 실제로 무엇을 해낼 수 있는 사람이 되는 것이 백배 낫다.

그렇다고 자신의 머리가 너무 좋은 것을 두고 고민하지는 말자. 머리 좋은 사람이 해야 할 일은 분명히 있다. 다만 머리 좋은 사람이 빠질 위험이 높은 '지나친 신중성이나 지나친 완벽 지향성'만 경계하면 된다. 특별하게 발달된 머리가 없다고 고민하지도 말자. 머리 전체가 골고루 발달되는 경우가 있고 특정한 부분이 발달되는 경우가 있다. 특정한 능력이 있으면 '스페셜리스트(specialist)' 직능을, 전반적인 능력이 있으면 '제너럴리스트(generalist)' 직능을 택하면 되는 것이다. 경영직, 관리직의 경우에는 제너럴리스트의 역량이 절대적으로 필요하다.

머리가 안 따라주어서 일이 안되는 경우란 혁신적인 전문 분야, 새로운 혁명을 개척하는 지식 분야를 빼놓고는 거의 없다고 해도 과언이 아니다. 실무에서 머리가 좋다고 하는 기준은, 특정한 일에 얼마나 자신의 능력을 집중 투입하느냐, 주위의 자산을 활용할 줄 아느냐일 뿐이다. 만약 당신이 보통 머리인 듯싶으면 특정한 일에 대한 집중력을 키우는 유용 스마트형이라 여기고 어떤 일도 할 수 있다고 생각해보라. 탁월한 머리는 빌리면 된다.

## 어떤 순간에 행복을 느끼는가?
### (행복형 vs 무덤덤형)

어떤 상황에서 당신은 가장 행복하게 느끼는가? 그 '순간'을 떠올려보라. 그 순간의 성격에 따라 어떤 일을 할까를 정하는 것은 아주 괜찮은 방법이다.

물론 세상에는 행복이라는 느낌에 아주 민감하게 반응하는 사람도 있고 무덤덤한 사람들도 있다. 행복에 아주 예민한 사람들은 행복한 순간들의 리스트를 수없이 만들 터이고 행복이라는 느낌에 둔감한 사람들은 무덤덤하게 '그냥 일하지요' 할지도 모른다. 어떤 사람들이 더 좋을까?

내 경우, 일하는 와중에는 무덤덤한 사람과 일하는 것이 마음 편하다. 물론 놀 때는 '느낌표'가 많은 사람이 훨씬 더 즐겁다. 속마음을 털어놓자면, 일할 때는 전혀 느낌을 노출하지 않던 사람이 애프터 시간에 일에서 느꼈던 짜릿한 행복감을 표현하면 아주 믿음직스럽다. 일에 몰입하는 사람은 일 속에서 짜릿한 행복의 순간을 찾을 줄 아는 사람인 듯싶다.

짜릿짜릿한 행복의 순간을 찾을 수 있는 종류의 일을 그려보라. '선생직'을 왜 택할까? 학생들이 근사한 질문을 하면서 눈을 반짝일 때의 그 순간에 감격해서일지도 모른다. 아이들의 머리가 커가고 날개가 돋아가는 것을 보는 그 보람의 순간이 행복해서일지도 모른다. '연구직'을 왜 택할까? 몇 달, 몇 년의 실험을 거쳐

사람 하나하나가
오직 하나밖에 없는 특별한 존재다.
얼마나 흥미로운가?

한밤중 갑자기 모든 수수께끼가 풀리는 그 순간의 짜릿짜릿함 때문일지도 모른다. 호기심에 겨워 누구도 알아주지 않지만 작업에 몰입하는 순간의 행복감 때문일지도 모른다. '기자직'을 왜 택할까? 세상이 바른 선택을 하게 만드는 데 자신의 취재가 영향을 미칠 때의 그 떨림 때문일지도 모른다. '진실'을 찾아내는 과정의 추리 작업이 너무도 즐거워서일지도 모른다. '디자이너직'을 왜 택할까? 사람들이 자기가 만든 것을 쓰면서 즐거워할 때의 그 부푼 행복감 때문일지도 모른다. 외식업을 왜 택할까? 맛있게 먹는 고객의 만족스런 눈빛을 볼 때의 행복감 때문일지도 모른다.

일하면서 행복을 느끼는 능력이 어느 정도인지 시시때때로 자신에게 물어보면서 자신의 상태를 체크하는 것이 좋을 것이다. 내 경험으로는, 이런 질문은 문제 상황을 확인하기 위한 것이라기보다는 오히려 평소 자기가 의식하지 못했던 느낌을 솔직하게 확인하는 데 훨씬 더 효과적이다. 많은 사람들이 이런 문답을 통해 자신이 '의외로' 일에 대해서 상당한 열정을 가지고 있음을 깨닫는다는 것이 신기할 정도다.

- 작업하면서 짜릿했던 순간이 떠오르는가?
- 아침에 일어나면 무언가 기대감이 있는가?
- 새로운 사람을 만날 때 새 단서가 떠오르나?
- 새로운 프로젝트를 대할 때 가슴이 설레는가?
- 밤에 일을 한 번 더 떠올리는가?

- 일주일에 신 나는 순간이 한 번 이상인가?
- 행복한 순간을 그리는가?
- 그 순간에 어떤 상황이 벌어지는가?

그 어떤 아픔과 괴로움이 있다 한들 많은 사람들이 자신이 행복하게 느끼는 바로 그 순간을 위해서 일한다. 그 어떤 훈련이 가혹한들 그 행복한 순간 때문에 다 참는다. 당신 자신의 행복 순간을 잡아보라. 그 행복함을 얻기 위해 일을 한다면 진정 보람을 느낄 수 있을 것이다.

### 보는 게 좋은가, 하는 게 좋은가?
(옵서버형 vs 플레이어형)

이 시대의 사람들은 대체로 보는 것을 좋아한다. 보기 너무 쉽고 볼거리도 많기 때문이다. 컴퓨터, 웹, TV, 케이블TV, 유튜브, 광고, 스포츠 중계, 영화 덕분이다. 직접 자기가 하기보다는 남이 만든 것을 즐긴다.

일의 세계에서는 어떨까. 보기를 더 좋아하는 사람, 자신이 직접 하기를 더 좋아하는 사람 사이에는 차이가 있다. 말하자면 '옵서버 대 플레이어'다. 옵서버는 판단하기를 좋아하고 플레이어는 만들기를 좋아한다. 물론 판단하기 기능에는 만들기가 들어 있고 만들기 기능에도 판단하기가 들어 있다. 마치 '비평'과 '창작'처럼. 그러나 사람의 성향은 어느 한쪽에 더 가깝기 마련이다.

일의 성격에도 옵서버형과 플레이어형이 있다. 판단이 더 중요한 일이 있는가 하면 해내는 것 자체가 중요한 일이 있다. 진흙탕 같은 현장에 얼마나 깊게 발을 담그는가, 결과에 대해서 얼마나 구체적으로 책임을 질 태세가 되어 있는가에 따라서 옵서버와 플레이어로 나눌 수 있을 것이다.

예컨대, 학자·연구자·언론인·평론가·컨설턴트 같은 직업은 옵서버형에 더 가깝다. 제안과 평가를 하는 입장에 있기 때문이다. 기업인·관료·현장 공무원·기술인·사업자는 플레이어형이다. 죽이 되든 밥이 되든 정책과 사업을 고안하고 실행해 내야 하기 때문이다. 물론 상대적인 개념도 작용한다. 예컨대, 같은 분야 내에서도 기획자나 설계자는 학자나 연구자들보다는 '플레이어적'이지만 제작자나 사업주체보다는 '옵서버적'이다. 제작자와 사업주체는 현장의 진흙탕 속에서 민원과 돈과 인력 관리 같은 구체적이고 복잡한 변수를 다루기 때문이다.

우리 사회는 옵서버형을 선망하고 동경하는 경향이 있다. '고고한 선비형'을 선호한다고 할까? 그리 탐탁지 않은 현상이다. 나는 플레이어형을 훨씬 더 높이 산다. 플레이어들의 그 치열함, 구체성, 책임감이 맘에 든다. 무엇보다 '만들기, 해내기'라는 흥미로움이 좋다.

물론 우리는 어떤 일을 하던 각기 현장에서 모두 플레이어들이다. 학자는 학자대로, 연구자는 연구자대로, 언론인은 언론인대로 자신의 플레이 역할에 충실해야 한다. 다만 자신의 일에 어느 정도 플레이어적 또는 옵서버적인 요소가 들어 있는가를 점검하고 자신의 성향을 관찰해볼 필요가 있다. 이런 질문을 해보라.

- 나는 어느 정도 구체적인가?
- 나는 복잡한 현장에 가기를 좋아하나?
- 문제가 발생하면 더 생기가 나나, 피곤해지나?
- 귀찮은 문제들에 시간을 보낼 태세가 되어 있나?
- 나는 하나라도 처음부터 끝까지 붙들고 싶어 하나?

### 정리형인가, 복잡계형인가?
(청소파 vs 요리파)

잘 정리하는 타입인가, 아니면 복잡한 타입인가? 4장에서 '청소파와 요리파'에 대해서 논했듯이 사람은 정리형과 복잡계형으로 나뉜다. 말하자면, 과정을 중시하는 사람과 성과를 중시하는 사람, 또는 조직적이고 체계적으로 일하는 사람과 감(感)으로 일하는 사람으로 나눠볼 수도 있다.

사실 일의 결과만 좋다면 그 어느 타입도 상관없다. 감만으로도 기막힌 성과를 이룰 수 있다. 체계적으로 일하더라도 결과가 나쁜 경우도 많다. 현실이란 그만큼 예측불허의 변수들이 작용하기 때문이다. 사람의 '본능적 감각'을 높이 평가하는 이유기도 하다. 다만, 조직적으로 일하면 실패의 위험률을 줄일 수 있음은 분명하다. 비록 당장 환상적인 도약이 없다 하더라도 일정 수준 이상의 성과를 기대할 수 있다. 길게 보면, 시스템을 갖추지 못하면 더 큰 도약을 기대하기 어렵다. 그만큼 시스템이란 일의 기본이기 때문이다.

체계를 세우는 능력은 훈련에 의해서 상당히 자랄 수 있다. 시스템을 키우는 자체가 끊임없는 자라기다. 이렇게도 나누어볼 수 있을 것이다. '안정 관리형'인가 '위험 경영형'인가? 또는 '일을 저지르는 형'인가 '일을 끄는 형'인가? 간단한 질문으로 자신을 테스트해보라.

- 자료 파일 정리가 잘 되어 있나, 마구 섞여 있나?
- 마감 직전에 끝내나, 미리 시간계획을 세워놔야 안심 되나?
- 잊어먹는 일이 많은가, 오히려 일부러 잊어먹나?
- 지난 5년 동안의 기록을 잘 보관하고 있나?
- 시작하는 일이 많은가, 마무리하는 일이 많은가?
- 시스템을 존경하나, 시스템이라면 질색인가?
- 혼자 일하는 경우가 많은가, 여럿이 같이 일하는 경우가 많은가?

어느 타입이라 해도 큰 상관은 없다. 다만 파트너십에 유의 하면 될 것이다. 일이란 저지르기도, 끄기도 해야 한다. 일이란 차분히 관리하기도 해야 하고 위험을 무릅쓰고 새로 벌리기도 해야 한다. 청소를 해야 할 때도 있고 요리를 해야 할 때도 있는 것이다. 두 성향의 보완 작용이 성립되어야 할 뿐이다. 자신의 성향에 따라 어떤 일에서, 어떤 과정에서 어떤 역할을 하는 것이 좋은지 담담하게 자신을 평가해보자.


**빠른 편인가, 느린 편인가?**
**(순발 스피디형 vs 느긋 슬로우형)**


'빨리빨리 병'에 걸린 우리나라 문화라고 하지만, 사실 그렇게 단순 평가할 수는 없다. 빠른가 느린가를 평가하는 것은 단순한 시간의 비교가 아니라 일정한 수준의 일을 해내는 시간의 비교가 되어야 할 것이다. 아무리 빨리 해도 하자 많고 실패율 높고 다시 손대야 한다면 빨리 하는 것이라 할 수 없다. 아무리 느리게 일해도 결과 좋고 긴 시간의 안목에서 성공했다면 훨씬 더 효율성이 높은 것이다.

또한 세상에는 빨리 해야 할 일이 있고 느리게 해야 할 일이 있다. 일의 생리다. 예컨대, 전략 사령관이라면 다소 느린 편이 나을 것이다. 정보가 미흡한 상태에서 성급하게 전략을 짜면 문제가 크다. 하지만 전투지휘 사령관이 너무 느리다면 적기를 놓쳐

버릴 위험이 크다. 예컨대, 상품 기획을 하는 사람은 조금 느려도 좋다. 그런데 마케팅 하는 사람이 느리다면 시장의 타이밍을 놓쳐버릴지도 모른다. 예컨대, 건축 분야에서도 느린 사람과 빠른 사람은 효용성이 다르다. 느린 사람은 유행을 타는 상업 건물에는 영 적응하지 못하는 반면, 공공건물이나 주거 건물에서는 발군의 역량을 발휘하기도 한다. 예컨대, 인테리어 디자인을 하는 사람들은 건축을 하는 사람들보다 훨씬 더 호흡이 빠르다.

확실히 빠른 사람이 있고 느린 사람이 있다. 행동에서뿐 아니라 판단력에 있어서도 그렇고, 걸음걸이에서도 말하기에서도 그렇고, 일 해내는 속도에서도 그렇다. 자신을 판정해보라. 빨라도 좋고 느려도 좋으니 마음을 편히 먹고 객관적으로 관찰하는 것이 좋다.

- 자료가 모자라서 판단을 미루는 일이 잦은가?
- 일단 일을 시작하고 보는가?
- 오늘 하루 뭔가 성사시켜야 잠이 오는가?
- 일을 끝내지 않아도 잠이 잘 오는가?
- 내일 아침 할 일을 정해놓나?
- 계획을 짜는 중에도 무언가 행동하는 일이 있나?
- 매일 헉헉대는 것 같은가?
- 마감일이 가까울수록 오히려 힘이 솟는가?
- 정신없는 와중에도 천천히 걷는가?

• 돌발 사건이 생기면 기운이 나는가, 처지는가?

### 여러 가지를 한꺼번에 하는가, 한 번에 한 가지씩 하는가?
**(멀티 태스커형 vs 싱글 태스커형)**

나는 전형적인 멀티 태스커다. 같은 기간에 붙들고 있는 일이 여러 가지고, 하물며 일하는 순간에도 손은 이것을, 머리는 다른 것을 하고 있다. 머릿속 서랍마다 다른 프로젝트들이 동시에 돌아간다. 이런 기질을 십분 발휘할 수 있는 것은 물론 나의 현 위치 덕분이다. 스태프도 딸리고 직접 생산보다 지휘하는 일이 더 많기 때문이다. 대개 경력이 높아질수록 멀티 태스커로 성장한다. 주니어 시절에는 하나의 일을 처리하는 데 시간이 걸리는 공정에 동원되므로 여러 일을 동시에 하기 쉽지 않다.

그러나 할 수 없어서 하는 것과 내켜서 하는 것과는 다르다. 기질은 싱글 태스커인데 할 수 없이 멀티 태스크를 하는 사람들은 무척 스트레스를 받는다. 멀티 태스커를 싱글 태스크에 잡아 놓으면 그야말로 주리를 튼다. 게다가 멀티 태스커형이나 싱글 태스커형의 사람은 자신이 맡은 일 자체도 멀티 태스크나 싱글 태스크로 바꾸어 일하려 드는 성향이 있다. 단순히 실행해야 할 일을 자꾸 가지치기를 해서 일을 벌이거나, 이모저모 다각도로 접근해야 할 일을 지나치게 단순하게 하는 식이다. 시간 잡아먹고 일을 망치기 십상이다.

기질은 멀티 태스커인데 주니어 시절에 할 수 없이 싱글 태스커 역할에 집중해야 할 때는 그래도 참아야 한다. 싱글 태스커 훈련을 제대로 거쳐야 멀티 태스커로서의 기량도 커지기 때문이다. 문제는 기질은 싱글 태스커인데 높은 경력에서 할 수 없이 멀티 태스커형으로 일해야만 할 때다. 이른바 조직의 '관리직'으로 올라가는 압력 때문이다. 이런 트랙이 관례라 해서 싱글 태스커로서의 뛰어난 기량을 포기해야 한다면 개인의 불행이자 사회의 불행이다. 그래서 개인도 조직도 다양한 트랙을 잘 조합할 필요가 있다. 자신의 성향을 잘 파악해서 자신의 기량을 오래 발휘할 수 있는 트랙을 택해보자.

- 지금 하고 있는 역할은 몇 가지인가?
- 지금 하고 있는 일은 몇 가지인가?
- 중심이 되는 일이 있는가?
- 집중하는 일이 있는가?
- 하는 일이 너무 많다고 느끼는가?
- 하는 일이 너무 단조롭다고 느끼는가?
- 힘을 다 못 쓰고 있다고 생각하는가?
- 힘에 부친다고 느끼는가?

### 10년 후의 나는 하루를 어떻게 보내고 있을까?
(현재형 vs 미래형)

자신의 생리를 읽는 첫 번째 질문이 "하루의 시간을 어떻게 보내나?"였다. 안정 지향형이냐 변화 지향형이냐를 파악하자는 질문이었다. 마지막 질문도 다시 시간 쓰기로 돌아와보자. 이제는 10년 후의 하루를 어떻게 보내고 있는가에 대해서이다. 당신의 10년 뒤라면? 20대, 30대, 40대, 50대, 60대, 70대, 어디에 속하는가?

인생이 10년 단위로 움직이리라는 법은 없지만, 10년이란 미래를 생각하기에 유용한 기간이다. 20년 뒤는 너무 멀고 5년 뒤는 너무 가깝다. 5년 뒤라면 현재와의 연속선상에서 어느 정도 알 수 있을지 모르지만, 현재와 적당히 연관되고 또 적당히 연관이 안 되는 시간이 10년 뒤다. 적당히 모르고 또 적당히 알 수 있다. 오늘의 선택은 10년 뒤를 가늠하는 잣대가 되는 것이다. '지금의 선택이 10년 뒤의 나를 어떻게 만들 것인가' 하는 생각은 좀 더 구체적인 방향 감각을 준다.

내가 즐겨 묻는 잡 인터뷰 질문은 "10년 뒤에 무엇을 할 것인가"이다. 10년 뒤에 대한 꿈을 알고자 하는 것보다는 그 사람의 '선택 방식'에 대한 질문이다. 이런 질문을 전혀 안 하게 되는 사람도 있다. 그 사람의 말과 행동에 이미 10년 뒤의 구상이 녹아 있는 사람이거나 또는 전혀 그렇게 생각하는 습관이 없는 사람이다. 전자의 경우는 그 사람과 같이하게 될 미래를 생각하게 되고,

후자는 그 사람의 현재 쓸모만 생각하게 된다. 어떤 것이 좋을까? 당신은 현재 선택형인가, 미래 선택형인가? 미래가 녹아 있는 현재를 그리는 작업은 자신의 기량을 가늠하는 잣대가 된다. 10년 후를 상상해보자.

- 하루에 몇 시간이나 잘까?
- 하루에 몇 사람이나 만날까?
- 길에서 보내는 시간이 많을까?
- 혼자 일하는 시간과 여럿이 일하는 시간, 어느 쪽이 길까?
- 어떠한 새로운 일을 구상하고 있을까?
- 어떨 때 행복감을 느낄까?
- 어떤 문제로 고민하고 있을까?
- 어떤 일에 신 나게 열중하고 있을까?

### 운명처럼 일을 선택하는 사람은 극히 드물다

12가지의 질문으로 자신의 생리를 읽는 노력을 하고 자신의 행동 패턴과 생각 패턴을 읽고, 하고 싶은 일과 할 수 있는 일과 해야 하는 일의 리스트를 열심히 만들어봐도, '나는 누구지? 무슨 일을 해야 하지?'에 대한 해답은 그리 쉽게 나오지 않는다. '하고 싶은 일이 없다'고 한탄할 수도 있고, '하고 싶은 일이 뭔지 모르겠다'라고 불안해할 수도 있고, '내가 할 수 있는 일이 별로 없다'라고 실망할 수도 있고, 또는 '하고 싶은 일이 할 수 있는 일과 다르다'는 이유로 고민할 수도 있다.

자연스러운 현상이다. '하고 싶은 일이 분명하고 할 수 있는 일로 만들겠다'는 의지로 똘똘 뭉친 사람들은 그리 많지 않다. 말하자면 운명처럼 자신의 일을 택하는 사람은 극히 드문 것이다.

"왜 건축을 택하셨어요?" 사람들은 나에게 자주 묻는다. "운명처럼, 소명처럼 의지에 가득 차서 건축을 택했다"는 드라마틱한 답을 기대하는 질문이다. 그 기대를 저버리고 나는 다음과 같은 답을 하곤 한다.

"홀로 서고 싶었다, 내가 벌어 내가 쓰고 싶었다."

"홀로 서려면 이공계 쪽이 더 유리해 보였다."

"이공계를 보니 건축과가 그중 매력적으로 보였다."

"그림 그리기 좋아하고 성적 괜찮은 편이면 건축과 가라고 하더라."

"그림만 그리면 재미없을 것 같고 글만 써도 지루할 것 같고, 무언가 만드는 것이 재미있게 보였다."

"건축은 대개 남자들이 한다니까 어떤 것인지 더욱 해보고 싶은 생각이 작용했을지도 모른다."

너무 드라이한가? 물론 드라마도 없지는 않다. 건축에 매력을 느끼게 되었던 순간들도 있다. 다만 나는 그 드라마를 별로 미화하고 싶지 않다. 어릴 적 건축에 관심을 갖게 된 순간들은 내가 특별히 능력이 있어서라기보다는 막연한 호기심이 작용했던 것일 게다. 건축에 호기심이 발동된 것과 마찬가지로 다른 분야, 다른 일에 대해서도 매력을 느꼈던 드라마틱한 순간들이 꽤 있었으니 말이다.

'해낼 수 있을까?'라는 의문에 용기를 준 사건들도 물론 있었다. 예컨대, 적성검사에서 '공간추리력'이 상당히 높은 점수로 나와서 눈길을 끌었던 것도 그중 하나다. 여성들이 별로 좋아하지 않는다는 수학, 그중에서도 더욱 싫어한다는 '기하'에 완전히 매료되었던 중학 시절, 그래서 기하 과목을 가르치신 담임선생님께서 나를 아주 어여삐 여기셨던 기억도 있다. 그러나 돌아보니 그런 것뿐이지, 이런 경험들이 내가 건축을 선택하는 데 결정적인 작용을 한 것은 아니다.

한 사람의 선택에 어떤 '결정적 순간, 결정적 요인'이 작용하는지는 참으로 오묘한 일이다. 그런데 많은 경우에는 우연이 작용하는 것 아닐까? '우연조차도 필연'이라는 관점으로 본다면 물론 이것도 운명이라 볼 수 있겠다. 그러나 선택을 해야 하는 순간에 그렇게 운명적으로 느낄 수 있을까? 더구나 진로를 택하는 시기는 대개 10대에서 20대 초반이다. 세상이 무엇인지 잘 모르고 분야의 전모를 잘 알지도 못하는 상황이니 어딘가 막연하게 택하는 것은 당연하지 않을까?

'가업'이라는 이유 때문에 특정한 일을 택해야 하는 경우라면 또 모르겠다. 싫건 좋건 해야 하기 때문에 하거나, 어릴 때부터 보고 듣고 살아서 아주 익숙해져 있기 때문에 선택할 수 있다. 특정한 분야에서 특출한 능력을 발휘하기 때문에 일을 선택하는 사람도 있다. 예컨대 음악인, 무용인, 수학자, 물리학자 같은 사람들이다. 이런 사람들은 이를테면 '아주 희귀하고 아주 이상한' 경우일 것이다.

하지만 사람이 하는 대개의 일들은 그렇게 특출한 능력을 요구하는 것도 아니고 게다가 사람들은 대체로 그리 이상하지도 않다. 현장학습 같은 것을 통해 아무리 사전 체험을 해봤다 하더라도 직접 해보기 전까지는 '코끼리 더듬기' 식으로 그 일을 알 수 있을 뿐이다. 이러한 사정이니, 가장 자연스러운 상황은 '괜찮게 보여서 어쩌다 택한 일인데 하다 보니 썩 괜찮다' 아닐까? 말하자면 '우연한 선택이 필연이 되는 상황'일 것이다.

이렇게 보면 나는 행운에 속하는 편이다. 잘 모르고 선택했지만 하다 보니 참 흥미롭고 자꾸 더 하고 싶은 일이 되었으니 말이다. 그렇다고 해서 항상 이러했느냐, 지금도 항상 이러하냐 하면 전혀 아니다. 대학 다닐 때는 영 재미없었다. 건축이란 작업이 매력적임을 알게 되긴 했지만 내 한 몸 불살라(?) 혼신의 힘을 다해서 일하고 또 즐길 수 있는 일이냐에 대해서는 그리 확신도 없었고 열정도 없었다.

진짜 열정이 불붙은 것은 사회에 나와 실제 일을 해보고 나서다. 설계하는 일이건 현장에 나가는 일이건 재미있었다. 알고 싶은 것, 하고 싶은 일도 당연히 많아졌다. 묻고 싶은 것, 보고 싶은 것도 많아졌다. 구체적인 의문이 생기니 일하는 게 훨씬 더 재미있어지고 공부를 더하고 싶은 생각도 들었다. 그래서 유학 생각을 하게 되었고, 유학 중에는 완전히 빠져들며 매혹되었다.

그러나 고백하건대, 그렇게 재미있어 하고 열심히 배웠지만, '과연 건축만이 나의 일인가?' 하는 의문에서는 한 번도 벗어난 적이 없다. 다른 일들도 무척 매력적으로 보였고 아예 다른 일을 해볼까 하는 생각도 자주 했다. 지금도 마찬가지다. 좋은 건축과 좋은 도시에 대한 열정이 샘솟고 우물이 넘치듯 찰랑거리지만 여전히 다른 일들에 대한 생각이 시시때때로 든다. 역시 사람이란 수많은 유혹에서 벗어나기 어려운 것이다.

전공을 바꾼 사람이나 배운 전공과 일하는 전공이 다른 사람에 대해서 나는 꽤 흥미를 느낀다. 대학 시절에 전공을 바꾼 사람들, 대학원에서 전공을 바꾼 사람도 흥미롭다. 작심을 하고 완전히 길을 바꾼 사람은 더욱 흥미롭다. 특히 이공계 공부를 하고 인문사회 쪽의 일로 들어선 사람들에게 나는 각별한 흥미를 느낀다.

예컨대, 시인이자 소설가인 전설적인 이상(李箱)이 아주 매력적인 것은 그가 건축을 공부한 후에 글을 썼다는 점 때문이다. 그의 글이 '건축적'이고, '모던 뽀이'인 그가 진정 모던하다는 점은 그의 건축 체험 때문 아닐까 하는 생각도 든다. 내가 개인적으로 아는 사람들 중에도 흥미로운 사람들이 꽤 많다. 공대에 들어갔지만 결국 인문사회 분야에서 일하게 된 사람, 이공계 공부를 하다가 죽어도 글을 쓰겠다고 국문학을 택해서 시인이 된 사람, 국어 교사를 하다가 결국 화가가 된 사람 등 흥미 만점의 사람들이다.

　이들은 '하고 싶은 일에 대하여 뚜렷한 의식을 가지게 된 사람'들일 것이다. 대학에서 어떤 전공을 택해 공부했지만, '이건 아닌 듯싶다'는 의문이 들 때 '어떤 일이 자신의 생리에 맞느냐'라는 질문에 대해 열심히 고민하고, 그런 자의식을 행동으로 옮긴 용기 있는 사람들이다. 그리고 그 선택을 자신의 운명으로 만든 사람들이다. 그래서 그런 사람들은 사람으로서도 매력적인 모양이다.

　그러나 자신의 길을 바꾼 사람들은 그 과정에서 오죽 고민이 많았을까. 오죽 딜레마에 부딪혔을까. 얼마나 어려운 고비를 넘겼을까. 얼마나 많은 벽에 부딪혔을까. 자신의 선택에 오죽 갈등을 했을까. 그럼에도 불구하고 자신의 선택을 필연으로 만들기 위해서 오죽 노력을 했을까.

　당신도 선택한 일을 운명으로 만드는 슬기를 가져보라. 어차피 처음의 선택이란 잘 모르고 하기 십상이다. 그 일에 온몸, 온 혼으로 빠져보고 난 후에야 비로소 그 일은 자신의 운명이 될 수 있을지도 모른다. 그렇다고 한 번 선택은 영원한 선택이라고 받아들일 것도 없다. 특히 대학의 전공 선택은 일생의 시간을 따져보면, 극히 짧은 기간의 공부일 뿐이다. '이것이 내가 하고 싶은 일인가?'라는 의문에 부딪히면 과감하게 다른 옵션들을 실험해보고 또 다른 선택에 도전할 수 있는 것이 우리의 인생이다.

### 당신이 내키는 일을 하라

자신의 생리와 일의 생리가 맞으면 최고의 궁합이다. 자신의 생리를 잘 관찰하는 것만큼 일의 생리를 파악하는 노력도 더불어 해야 한다.

"당신이 내키는 일을 하라. 당신이 저절로 즐거워지는 일을 하라." 이것이 자신의 생리를 따라가는 법이다. 사람의 행위에 있어 '내키지 않는다'는 것만큼 강력한 장애물은 없다. '내킨다'는 것만큼 강력한 드라이브는 없다. 왜 내키냐? 생리에 맞기 때문이다. 똑같은 일도 누가 하느냐에 따라 상당히 다른 결과가 나온다. 자기에게 맞는 일을 하면 신 나고 즐겁고 호기심도 더 생기기 때문이다. 자신의 생리는 절대로 속일 수 없다. 생리에 맞는 일을 하는 것이 자신의 행복이요, 가정의 행복이요, 사회의 행복이다. 내키는 일을 하는 사람들이 많아지면 많아질수록 우리 사회는 훨씬 더 행복해질 것이다.

물론 생리에 거스르는 일을 할 수도 있다. 그것도 어떤 사람은 신기할 정도로 잘 해낸다. 많은 것을 참으면서도 말이다. 그러나 그 사람 한구석에는 응어리가 생길지도 모른다. 치유가 쉽지 않은 응어리일지도 모른다.

대체로 실무 세계에서 몇 년여 일하고 나면 누구에게나 의심이 찾아온다. 과연 나에게 맞는 일을 하고 있는 것일까? 사실 이 시절의 선택이 초년의 선택보다 훨씬 더 중요하다. 허겁지겁 배우려고만 했던 상황에서 벗어나 전문 지식도 생기고 분야의 전모도 보이고 다양한 옵션이 보이는 때다. 그 어느 때보다 자신의 생리와 잘 맞는 세부 분야를 택해서 집중하는 것이 필요한 단계다.

자기가 얼마나 변화에 강한가, 사람에 강한가, 직접 일을 붙드는 현장에 맞는가 아니면 항상 새로운 정보로 새 사업을 구상하는 기획직에 맞는가, 바쁘게 보내는 체질인가, 판단하는 데 시간이 걸리는 타입인가, 순발력이 뛰어난 편인가, 직접 사람을 다루는 일을 해야 하나 등 잘 관찰해볼 필요가 있다. 이때 하는 선택이 당신의 10년 뒤를 이끌 가능성이 가장 높기 때문이다.

평소에 자신의 생리를 읽는 습관을 기르는 것이 좋다. 물론 남이 보는 나에 대해서도 귀를 기울여보라. 당신이 못 보는 그 무엇을 보여줄 것이다. 그러나 누구보다도 나는 나에게 가장 뛰어난 관찰가이자 분석가 아닐까?

# 7강

## 나도 인정받고 싶다.
## 어떻게 인정받을 수 있을까?

"나도 인정받고 싶다. 어떻게 하면 인정받을 수 있을까? '나'를 인정하게 하려면 어떻게 해야 할까? 내가 하는 '일'을 인정받으려면 어떻게 해야 할까?"

'인정'이란 평생 따라 다니는 과제다. 일에서는 물론이고, 하물며 부부 사이, 부모자식 사이, 친구 사이, 연인 사이에서도 '인정'이라는 문제가 관건이 된다. 자신의 존재 가치를 인정받기 원하는 심정은 인지상정이다. 아무리 자신에 대한 기본적인 믿음이 있다 하더라도 남의 인정을 받으면 자신의 존재 가치를 새삼 확인하게 되니, 기분 좋고 신도 나고 기도 살아난다. '자존감'과 '인정'의 상관관계는 정방향인 것이다. 어린아이부터 청소년, 젊은이, 어른까지 다 마찬가지다.

그러나 다들 체험하는 바와 같이 인정받는다는 것은 결코 쉬운 일이 아니다. 인정은커녕 주목도 못 받고, 주목은커녕 그림자 같은 존재가 되어버릴 수도 있다. 아예 존재 자체를 무시당하는 경우도 적지 않다. 이런 상황에서 애타고 속이 부글부글 끓고 자신감은 점점 없어지고 의욕이 떨어지는 상황은 누구나 경험해봤을 것이다.

우리는 알게 모르게 서로를 평가한다. '정'으로 이어진 사적인 인간관계에서도 각자의 퍼포먼스가 서로 평가의 대상이 되는데, 사회적 관계에서는 더 말할 것도 없다. 나는 '프로란 남이 평가하는 나'라는 정의를 내렸던 바 있는데, 분명 그렇다. 인정하기 싫지만 그런 것이다.

내가 아무리 실력이 있고 성의가 있고 일을 잘한다고 자부해도 일단 사회로 나가면 훨씬 더 냉정하고 때로는 가혹하기조차 한 평가를 받는 것이다. 물론 인간 존재 자체로서의 존엄성, 자기 자신과의 싸움의 가치는 누구도 부정할 수 없다. 그러나 인간 사회에서 우리는 남의 평가에 의해 존재를 인정받는다.

이 냉정한 사실을 담담하게 인정하는 데에서부터 우리는 시작할 수 있을 것이다. 남들과의 관계로부터 벗어날 수 없다는 사실을 너무 무겁지 않게 그렇다고 너무 가볍지도 않게 기꺼이 받아들이자. 우리는 우리 자신을 너무 과소평가 또는 너무 과대평가하고 있는지도 모른다. 사실 '남이 평가하는 나'라는 것도 결국 우리 자신으로부터 시작하는 것 아닌가? 남의 인정, 남의 주목을 의식하되 왜 인정받는지, 왜 주목받는지, 왜 인정받아야 하는지, 왜 주목받아야 하는지, 나 자신의 기준을 세워보자.

# '주목의 법칙'을 익혀라

'주목'이라는 행위란 사람과 사람 사이에서 주고받는 게임이다. 마치 시소게임과도 같다. '시소(see-saw)'란 '보였다-안 보였다' 하는 게임이다. 올라갔다 내려갔다 한다. 상대만이 아니라 나도 그렇다. 나의 무게와 상대의 무게에 따라 속도도 달라진다. 주목이 시소게임과 비슷하다고 생각하면 우리는 훨씬 더 마음 가볍게 살 수 있지 않을까? 마음을 비워보자. 힘을 빼보자. 즐기자. 그리고 다음과 같은 주목의 법칙을 익히자.

첫째, 주목의 지속 기간은 아주 짧다. 사람은 싫증을 잘 낸다고 생각하면 정확하다. '유행'을 생각하면 되고 '스타'를 생각하면 될 것이다. 과욕을 부리지 말자는 것이다. 주목을 받지 않으면 허해지는 심리를 극복하자.

둘째, 주목의 시각은 다양하다. 주목의 초점은 상당히 다르고 주목은 여러 사람들로부터 나온다. 특정한 사람의 주목에 너무 신경 쓰지 말라는 뜻이다. 당신을 인정하지 않는 사람이 있는가 하면 분명 당신을 인정하는 사람도 있게 마련이다. 당신의 그 어떤 점을 인정해주는지, 당신의 그 무엇을 주목해주는지 파악해보자.

셋째, 주목은 상대적이다. 주목을 해주면 주목을 받는다. 사람의 관계는 놀랍도록 상대적인 관계인 것이다. 서로를 인정하는 사이가 되는 것이 좋다. 상대의 반응에 연연하지 말고 내가 먼저 주목해보자. 주목할 만한 사안, 주목할 만한 사람이 있다는 것에 행복해하자.

넷째, 주목이란 구속이다. 주목을 한번 받기 시작하면 그때부터 부담은 시작된다는 것을 잊지 말자. 신참의 혈기나 '루키(rookie)'의 자유를 갖기 어려워진다. 주목받으면 그때부터 남의 눈을 의식한다는 피곤함에서 벗어나기 어렵고 부담은 커지게 된다.

다섯째, 주목이란 허망하다. 주목의 최고의 상태는 자신이 잘 모르는 사람으로부터 받는 것이다. 바로 '인기'다. 그러나 인기만큼 덧없는 것, 인기만큼 배반을 잘 하는 것이 있으랴. 배반이 아님에도 불구하고 배반으로 느끼는 심리에서 벗어나보자.

여섯째, 주목이란 즐거움이다. 즐거움을 주는 사람은 주목을 받는다는 것을 잊지 말자. 주목받는 것에 즐거움을 느끼는 사람은 사람들이 더 주목해준다. 주목해주는 사람, 인정해주는 사람에게는 고마움을 느끼게 된다. 이렇게 오고가는 즐거움은 아주 즐거운 것이다.

이러한 주목의 법칙, 즉 주목은 짧고, 다양하고, 상대적이고, 구속적이며, 허망하기조차 하다는 것을 알되 또 더없이 즐겁다는 특징을 담담하게 받아들이면, 속상할 일이나 상처받는 일이 훨씬 더 줄어든다. 사람과 사람 사이에 일어나는 주목의 게임을 비로소 객관화하게 되고 상대와 나 사이에 어떠한 상황에서 어떠한 역학이 생기는지 구체적으로 파악할 수 있게 된다. 잘 관찰해보자.

### '쓸모' 있을 때, '바로 그때' 인정받는 것뿐이다

첫 번째 우리가 의식해야 할 것이라면, 사람이란 그 사람이 필요한 때 인정받는다는 사실이다. 더도 덜도 아니다. 냉정한 사실이다. 한마디로 하면 '쓸모'다. '쓰일 자리'에 '쓸모'가 맞으면 그 사람은 정확히 인정받게 마련이다. "그 사람 참 멋있지, 저 친구 참 능력 있지, 사람 참 좋아" 하고 막연하게 칭찬하는 것은 별 소용이 없다. 아무리 멋지고 아무리 능력 있고 아무리 심성이 좋아도 그 자체로 썩 중요치 않다. 인정받으려면 필요한 순간에, 필요한 자리에, 원하는 방식으로 그 존재가 인식돼야 한다. '일'이라는 공적 측면으로 보면, 꼭 필요할 때 꼭 필요한 자리에 꼭 필요한 기능으로 있어주는 사람처럼 고마울 데가 없다. 만약 그 사람이 수준 이상의 쓸모를 보여준다면 그 사람은 '확실히' 인정받는다.

두 번째 사실이라면, 쓸모란 '계속' 인식시켜주어야 한다는 것이다. 상황은 계속 변화하게 마련이니 '필요한 때'란 시시각각으로 달라지기 때문이다. 일에서 뿐인가, 개인 관계에서도 마찬가지다. 비유하자면, '사랑하는 마음'만 가지고는 안 되고 '사랑의 표현'이 지속적으로 있어야 한다. 그런데 문제는, 사랑이란 마음만 먹으면 언제나 표현이 가능하지만 쓸모란 언제나 보여주기는 쉽지 않다는 것이다. 꾸준하고 착실하게 해야 하는 일일수록 당장 쓸모가 부각되지 않는 경우도 많다.

'쓸모'와 '쓰일 자리'라는 관점으로 보면 확실해진다. 만약 당신이 지금 인정을 못 받고 있다면, 당신의 쓸모를 보여줄 상황에 부합되지 않고 있을 뿐이다. 자신의 '쓸모'와 상황의 '쓰일 자리'에 대해서 차분하게 냉정해져보자. 자신을 갉아먹는 고민은 훨씬 더 줄어들 것이다.

나는 사람을 볼 때 '쓸모'를 예의 주시하는 편이다. 평소에 잘 보아두었다가 '쓰일 자리'가 생기면 바로 연결한다. 내가 직접 하는 일일 수도 있고 남이 하는 일일 수도 있다. 추천도 하고 권유도 한다. 쓸모가 맞는 사람을 찾아내면 일의 반은 이미 해낸 셈이나 마찬가지니 평소 부지런히 찾아두어야 한다. '인재'라는 게 특별히 따로 있는 것이 아니라 그 일에 맞는 훈련을 쌓아올린 사람이 어느 시점에 쓸모 있는 인재가 되는 것이다. 잡 인터뷰의 속성이 바로 이렇다. 그 사람의 쓸모가 그 직장의 쓰일 자리에 들어맞으면 채택된다.

　사람마다 쓸모가 다르다. 한 사람이 모든 쓸모를 갖출 수도 없다. 하나의 소설가가 모든 장르의 소설을 쓸 수 있는 것이 아니듯, 하나의 사진가가 모든 영역에서 탁월한 실력을 발휘하는 것이 아니듯, 하나의 가수가 모든 장르의 노래를 잘할 수 있는 것이 아니듯 어느 분야에서도 마찬가지다. 전문직 영역은 물론 일반직 영역에서도 정도의 차이는 있지만 쓸모는 무척 다르다. 앞 장에서 생리 성향을 읽어봤듯이, 정리 잘하는 사람, 일 잘 벌리는 사람, 사람 만나는 일 잘하는 사람, 쌓인 자료에서 무엇을 뽑아낼지를 잘 아는 사람 등 각기 특색이 있다. 기획직, 영업직, 마케팅직, 관리직, 홍보직, 판매직, 비서직 다 각기 필요한 능력이 조금씩 다르다.

　구체적인 '쓰일 자리'에 대한 '쓸모'를 따진다면, 이른바 스펙에 지나치게 구애받을 필요가 없다. 팀 작업을 이끌어본 사람들이 대부분 자각하게 되는 사실은, 과잉 자격이 문제를 일으키는 경우가 훨씬 더 많다는 사실이다. 선진사회에서는 오히려 종종 '과잉 자격(over-qualified)'을 문제 삼는데, 그만큼 쓰일 자리와 쓸모의 매치를 중요시 여긴다는 뜻이다.

　누구에게나, 자신의 쓸모를 입증할 수 있는 기회는 기어코 온다. 있는 실력 없는 실력, 아는 실력 모르는 실력, 입증된 실력 숨은 실력 모두 남김없이 발휘해야 할 때다. 바로 그때 진짜 실력을 발휘하라. 주목을 받으려면 어떤 계기가 필요하다. 사람이란 이상한 동물이어서 어떤 순간에 갑자기 눈에 띄면 더 능력 있어 보이고 더 예뻐 보이고 더 믿음직스러워진다. 있는 듯 없는 듯 성실하고 꾸준하게 일하는 사람은 물론 고맙다. 그러나 그 고마움 이상으로 '바로 그때' 실력을 발휘해주는 사람은 훨씬 더 강한 인상을 준다.

아마 자신의 지난 시간을 돌아보면 그런 크고 작은 순간들이 떠오를 것이다. "아, 그때 그 사람 눈빛이 분명 반짝였어! 아, 그 일 이후에 내가 확실히 자리 잡았어! 아, 그때 정말 내가 제대로 했어!" 하는 식으로 말이다. 나 역시 돌아보면 확실히 이런 계기가 있었다. 대학 졸업 후에 '저 친구 계속 일하겠어?' 여기는 듯하던 한 교수님의 일을 도와드리던 중에 내가 구조도면을 제대로 그려내는 것을 보고 '어, 이 친구 봐라……' 하시던 눈빛을 나는 기억한다. 동년배 친구들이 잘 안 하려 드는 일을 해내니까 그 교수님은 나를 갑자기 다시 보게 되신 것이었다. 보스에게 인정받는 순간도 있었다. 외부 평가위원들에게 발표하는 자리에서 업무에 대한 내부 의견과 나의 의견을 적절하게 섞어서 얘기할 때 보스의 눈빛은 분명히 '어, 이 친구가?' 하는 찬탄의 빛이었다. 기분 좋은 순간이었다. 그 후 대외적인 일을 완전히 믿고 맡기는 것에서도 느낄 수 있었다.

분야에서 폭넓게 주목받는 순간도 있었다. 세계 스타급 전문가들이 모인 국제회의에서 청중석에 앉아 있다가 질의 시간에 손 번쩍 들고 질문을 했던 적이 있다. 그때는 잘 몰랐지만 나중에 알고 보니 바로 그 순간이 내가 전문계에서 폭넓게 주목받는 계기가 되었다고 한다. "어, 저 친구 누구야?" 했었단다.

당신에게도 분명 이러한 기회가 온다. 그 기회가 정말 '바로 그때'인지 미리 알 길은 없다. 그래서 '바로 그때' 실력을 발휘하여 확실한 인상을 심을 수 있도록 평소에 칼을 갈고 닦는 것이 절대적으로 필요하다. 물론 그 반대도 성립한다. 기회가 주어졌는데 제대로 못해내면 그야말로 엉망진창이 되는 것이다. 다시 기회를 얻는 데에는 훨씬 더 긴 시간이 필요할지도 모른다. 그러나 기회를 못 살릴 위험 때문에 계기를 마다할 수는 없지 않은가. 준비된 사람이라는 것은 바로 이런 상태를 말한다. 칼을 갈고 닦자. '바로 그때' 실력을 발휘하기 위해서.

### 미래가 있어야 주목을 받는다

사람은 '당장의 쓸모'만으로 인정받는 것은 아니다. 사람은 그의 '미래' 때문에, 정확하게는 그의 '가능성' 때문에 더욱 주목받을 수 있다. '쓸모'의 기간이 길어지기 때문이다. 사람들이 왜 젊은 사람들을 더 주목하겠는가. 쉽게 말하자면 그만큼 더 오래 써먹을 수 있기 때문이다. 앞으로 얼마나 더 클지, 어떤 기량을 더 익힐지, 얼마나 더 중요한 일을 해낼지, 그 잠재력에 대한 기대가 작용하는 것이다.

경력 세대나 원로 세대가 인정을 받는 것은 그들의 '과거 퍼포먼스를 기반으로 한 현재의 역량' 때문이지만, 만약 그 사람에게 아무 미래가 없다면 그냥 '지나간 사람' 또는 '지나갈 사람'으로만 여겨질 것이다. 안타까운가? 기분 나쁜가? 물론 기분은 그리 개운치 않다. 그러나 담담하게 인정하자. 스스로 훨씬 더 냉정해질 수 있어야 한다.

"아니 왜 사라질 사람에게 일을 맡기는가, 떠오를 사람을 발탁해야지……." 거품경제 시절 대기업들이 유명한 외국 건축가들에게 일을 맡기는 유행이 불었을 때, 내가 안타까워서 한 말이다. "이미 유명한 건축가들은 앞으로 활동 기간이 짧아서 자신의 프로젝트를 홍보할 기간도 짧고, 그들은 너무도 유명해서 한국의 프로젝트는 소홀히 할지도 모른다. 차라리 이제 주목받기 시작한 건축가를 발탁하는 것이 훨씬 더 효과 있지 않겠는가. 열심히 작업을 할 터이고 또 열심히 자신의 프로젝트를 세상에 알리려 들 테니까." '당장의 쓸모'에만 훨씬 더 관심이 큰 기업의 속성 때문에 나의 바람은 그 당시 별로 반영되지 못하고 말았지만, 최근의 변화를 보면 나의 조언이 효과를 드러내기 시작하는 것 같다.

우리 자신이 평가될 때에도 항상 '지금의 능력'과 '미래의 잠재력'이 플러스되기 마련이다. 꾸준하게 일할 친구인가, 훈련을 잘 시키면 잘 클 친구인가, 기회를 주면 재목으로 자랄 친구인가, 혹시 중간에 뛰쳐나가버릴 친구는 아닌가, 이직을 하더라도 우리와 계속 관계를 가질 만한 친구인가, 어디에 가서 일하든 한 역할 할 만한 친구인가 등의 기준이 사람을 평가할 때 작용하기 마련이다. 이른바 '잠재력'에 대한 평가가 알게 모르게 크게 작용하는 것이다.

냉정하게 말하자면, 여성들의 취업과 승진에 대해서 남성에 대해서보다 훨씬 더 인색한 것은 바로 미래 잠재력에 대한 불안이 작용하기 때문이다. 선입견이 크기도 하거니와 남성에게 기회를 더 주는 것이 안정적이라고 하는 고정관념이 작용하기도 한다. 이런 선입견과 고정관념에 맞서야 하는 커리어 여성들은 훨씬 더 고전하게 된다. 기울어진 운동장에서 불공정 게임을 한다는 느낌까지 들 때가 한두 번이 아니다. 커리어 여성들은 한편으로는 제도적으로 그런 불공정을 고치는 노력을 하면서, 다른 한편에서는 개인적으로 미래 잠재력에 대한 신뢰를 쌓아올리는 노력을 같이 할 수밖에 없는 이중적 부담을 지게 되기도 한다. 힘들지만 하자. 한 가지 좋은 점이라면, 한번 신뢰를 받기 시작하면 훨씬 더 큰 신뢰를 받을 수 있다는 점이다.

'미래에 대한 믿음'이란 능력에 대한 믿음보다도 태도에 대한 믿음이라는 것을 잊지 말자. 머리, 배경, 학력, 경력이 아니라 그 사람이 스스로 갖추고 있는 태도는 은연중에 나타난다는 것을 잊지 말자.

누구에게나 자신의 쓸모를
입증할 수 있는 기회는 기어코 온다.
바로 '그때' 진짜 실력을 발휘하라.

## '실력 플러스' 역시 실력이다

"실력이 있어서 된 건가? 연줄이 있어서 된 거지……." 이런 얘기를 많이 듣기도 했을 것이고, 또 자기도 모르게 이런 말을 뱉거나 이런 생각을 한 적이 많을 것이다. 여기에는 비판과 한탄이 섞여 있다. 불행하게도 우리 사회는 여전히 특혜와 반칙이 횡행하고, 독점 체계가 공고할 뿐 아니라 불평등 수준이 높다. 게다가 일을 일로써 엄정하게 평가하는 합리적 풍토가 제대로 자리 잡지 못하고 있다. 대기업과 대형마트와 프랜차이즈 기업들의 포식 속에 도태해가는 중소기업과 골목 상권, 원청자와 하청업자의 차별, 입시 비리와 채용 비리, 승진 비리와 고위직 로비, 입찰 비리와 수주 비리 등과 같은 고질적인 문제들은 물론이거니와 일에서도 일로써만 평가되지 않는 분위기가 여전히 있다. 그래서 이런 말이 적잖이 나오는 것이다.

그러한 현실을 바로 잡으려는 노력은 노력대로 하되, 우리의 마음 건강을 위해서 생각을 고쳐먹어보자. 사람은 전문적인 실력만으로 인정받는 것은 절대로 아니기 때문이다. '실력 플러스'라 볼 수 있는, 예컨대 네트워킹 능력, 결단력, 추진력, 판단력, 행정력, 섭외력, 사교력, 정치력, 자금 동원력, 친화력 등의 변수는 무시하지 못한다. '서로 편한 관계, 서로 통하는 관계'도 무시하지 못할 변수다. '실력 외의 실력'이다.

혈연, 학연, 지연 같은 변수들 때문에 전혀 실력 없는 사람들이 등용되는 것은 문제이지만, 인간 사회에서는 '실력 플러스'가 작용하는 것이 현실이자 또 자연스러운 현상이다. 상대적으로 부정부패가 덜한 선진사회에서도 '실력 플러스'는 정확히 실력으로 인정받는다. 전문 실력을 갖춘 층이 워낙 두텁기 때문에 오히려 '실력 플러스'라는 변수가 더욱 중요해지는 경우도 많다.

만약 전문 실력만으로 승부하고 싶다면 그런 성향의 부문을 택하면 된다. 예컨대, 특정 분야의 엔지니어, 분석가, 특수 분야의 전문의나 기술직 같은 경우에는 '실력 플러스'는 크게 문제되지 않을 수도 있다. 그러나 사람 사회에서 대부분의 일이란 전문 실력만으로 해낼 수 있는 것이 아니다. 나만큼 또는 나 이상의 전문 실력을 가진 사람은 이 세상에 훨씬 더 많을 가능성이 농후하다. '실력 플러스'를 이렇게 갖추느냐에 따라 당신의 쓸모, 당신의 미래, 당신의 실력에 대한 평가는 확연히 달라진다는 것을 잊지 말자.

문제는 있다. 이런 '실력 플러스'의 능력들은 스펙만으로는 잘 판가름이 안 된다는 것이다. 학력이든, 성적증명서이든, 토익 성적이든, 갖은 자격증으로도 이른바 현장에서 실제적인 일을 할 때 필요한 능력을 갖췄는지 여부가 잘 드러나지 않는다. 자기소개서를 열심히 들여다보는 것도, 학업계획서나 업무계획서를 받아보는 것도, 학교 활동 외에 어떤 활동들을 해왔는지 보는 것도, 인터뷰를 여러 방식으로 해보는 것도, 그동안의 경력을 이모저모 들여다보는 것도, 주변의 추천 평을 찾아 들여다보는 것도 혹시 이 사람의 '실력 외 실력'이 얼마나 괜찮은지를 검증해보고 하는 것이다. 서류에서는 드러나지 않는 실력 외의 실력이 현실 세계의 업무에서는 긴요하게 필요한 경우가 많기 때문이다. 아마도 당신이 주목받지 못하는 이유는 당신이 가지고 있는 이러한 실력 외 실력을 제대로 어필하지 못했기 때문일지도 모른다. 한번 자신의 실력 외 실력을 점검해보고, 어필할 기회를 노려보자.

**인정받으려면 먼저 남을 인정하라**

그런데 실제 상황에서 인정받는 비법이라는 것이 있기는 있나? 물론 어느 정도의 실력을 갖춘 상황을 전제로 한다. 준비되지 않은 사람이라면 남의 인정에 대해서 신경 쓰기 전에 자신의 실력을 갖추는 데 애를 쓰는 것이 맞을 것이다.

그 첫 번째 비법은, '자신이 인정받고 싶으면 남을 먼저 인정하라'라는 평범한 진리다. 누구든지 인정받고 싶어 하는 심리를 먼저 헤아려주라는 얘기다. 상대에게서 그 어떤 점을 찾아내서 그것을 주목해주고 칭찬해주는 것이다. 자기를 낮추는 겸손함과는 다르다. 상대에 대한 관심을 표현하는 것이다. 사람으로서의 관심, 프로로서의 가능성에 대한 관심을 보이는 것을 말한다. 행하기 쉽지 않은 진리이니만큼 더욱 유념할 필요가 있다. 이렇게 하는 사람은 결국 어느 시점이 되면 주목을 되돌려 받는다.

사람은 자신에게 관심을 가진 사람을 주목하게 마련이다. 사람 관계의 근본 이치다. 호의를 지속적으로 느끼면 그 호의에 대한 응답을 해주고 싶어 하게 되고 언젠가는 기회를 마련해주기도 한다. 서로 좋은 기회가 만들어질 수도 있다. 윗사람이나 아랫사람이나, 옆 사람이나, 친구나 다 마찬가지다. 서로 관심을 가져주는 것, '진정' 관심을 가지고 있음을 서로 느끼게 해주는 것은 관계 맺기의 시작이 되는 것이다.

물론 주의할 사항은 있다. 속 빈 관심 표현은 자칫 문제가 된다. '기분 좋게 아첨하라!'는 처세술이 최근 심심찮게 회자되는데 그것이 쉽지 않은 것은, 사람들은 놀랍도록 '립 서비스'를 잘 구분한다는 사실 때문이다. 마음에서 우러나와서 하는지, 그저 입바른 소리만 하는 건지, 진정 자신에게 관심을 갖고 있는지, 관심 있는 척만 하는 건지 본능적으로 파악하는 것이다. 앞에서는 모른 척하고 고맙다고 인사하면서 속아 넘어가주는 척도 하지만 속으로는 진짜인지 아닌지 곧장 알아챈다는 사실을 잊지 말자.

스스로 먼저 주목해주는 행위에는 아무래도 윗사람이 훨씬 더 유리하다. 작은 말 한마디로도 관심을 보일 수 있고 조금만 각별하게 신경을 써주면 완전히 마음을 얻을 수 있을 정도가 된다. 부모, 선생, 선배, 상사, 보스, 고위직 등 파워 관계에서의 윗사람들이 아랫사람들에게 인정을 받지 못한다고 느낀다면 가장 먼저 고민해야 할 것은 자신이 진정 충분한 관심을 보이고 있느냐를 돌아보는 것이다. 그리고 모든 사람들은 자신이 윗사람이라는 위치에 있음을 의식할 필요가 있다. 나이 한 살 차이에도 아래위가 성립되니 말이다.

　많은 사람들을 대해야 하는 윗사람들은 '열 손가락 깨물어 안 아픈 손가락 없는 마음'으로, '오직 너만 이 순간 존재할 뿐'이라는 태도를 갖추면 좋을 것이다. 훈련을 할 필요도 있다. 클린턴 전 대통령의 연설을 두고 "오직 나에게만 얘기하는 것 같다"라고 사람들이 평하는 걸 보면, 놀라운 친화 능력이 아닐 수 없다. 수많은 사람을 만날 터인데도 한 사람 한 사람을 주목하는 듯한 인상을 준다는 것은, 실제 사실이건 아니건, 사람을 끌어당기는 비법을 갖고 있다는 것이다.

　아랫사람은 주목을 받는 것은 물론 주목을 주는 것도 훨씬 더 힘들다. '수많은 사람 중 하나'로 보이게 마련이니 말이다. 그러나 역시 마찬가지다. 열심히 집중하는 모습, 관심 있는 눈빛, 대화하려는 태도, 상대에게 몰입하는 자태는 분명히 눈에 띄고 실력 플러스로 인정받는다. 언젠가 분명 응답이 온다. 인정을 표시하는 방식은 여러 가지다. 단순한 눈 접촉, 성의 있는 악수, 관심을 표명하는 한마디 말, 질문, 부탁 등. 별것 아닌 듯하면서도 인상이 쌓인다. 상대에게 관심을 표명하면 당장은 아니라 할지라도 그 언젠가는 반응이 온다는 믿음을 가져라. 짝사랑 같다고? 짝사랑도 사랑을 주는 사람에게 훨씬 더 의미가 깊은 법이다.

**어떤 경우에나 예의를 지켜라**

서로 잘 모르는 사람 간의 주목의 게임에서 '예의'를 지키면 '예우'를 받을 수 있다. 서로 잘 아는 사람 사이에서도 가장 기본이 되는 예의를 지킨다는 것은 무척 중요하다. 그러나 이 단순한 사실을 실천한다는 것이 그리 쉬운 일은 아니다. 현실적인 이유들은 정말 많다. 첫째, 세상에 하도 예의를 지키지 않는 사람들이 많으므로 나만 손해 보는 것 같다. 둘째, 안하무인격의 사람들을 보면 끓어올라서 같이 치받고 싶어진다. 셋째, 예의를 차리면 혹시 너무 딱딱하게 보일까 걱정된다. 넷째, 예의를 지킨다고 하는 것이 뭔지 솔직히 잘 모르겠다. 첫째 사항은 우리 모두 겪는 피해의식이다. 둘째 사항은 우리 모두 겪는 분노다. 셋째 사항은 우리 모두 겪는 갈등이다. 넷째 사항은 우리 모두 겪는 불확신이다.

첫째, 둘째의 경우에는 참으라고 할 수밖에 없다. 아무리 끓어오르더라도 공적인 자리에서는 참는 것이 결국 훨씬 더 이롭다. "물어뜯을 정도로 싸우고 나서 더 친해졌다"는 얘기가 무용담으로 회자되지만 대개 예외적인 경우이니 너무 믿지 않는 것이 좋다. '열혈 폭발'이 독특한 스타일로 받아들여지는 예술계, 연예계, 스포츠계, 정치계라면 또 모를까. 이들 세계에서도 여전히 폭발하지 않는 것이 더 이롭다. 손해 본다는 느낌이 아니라 오히려 이익이 된다는 느낌으로 마음을 고쳐먹자.

셋째, 넷째의 경우가 오히려 힘들다. 예의를 지킨다고 해서 딱딱해지는 것은 아니건만 역시 사회 분위기 때문에 걱정이 되는 것이다. 너무 점잖으면 개성이 없다고 할까 봐, 예절 바르면 '범생이'로만 보일까 봐 걱정된다. 편하게 대하면 버릇없다고 할까 봐, 자기 스타일로 대하면 너무 튄다고 할까 봐 또 걱정이다. 게다가 '언제 어디서 어떻게 해야 과연 예의인가'에 대한 기준이 확실한 것도 아니다. 변동이 극심하고 가치관이 수시로 흔들리는 우리 사회에서 과연 예의란 무엇인가에 대해서 확신을 갖기가 어디 쉬운가? '무슨 무슨 도(道)'라고 붙이는 것들은 괜찮은 기준이 된다. '스포츠맨십, 기사도, 화랑도, 젠틀맨십, 레이디십, 시티즌십, 네티즌십, 리더십' 등. 수많은 정의가 있지만 기본적인 원칙 역시 있다. 이들 원칙만 지키더라도 우리는 훨씬 더 괜찮은 사람이 되고 우리 사회도 훨씬 더 괜찮은 사회가 될지 모른다.

다음은 현장에서 딜레마를 느끼는 상황이다. 자신이 행하는 예의에 대해서 다시 한 번씩 고민하게 되는 상황이다. 이 상황들을 잘 파악하게 되면 우리는 도가 트는 경지에 이를 것이다.

첫째, '자리'를 가린다. 공적인 자리와 사적인 자리의 차이를 가리는 것은 최우선이다. 공식적인 자리와 비공식적인 자리를 가리는 것도 쉽지 않다. 형식과 법도를 따져야 하는 자리와 캐주얼하게 친밀한 모습을 보여야 하는 자리를 가려야 한다. 훈련하려면 무엇보다 많은 자리들에 가보고 직접 관찰하고 시험해보는 것이 최고다. 사람들이 어떤 인사를 하는지, 어떤 몸가짐을 하는지, 어떤 옷을 입는지 열심히 관찰하고 따라 하면 큰 무리가 없다.

둘째, '위치'를 지킨다. 자신의 위치에 합당한 예의를 지킨다. 위치를 잘 가려보라. 예컨대, 위계의 차이는 다른 어떤 것보다 우선이다. 예컨대, 부탁을 하는 위치에 있는 사람은 나이, 경력, 유명세에 가릴 것 없이 고개를 숙여야 한다. 예컨대, 보고자는 깍듯한 예우를 갖추어 피보고자를 대하여야 한다. 예컨대, 보고받는 사람은 보고자 위치의 역할을 존중해줘야 한다. 예컨대, 다른 위치에 있는 사람들의 역할과 기능은 언제나 존중되어야 한다. 예컨대, 고객은 언제나 왕이다. 말로는 쉽지만 행하기 그리 쉽지 않은 원칙들이다.

셋째, '입장'을 존중한다. 입장의 차이가 있다는 것을 전제한다. 같은 편, 아닌 편을 가르려는 것이 아니라 그저 다른 차이를 있는 그대로 인정하는 것이 가장 중요한 기본 예의다. 사회 각계에서 벌어지는 모든 일들에는 각기의 위치에 따라 입장이 다르다. 어떠한 사건에 대해서도 각기의 입장에 따라 의견이 달라지기도 한다. 그 차이는 틀린 것이 아니라 다를 뿐이다. 물론 인간성의 원칙을 지키는 한에서다.

이렇게 자리를 가리고 위치를 지키고 입장을 존중한다는 심플한 원칙을 행하려면 너무 나서지 않고, 상대를 위협하지 않고, 고압적으로 대하지 않고, 무례하지 않게 대하려는 노력이 필요하다. 지위고하의 차이나 역할의 차이를 인정하고 또한 그 차이란 상대적임을 알아야 한다. 예컨대, 장관은 자기 부처에서는 수장이지만 대통령에게는 참모에 불과하므로 배석하여야 하고, 각료회의에서는 엄연히 서열이 있고, 국회에 나가서는 보고자가 되어야 하고, 위원회의 민간위원들을 깍듯하게 모셔야 한다. 예컨대, 학생 동아리 회장이라 할지라도 학교 총장과의 회의석상에서는 '장대 장'으로 대등하게 품위를 지켜야 하고 그에 합당한 예우를 받아야 한다. 예컨대, 회사 대표라면 회사 안에서는 어떠한 권한도 가지지만 고객에 한해서는 아주 작은 고객에게도 고개를 숙여야 하며, 아무리 작은 회사 대표라도 대외적으로는 당당하게 다른 큰 회사 대표들과 어깨를 마주해야 한다. 예의를 지킨다는 것은 결국 '당당하다'는 것과 통한다. 지킬 것을 지킴으로써 당당한 것이다. 당당하면 결국 예우를 받을 수 있다.

**말의 무게와 침묵의 힘을 익히자**

'말'이란 언제나 가장 중요하다. 사람과 사람의 관계에서 가장 중요한 것이 말이다. 하는 말에 무게가 있으면 남들이 주목하게 마련이다. 관건은 '친밀하면서도 무게 있게 말하는 것'이다. 그런데 이게 어디 쉬운가? 말이 많으면 가볍다 하고 말이 없으면 무겁다 한다. 예의와 법도를 갖추는 어법은 딱딱하다 하고 편한 어법은 경솔하다고 한다. 공적 언어로 얘기하면 무겁다 하고 사적 언어로 얘기하면 버릇이 없다고 한다. 소신을 밝히면 너무 나선다 하고 그렇지 않으면 소극적이라 한다. 무게를 넣으면 목에 힘준다 하고 일상적으로 대하면 매너가 없다고 한다.

말하기란 정말 어렵다. 목표는 세 가지로 귀결된다. '자기 말을 하는 사람'이라는 것. '말을 아끼는 사람'이라는 것. '할 말을 하는 사람'이라는 것. 자기 말을 하는 사람과 들은 말을 옮기는 사람과의 차이는 금방 드러난다. 휘황한 말에 잠깐 속아도 두 번째, 세 번째까지 속지는 않는다. 말을 퍼뜨리지 않는 사람이라는 신뢰는 정말 중요하다. 꼭 비밀 사항이 아니라 할지라도 사적인 대화 내용을 다른 데 옮기지 않을 사람인가, 근사하게 전할 것인가, 또는 좀 걱정되는 사람인가에 대한 신뢰의 문제다. 그런가 하면 꼭 필요할 때 할 말을 하는 것도 빠트릴 수 없는 덕목이다. 할 말을 하는 사람은 비중 있는 사람으로 주목받는다. 이 훈련의 길에 결코 끝이 없다.

그런데 말에 힘을 얹으려면 침묵의 미덕을 익히기도 해야 한다. 어느 때나 어떤 자리거나 어떤 주제에 대해서도 말을 그치지 않는다면 누가 그 말을 온전히 들으려 들겠는가? "침묵은 금"이라는 경구를 말 그대로 받아들이지 않는다 하더라도, 침묵 역시 하나의 말의 표현이기 때문이다.

"김진애 박사는 좀 말을 안 하면 좋겠다." 토론회가 끝나고 애프터 자리에서 동년배인 건축가 승효상이 나에게 했던 말이다. 이슈 지적을 잘하는 나를 비판하는 말이렷다. 나는 변명을 했다. "그런데, 내가 말을 안 하면 더 무서워해요." 좌중이 와르르 웃는다. '그 말 맞다'는 웃음이다. 그렇다. 침묵은 말보다 강하다. 그리고 대체로 평소 말을 꽤 많이 하는 사람이 입을 안 열면 사실 더 강한 메시지가 느껴질 수도 있다. 평소 과묵한 사람이 입을 열면 좌중이 아연 긴장하게 되는 것이다. 확실히 어떤 경우에는 침묵이 훨씬 더 효과적이다. 대체로 언제나 말을 잘하는 편인 나 역시 어느 때는 아예 입을 닫아버린다. 말을 한들 별 소용이 없다고 판단되는 경우다. 그만큼 소통이 안 될 듯싶어서인 것이다.

어렸을 때 입만 열면 하도 이상하다는 소리를 많이 들어서 나는 한동안 아예 입을 닫고 산 적이 있다. 그때 속으로 무척 답답했던 것은 고사하더라도, 사람들은 나를 보고 '부끄럼이 많다'고 했다. 그런가 하면, 재잘대지 않는다고 나를 '무게 있는 틴에이저'로 봐주기도 하였다.

침묵하는 사람에는 세 종류의 사람이 있을 것이다. 말하기 두려워서 입을 안 여는 사람, 말하기 싫어서 입을 닫는 사람, 말하기보다 듣기와 관찰하기를 더 좋아하는 사람. 말하기가 두려워서 입을 안 여는 것 같은 사람이 되는 것은 문제다. 다른 사람들을 위해서나 자신을 위해서나 문제다. 아슬아슬하고 긴장감이 감돌아서 더 만나게 되지 않을 터이니 말이다. 말하기 싫어서 입을 안 여는 것 같은 사람이 되는 것도 곤란할 것이다. 비사교적인 사람으로 보일 터이니 말이다. 아주 가끔씩, 필요한 경우에만 이러해야 할 것이다.

말하기보다 듣기와 관찰하기를 더 좋아하는 것 같은 사람은 정말 축복을 받은 사람이다. 이런 사람은 적절하게 묻기를 할 줄 알고 무엇보다 듣는 태도가 아주 좋을 터이니 모든 사람이 만나고 싶어 할 것이다. 사람들은 대체로 자기가 입을 여는 것을 더 좋아하니, 말을 잘 들어주는 사람을 좋아하는 성향이 있다. 말하기보다 듣기와 묻기와 관찰하기와 생각하기를 더 좋아하는 사람은 실제로 훨씬 더 많은 것을 얻을 것이다. 말로 자기를 쏟아놓는 것보다 귀와 눈으로 더 많은 것을 흡수할 것이다. 축복이다.

우리가 이상적으로 삼아야 할 것은 셋째 종류의 사람 아닐까? 이렇게 침묵할 줄 아는 사람은 분명히 말을 아끼고, 자기 말을 할 줄 알고, 할 말을 할 줄 아는 사람, 즉 말의 무게를 갖춘 사람일 가능성이 농후할 것이다. 이런 사람은 주목을 받지 않으려야 않을 수 없다.

### 자신이 무서워함을 남이 모르게 한다

미국에서 꽤 인기 높던 TV시트콤 드라마 「메리 타일러 무어 쇼」라는 것이 있었다. 활발한 워킹우먼의 삶을 그 시대의 코드로 로맨틱하게 그러나 상당히 현실적으로 그려내서 인기 높던 드라마였다. 주인공은 한 지역 TV방송의 PD겸 작가다. 이 여자의 상사로 루 그랜트라는 배우가 터프한 편집장으로 나온다. 땅딸보에 대머리로 보기만 해도 터프하고 게다가 편집장스럽게 말도 거칠고 매너도 거침없는 인물이다. 속은 따뜻하지만 내색은 전혀 하지 않는다. 그런데 '따뜻함'과 '친절함'의 대명사인 것 같은 주인공 메리가 사방에서 치이고 마음 다치면서 어떻게 하면 강해 보일까 고민을 하고 있으니, 이 터프한 편집장이 은근히 조언 한 수를 둔다. "왜 내가 강해 보이는지 알아? 내가 속으로 얼마나 무서워하는지 사람들이 모르게 하기 때문이야." 나는 꽤나 그럴 듯하게 생각했다. 사람이란 겉으로 드러나는 모습도 중요한 것이다. 무서워하는 것처럼 보이는 사람은 약해 보이게 마련인 것이다.

동물에게 물어뜯기지 않으려면 그 앞에서 무서워하는 모습, 떠는 모습, 도망치는 뒷모습을 보이지 말라는 말이 있다. 약해 보이면 금방 공격을 받는다는 것이다. 공격을 받지 않으려면 자신의 몸집을 크게 보이게 하거나 눈빛으로 제압하고 절대로 뛰어서 도망가거나 뒤로 물러서지 말라는 것이다. 사람도 동물성이 있어서 그런지 무서워하는 모습, 떠는 모습, 약한 뒷모습을 보이는 사람은 물어뜯으려 든다. 사람 본성 중에는 그렇게 잔혹성이 있는 것이다. 때로는 으르렁대면서 주눅 들게 하고, 때로는 냉랭하게 밟아버리기도 하고, 때로는 잔인할 정도로 물어뜯기도 하는 것이 사람이다. '강한 자 앞에서는 약하고, 약한 자 앞에서는 강하다'는 비열한 속성이 인간 속에는 있다. '약육강식(弱肉强食)'의 세계이기도 한 것이 인간 세계인 것이다.

이런 험한 세계에서 살아남으려면 무서움의 표현을 억누르는 것도 필요하다. 밖으로 보이는 모습을 강하게 하는 전략인 것이다. 다만 적절해야 할 것이다. 호언장담하며 전혀 지키지도 못할 약속을 남발하여 자신을 올가미에 얽어서는 곤란하다. 누구의 도움도 필요 없다고 허세를 부린다면 정말 필요할 때 아무의 도움도 못 얻을지 모른다. '절대로'를 남발하여서 신용 없는 사람으로 추락하지 않아야 할 것이다. 너무 모든 것이 잘된다고 자랑하여서 남의 질투를 사지도 않아야 할 것이다. 무서운 세상이니 말이다.

물론, 속으로는 자신의 무서움을 기꺼이 인정해야 한다. 세상은 정말 무섭고, 무서운 세상을 무서워하는 것은 지극히 정상이니 말이다. 무서워한다고 해서 자신을 약하게 볼 이유는 전혀 없다. 무서움이 많은 사람일수록 오히려 용기가 커질 수 있다. 무서움을 이겨내려는 반작용이다. 겁 많은 사람일수록 훨씬 더 신중하고, 겉으로 침착해 보이는 사람이 속으로 수없이 겁을 먹고 있는 것도 사실이다. 성공률이 높은 사람일수록 속에는 무서움과 콤플렉스와 겁이 많을 수도 있다. 훨씬 더 신중하게 돌다리도 두드려보고 건너는 것이다.

다만 자기가 '왜' 무서워하는지 알아야 한다. 가장 큰 무서움은 왜 무서운지 모르면서 무서운, 막연한 무서움이다. 꼭 무슨 일이 일어날 것만 같은 두려운 무서움증이다. 마치 차분한 심리공포영화가 괴물 나오는 시끄러운 공포영화보다 훨씬 더 무서운 것처럼 말이다. 그런 막연한 무서움을 좀 더 구체적인 무서움으로 바꾸어보자. 사실 우리가 느끼는 무서움의 90% 이상은 이겨낼 수 있는 것들이다. 그 원인을 알고 또 어떻게 해야 하는지에 대해 자신의 방침을 정한다면 말이다. 사람이 자란다는 것은 아마도 자신의 무서움을 또박또박 알 수 있게 되는 것인지도 모른다. 알게 될수록 접어둘 것은 접어두는 지혜와 행해야 할 것은 행하는 용기가 생기는 것일 게다. 무서움증이 큰 사람일수록 강하게 자신을 단련시킬 수 있다고 기꺼이 믿어보자.

**욕을 먹기 시작하면, 드디어 큰 것이다**

이 세상엔 '부정적인 주목'도 있다. 남의 입방아에 오르내리는 것이다. 이처럼 곤혹스런 일은 또 없다. 비난과 비방을 듣는 것은 말할 것도 없고 단순한 소문거리만 되어도 스트레스 지수는 엄청 올라간다. 인터넷 댓글과 SNS를 통해서 익명의 폭언까지 듣는 유명인사나 집단 따돌림을 당하는 피해자가 아니라 할지라도 남의 입에 나쁘게 오르내리면 모든 사람들은 괴로워한다. '내가 뭘 잘못했을까? 사람들은 왜 내 흉을 보는 걸까? 내가 문제인가, 저들이 문제인가?' 등.

초보 경력자들일수록 이런 상황에 대한 고민을 자주 토로한다. 특히 직장 내에서의 인간관계 때문에 고민되는 시점인 것이다. 자책하다가, 뒷말하고 욕하는 사람들이 문제 있다고 열을 내다가, 다시 자책하다가를 반복한다. 얼마나 사람들이 다른 사람들의 반응에 대해서 민감한지 새삼 느끼게 될 때다. 결론부터 이야기하자면, 이럴 때는 "욕을 먹으면 오래 산다"라는 옛말을 생각해보라고 나는 권한다. "이제 욕먹을 정도로 큰 거야. 축하해!"라고 격려도 해준다. 비판, 경쟁, 질투, 시기의 대상이 되었다는 뜻이자 주목의 대상이 되었다는 뜻이니 말이다.

옛 어른들은 왜 "욕먹으면 오래 산다"는 명언을 만들었을까? 욕먹는 사람을 위로하려는 역설적인 말이고 그까짓 욕에 괘념하지 말라는 뜻도 포함되어 있을 것이다. 그런데 더 깊은 뜻이 있을 듯싶다. 욕을 먹는 사람은 자신의 에너지를 제대로 쓰고 소신을 펴며 그래서 욕도 먹게 되지만, 오히려 자기 생각대로 살기 때문에 스트레스가 쌓이지 않고 그래서 오래 살게 된다는 뜻 아닐까? 이런 깊은 뜻을 헤아리고 남의 욕을 먹는 것에 너무 구애받지 말자. 자신의 뜻을 펴보고, 소신대로 살아보고, 야심을 펼쳐보자.

물론 어떤 욕을 먹느냐에 대해서 기준을 가져야 할 것이다. 무례하다거나 자기 이익만 챙긴다거나 사람을 이용한다던가 하는 욕을 먹는다면 문제가 있다. 하지만 자신의 소신을 지키기 위해서 하는 행동이 남의 입에 오르내리는 것에 대해서라면 마음 편히 생각해보자. '오래 살겠네' 하고. 남의 시선에 신경을 많이 쓰는 우리 사회라지만 그렇지 않은 인간 사회는 그 어디에도 없다. 남과 함께 살아야 하는 한, 사람은 영원히 남의 시선과 남의 입과 함께 살아야 한다. 기꺼이 욕을 먹자.

욕먹기를 무서워하지 않는 반면 칭찬받기는 오히려 두려워하는 것이 좋다. 칭찬이란 사람을 격려하지만 또 사람을 약하게 하기 때문이다. 많은 경우 욕이란 직접 듣지 못하지만 칭찬은 직접 듣게 될 확률이 높으니 더 나쁜 것이다. 앞에서 칭찬해주는 사람은 당신을 우쭐하게 하면서 약하게 만들지도 모른다. 경계하자. 물론 남에게는 칭찬을 해주는 것이 좋다. 그 사람을 위해서 뿐 아니라 당신 자신을 위해서다. 이왕이면 좋은 점을 찾아서 칭찬해준다면 상대에게 이로울 뿐 아니라 당신 자신도 근사해 보일 것이다.

아예 욕도 먹지 않고 칭찬도 받지 않는 게 나은 걸까? 그건 아닐 것이다. 이런 사람은 무색무취한 사람, 별로 주목할 만한 사람이 아니니 말이다. 잊지 말자, 욕을 먹는다는 것은 당신이 주목할 만한 사람이 되었다는 것을. 은근히 자신감을 가져도 좋을 때가 된 것이다. 가장 좋은 상황은 욕과 칭찬이 섞이는 것이다. 이것이 자연스럽다. 세상에는 당신을 무척 괜찮아 하는 사람도 있어야 하고 당신을 무척 못마땅해하는 사람도 있어야 하는 것이다. 긍정적 주목과 부정적 주목의 비율 균형을 잘 맞춰보자.

**비판하는 법과 비판받는 법을 익힌다**

욕까지는 아니더라도 비판의 행위 역시 주목의 게임에서 피할 수 없는 과정이다. 비판이란 하기도 어렵고 받기란 더욱 어렵다. 물론 비판이란 꼭 필요하다. 비판하지 않는 사람은 세상이 주목해주지 않고, 역으로 비판받지 않는 사람 역시 세상이 주목해주지 않는다.

비판하지 않는 사람은 할 말이 없는 사람으로 여겨진다. 용기가 없는 사람으로 여겨진다. 또 야심이 없는 사람으로 여겨지기도 한다. 비판 능력이란 '재목으로 자랄 만한가'를 가늠하는 잣대라고 할까? 그런가 하면 비판받지 않는 사람 역시 역량이 없는 사람으로 여겨진다. 있어도 그만, 없어도 그만인 사람으로 보인다. 실적 없는 사람, 영향력 없는 사람으로 여겨지기도 한다. '비판받는 능력'이란 '과연 재목인가'를 가늠하는 잣대라고 할까?

생활을 조금만 들여다보더라도 비판하는 능력이나 비판받는 능력이 얼마나 필요한가는 분명해진다. 학교 세계에서 발표란 일상이다. 설득해야 하고 방어해야 한다. 자기와 다른 생각을 가진 사람들과 의논을 하고 논쟁을 해야 한다. 하물며 친구들과의 가벼운 논쟁에서도 말을 제대로 하지 못하고 받아치지 못하면 식식거리게 되지 않는가. 일의 세계에서는 비판하기와 비판받기의 연속이라 해도 과언이 아니다. '발표-의논-토의-토론-논쟁'으로 점철되는 일의 세계, 이 치열함 속에서 살아남지 못하면, 또한 이 치열함을 즐기지 못하면 일의 세계에서 살아남기도 또는 즐기기도 어렵다.

그러나 '비판하기-비판받기'에서 적대적인 관계가 되지 않는다는 것은 얼마나 어려운가? '사람에 대한 비판이 아니라 일 자체, 사안 자체에 대한 비판'이라고 우리는 말하지만 비판 자체가 인간 사이의 관계에까지 영향을 미치는 경우가 많지 않은가. 적어도 다음 몇 가지를 지키려 노력한다면 그나마 우리의 '비판하기-비판받기'는 훨씬 더 생산적이 되지 않을까.

첫째, '사실'에 근거한다. 사실에 충실하면 우선 서로 믿을 수 있다. 사실을 확인하는 성실성을 갖춘다면 비판의 내용도 견실해지고 비판의 주체나 객체나 다 기분이 좋아질 수 있다. 해석 때문에 생기는 갈등은 고사하고 사실 확인조차 제대로 안 하기 때문에 생기는 갈등이 많은 것을 고려할 때, 사실에 대한 존중은 비판 기능의 기본 원칙이다.

둘째, '입장'을 인정한다. 상대편의 입장, 자신의 입장을 구체적으로 밝힌 후에 비판을 주고받으면 적어도 서로에 대한 이해가 확실해진다. 입장이 다르다는 것 자체가 비판의 주제가 될 수는 없음을 우리가 이해한다면 비판은 훨씬 더 알찬 내용이 될 것이다. 상대편의 입장을 전제하는 것은 물론 금물이다.

셋째, '어법'에 조심한다. 비판의 내용이 문제가 아니라 비판의 형식이 문제가 되는 경우가 많지 않은가. '말꼬투리'를 잡고 서로 죽일 듯 살릴 듯 하는 것은 민망한 일이다. 육두문자나 폭로성 어법이나 조롱, 비아냥거림, 빈정거림만 피하더라도 비판은 얼마나 재미있을까. 예의 갖춘 어법을 쓴다면 서로 웃는 얼굴을 하면서도 치열하게 싸울 수 있을 것이다.

넷째, 비판은 '관심'이다. 비판을 한다는 것, 비판을 받는다는 것은 서로에 대한 관심의 교류다. 비판을 한다는 것은 비판의 상대를 일단 인정한다는 뜻 아닐까. 애정 담긴 비판이라면 더욱 최상이겠다. 비판의 객체 역시 그 관심과 애정에 대해서 고마워해야 할 것이다. 서로 관심을 나누는 비판이 될 수 있다면 비판은 참으로 즐거운 게임이 될지도 모른다.

그러나 말처럼 쉽지는 않다. 역시 인간은 불완전하다. 사실을 100% 알 수도 없으며, 상대의 입장을 오해할 수도 있고, 나의 어법과 상대의 어법이 다를 수도 있고, 관심을 표명하는 방식이 서로 다를 수도 있다. 불완전한 인간끼리 서로를 오해하고 곡해하고 왜곡하고 매도하고 단죄하는 일이 수시로 일어나는 불완전한 인간 세계다. 어찌 할 것인가. 우리의 불완전함을 인정할 수밖에. 자신의 불완전함을 인정한다면 비판의 기술도 늘어나리라.

비판을 하라. 상대를 까뭉개기 위해서가 아니라 일을 더 낫게 만들기 위해서. 일을 빼앗기 위해서가 아니라 상대의 능력을 더 높여주기 위해서. 상대의 입장을 힐난하기 위해서가 아니라 그 입장 차이의 결과에 대해 서로 이해하기 위해서. 자존심을 건드리지 말고 상대의 회의감을 불러일으켜라. 코너에 몰지 말고 반박할 여지를 남겨라. 비판을 기꺼이 받아라. 비판을 받는다는 자체에 즐거워하라. 당신은 이미 재목으로 큰 것이다. 그 비판 속에 숨어 있는 뼈대를 찾아보라. 변명하지 말고, 상대를 이해시킬 수 있는 논리를 갖춰라. 무시하지 말고 어떤 입장에서 그런 비판을 하는지 파악해보라. 당신에게 표현되는 애정 또는 증오를 파악해보라. 이러한 노력은 인간에 대한 이해이기도 하다.

비판이란 가장 중요한 인간 기능 중 하나다. 비록 피곤해지더라도 피할 수는 없는 것이 비판이다. 오고가는 비판 속에 우리는 자란다. 비판을 하지도 비판을 받지도 않는 사람이 되지는 말자.

## 가장 어려울 때 유혹을 견뎌라

'주목'이라는 유혹은 이 대중화 시대, 이미지 시대에 가장 큰 유혹 중 하나다. '고고하게 살련다'는 것은 자만이다. '나도 한번 뜨고 싶다'는 것은 오히려 인간적인 고민이다.

인간적인 고민을 대하면서도 꿋꿋하게 자신의 본질을 지켜보자. '주목'이라는 달콤한 유혹에 쉽게 넘어가지 말자. 인간의 많은 불행은 유혹에 넘어가는 데에서부터 시작된다. 남의 주목을 받고 남의 인정을 받는다는 것에 대해서 담담해져보자. 남의 평가는 공정할 수도 그렇지 않을 수도 있다. 기회는 있을지도 또는 없을지도 모른다. 때는 올 수도 있고 또는 안 올지도 모른다. 연연하지 말자. 주목을 받으려 갖은 수를 다 쓰는 것은 참으로 안된 모습이다. 남의 인정을 받지 못하면 좌불안석하는 것은 안타깝다. '언제나 기꺼이 승복하고 언젠가 기꺼이 퇴장한다'는 것만큼 멋진 것도 없다. 드디어 자유를 얻는 것이다. 인정하지 않으려고 퇴장하지 않으려고 아등바등하는 모습은 안쓰럽다. 가장 지키기 어려울 때 자존심을 지켜보자. 자기를 자신이 인정하는 자존심을. 남의 인정에 연연하지 말고 나를 지켜보자. 부디 주목의 유혹에 통째로 넘어가지는 말자. 주목은 때를 가려 올 것이다.

# 8강

## 나는 하찮다. 과연 나는 필요한 존재일까?

"내가 참 하찮게 느껴진다. 보잘 것 없는 존재인 것만 같다. 아무도 나를 중요하게 여기지 않는다. 나를 별로 필요로 하지 않는다. 나는 과연 필요한 존재일까?"

시시때때로 사람은 이러한 의문에 부딪친다. 허허로운 순간이다. 갑자기 모든 것이 허망하게 느껴지면서 '왜 사나' 싶어지는 순간이다. 이런 느낌은 큰 사건보다 아주 작은 일에서 비롯되는 경우가 많다. 친구가 자신을 별로 반겨하지 않는다고 느낄 때, 남편이나 아내가 별로 자신을 필요로 여기지 않는다고 느낄 때, 아이들이 자신을 별로 필요로 하지 않는다고 느낄 때, 동료들에게 말이 먹히지 않을 때, 자기가 한 일이 별로 소용에 닿지 않았음을 알아차렸을 때, 자기 혼자서만 속을 끓이고 있었음을 깨달을 때 갑자기 자신이 하찮게 느껴지고 과연 내가 이 세상에 무슨 필요한 존재일까 하는 의문이 드는 것이다.

차라리 세속적인 성공을 잣대로 하는 고민들, 예컨대 왜 출세를 못하나, 왜 돈을 못 버나, 왜 세상이 알아주지 않나 하는 고민에 시달릴 때는 포기하기 쉬운 편이다. 그러나 사람은 아주 작은 일로 인해서 더욱 회의에 빠지기 쉽다. 일상에서 일어나는 사소한 일, 주변 사람에게서 오는 반응에 의해 흔들리는 것이다. 그만큼 사람이란 나약하다. 자신의 존재감을 인정받고 싶고 능력을 확인하고 싶고 가치를 존중받고 싶어 하는 것이다.

이런 불안을 이기려면 주변 사람들에게 필요한 존재가 되려고 노력하는 것도 하나의 방법이겠다. 도움을 주고 일을 잘하고 배려하고 베푸는 존재가 되려 하는, 우리 대개가 하는 노력들 말이다. 그런데, 그것만으로 될까? 그렇게 해도 여전히 자신이 하찮게 느껴지는 순간은 찾아오고, 그런 노력을 열심히 하는 자기 자신이 오히려 싫어지는 순간도 생기는데 말이다.

그래서 더욱 중요한 것은 자기 자신을 소중하게 여기는 자신의 방법을 갖는 것 아닐까? 아무리 세상이 나를 중요치 않게 여긴다 할지라도 내가 나를 중요하게 느끼는 묘수를 만들어보는 것이다. 어떻게 이러 묘수를 만들 수 있을까?

# 나를 중심으로
# 세계를 돌린다

해법으로는 다른 게 없다. '나를 중심으로 세상을 돌린다'는 평범한 진실만이 답이 될 수 있다. 아전인수를 하라는 것이 아니라 자신의 감정과 자신의 논리로 자신의 세계를 주체적으로 구성해보라는 뜻이다. 어차피 우리 각기는 아는 만큼, 느끼는 만큼, 보는 만큼, 움직이는 만큼 우리의 세상을 구성한다. 그것을 더욱 적극적으로 해보라는 말이다.

이런 점에서 아이들이란 참 지혜롭다. 아직 자신을 보호하거나 자존심을 세우는 능력이 없다 하더라도 인간으로서의 생존 본능, 자존 본능이 생생하게 살아 있다. 많은 사람들이 어린 시절에 주위에서 소외되는 아픔을 이기기 위하여 자기만의 세계를 만들어냈다는 경험을 이야기한다. 상상의 세계를 만들어 자기만의 여행을 가고, 상상의 친구를 만들어 온갖 이야기를 나누고, 자기만의 작은 공간에서 온갖 이야기를 꾸며내고, 자기만의 비밀을 간직하며 자기의 세계를 풍성하게 구성하는 등 아이들의 순수하고도 본능적인 자기 보호 능력이자 상상과 창조 능력이 발휘되는 것이다.

 많은 사람들이 어릴 적 상상의 세계에서 건져올린 이야기들을 어른이 되어 현실화시킨다.『해리 포터』시리즈처럼 어린 시절의 상상이 판타지 소설로 극화되는 경우는 이루 헤아릴 수 없이 많다. 많은 '성장 소설'들이 어린 시절의 상처와 호기심을 넘어서는 각별한 이야기를 그리는데, 그 사연에는 절대적으로 주인공의 자기 세계가 변수로 작동한다. 어릴 직 내가『뻴깅미리 앤』을 좋아했던 여러 이유들이 있지만 앤이 불우한 환경 속에서도 빛나는 상상의 세계를 만들어내는 그 감각에 반했기 때문이다.

 나를 중심으로 세상을 돌려보자. 남에게 피해주지 않는 방식으로, 스스로의 의식을 확장하는 방법으로, 스스로의 제약을 넘어서는 방식으로, 스스로 기쁨을 주고 이왕이면 남들에게도 흐뭇함을 주는 방식으로, 은근히 자신을 뿌듯하게 여기는 방식으로 자신의 존재 가치를 스스로에게 납득시켜보자.

**세상은 나 없이도 돌아간다**

자신이 하찮다는 생각이 들면, 한번 이런 의문을 던져보자. 내가 없어도 이 세상은 굴러갈까? 내가 없으면 우리 집은, 우리 회사는, 우리 직장은 어떻게 될까? 어떤 답을 할 것 같은가?

딸이 고등학교 시절에 한번은 이런 말을 했다. "어떻게 이럴 수가 있어? 너무 이상해. 세상은 여전히 그대로 돌아가는 거야, 글쎄……." 같은 반 남자 친구들이 한강 다리에서 장난을 치다가 두 명이 물에 빠졌는데 불행히도 한 명이 익사했단다. 그날은 학교에서도 펑펑 울면서 비통한 시간을 보냈고 학원 친구여서 학원에서도 비통한 시간을 보냈단다. 그런데 학교나 학원의 슬픈 분위기도 잠깐, 여전히 수업은 예전처럼 진행되고 거리에는 그대로 차가 다니고 사람들도 똑같이 움직인다는 것이 너무도 이상하게 보이더라는 것이다.

모두 이런 경험이 있을 것이다. 자신에게 닥친 비극과 사회에서 벌어지는 참사에도 불구하고 여전히 아침에 해는 뜨고 저녁에 해는 지고, 거리에 사람은 넘쳐나고, 신문은 아침에 배달되고, TV에는 활기찬 프로들이 진행된다. 비감한 느낌이 들지 않는가. 내가 없으면 도저히 안될 듯싶게 온갖 일들을 다 맡기고 관둔다니까 그렇게 말리던 직장인데, 내가 떠난 후에도 여전히 그 회사는 돌아가는 것이다. 내가 없으면 마치 밥을 굶을 듯 나를 대들보처럼 여기던 집이었는데, 내가 떠나도 여전히 아무도 안 굶고 살아가고 있는 것이다.

역사를 보라. 그렇게 뛰어난 영웅호걸들이 나라를 주름잡고 세계를 주름잡았지만 그들이 세상을 떠나고 자리를 떠나도 여전히 세상은 돌아가고 있었다. 세계를 보라. 그 사람 없으면 도저히 안될 듯 그 활동을 칭송하더라도 시간이 지나 그 사람이 떠나가면 새로운 사람이 나오고, 그 사람이 없어져도 역시 그 나라는 존재하고, 그 기업은 번영하며, 그 분야는 새로운 발전을 이루는 것이다.

그러니 한탄스럽게도, 아무리 위치가 높고 능력이 있고 사회적으로 성공했다 하더라도, 나 하나의 존재는 그렇게 하찮은 것이다. 이 단순한 진리를 인정하기란 얼마나 싫은가. 사람들은 자신의 필요성을 강조하기 위하여 곧잘 이렇게 말한다. "내가 없으면 도저히 일이 안돼!" "내가 없으면 이 회사는 쓰러져!" "내가 없으면 맡을 사람이 없어!" "내가 없으면 집이 집 같지 않아!" 이렇게 말하는 사람들일수록 얼마나 어리석은가?

불행히도 세상에는 이렇게 어리석은 사람들이 더 많다. 물론 우리 역시 이런 어리석음의 한 조각은 다 갖고 있다. 어떻게 이 어리석음을 다스릴 것인가? 어떻게 우리가 한낱 하찮은 인간에 불과함을 스스로 받아들일 수 있을까?

**그러나 내가 없으면 세계도 없다**

이렇게 하찮은 인간에 불과하지만 나라는 존재는 내가 가진 전부이자 오직 하나밖에 없는 존재다. 나라는 존재란 나에게는 처음이자 마지막인 인간인 것이다. 그러니 내가 없으면 이 세상도 없다. 이 단순한 진리를 기꺼워하고 즐거워하자.

누구나 그런 경험이 있을 것이다. 전에는 전혀 관심 없었는데 어쩌다 관심을 가지게 되면서 세상이 완전히 달리 보이는 경험 말이다. 예컨대, 우리의 땅은 너무 작다고만 여기다가 실제 여행을 하고 특히 한 걸음 한 걸음 걸으며 곳곳의 깊은 문화를 알고 나서는 갑자기 우리나라가 얼마나 큰 세계인가를 새삼 느끼게 되는 체험. 예컨대, 해외 여행을 처음 갈 때는 얼마나 우리와 다른가를 느끼게 되다가 여러 번 여러 곳을 가본 후에는 사람 사는 모습이란 얼마나 비슷한가를 느끼게 되면서 세계관이 달라지는 체험.

예컨대, '풍수(風水)'라는 것은 속설에 불과하다고 여기다가 풍수지리설에 대해 공부하고 실례를 들여다보면서 자연의 상호작용이라는 세계에 대해서 눈을 뜨게 되는 경험. 예컨대, '주식투자'라는 것에 거부감이 있다가 주식시장의 기능을 파악하면서 갑자기 경제역학이라는 것이 얼마나 긴요한 것인지, 주식시장이 마치 생물처럼 얼마나 미묘한 것인지 알게 되는 경험.

예컨대, '사랑 영화'란 사춘기 청소년과 여자들이나 보는 것이라 여기다가 갑자기 감동 가득한 체험을 하고는 사랑의 역학에

눈뜰 뿐 아니라 '영화 세계'에 눈뜨게 되는 체험. 예컨대, '무협영화'란 허황되고 머리가 단순한 남자들이나 좋아하는 것이라고 무시하다가 어쩌다가 임청하가 나오는 영화 「동방불패」한 편을 보고 무협영화의 마력에 빠지는 체험.

예컨대, 평소 못마땅하게 생각했던 사람과 우연히 이야기를 나누면서 그 사람의 깊은 인간성을 발견하고 놀라는 한편 자신의 선입견을 비판하게 되는 체험. 예컨대, 나와는 다른 뭔가 특별한 사람이라는 인상을 가지고 있던 사람의 사생활 모습에서 우연히 그 사람의 평범한 모습을 발견하고 마음이 움직이는 체험.

이런 예들은 한없이 들 수 있을 것이다. 확실히 그렇다. '나라는 사람의 체험'이 없이는 아무리 좋은 것, 아무리 근사한 것들이 많다 하더라도 별 소용이 없다. 사람은 더 많이 체험할수록, 더 많이 알수록 눈이 크게 뜨이고 온 감각이 발동되면서 세상의 존재에 대한 체험의 폭이 넓어진다. 사람이 살아 있다는 가치란 바로 이러한 것 아닐까. 살아 있는 동안 좀 더 넓고 좀 더 깊은 체험을 함으로써 자신의 세계를 넓히고, 그럼으로써 자신의 세계를 만들어가는 과정 자체를 가치 있게 만드는 것이다. 분명 아는 만큼 나의 세계는 커진다. 느끼는 만큼 나의 세계는 커진다. 움직임만큼 나의 세계는 커진다. 나의 앎, 나의 느낌, 나의 움직임 없이는 세계도 없다. 내가 없으면 세계도 없다.

**올해의 남자, 올해의 여자**

자신이 하찮다고 느끼게 될 때 뭔가 자신을 중요한 존재로 느낄 수 있는 호사 취미 하나쯤 만들어보면 어떨까? 시간도 별로 들지 않고 돈도 안 든다면 금상첨화다.

이런 뜻에서 만든 '나의 호사'가 있다. 매년 연말 연초면 뽑는 '올해의 나의 남자, 올해의 나의 여자' 선정 행사다. 영어로 하면 'My Man of the Year, My Woman of the Year'다. 마치 유수의 언론 기관, 잡지, 사회단체에서 '그해의 인물'을 뽑듯이 나도 나의 인물을 뽑는 것이다. 누구의 간섭도 받지 않고 나 혼자 뽑으니 아주 흥미만점이다.

나의 기준이라면, '그해 만난 사람 중에서 가장 인상적인 사람'이다. 말하자면 '새롭게 나의 인생에 들어온 사람'이다. 만나보지 못한 사람들 중에 훨씬 더 근사한 사람들이 많지만 그들이야 '멀리서 지켜보는 연인'인 셈 아닌가. 그보다는 내가 만나본 사람, 또다시 만나볼 수 있는 사람을 나의 인물로 뽑는 것이 훨씬 더 의미가 있다.

연말이면 긴 리스트를 만든다. 그리고 연초까지 내 나름의 '심사숙고(?)'를 거쳐서 한 남자, 한 여자를 뽑는다. 사람들을 많이 만난 해라고 해서 리스트가 길어지는 것도 아니다. 예전부터 잘 알던 사람이 다시 등장하는 경우도 있다. 어떻게 이 사람의 면모를 예전에는 몰랐을까? 분명 그 사람을 새롭게 발견하는 그 어떤 사건이 생겨서 그럴 것이다.

유학에서 돌아와 본격적으로 실무를 하기 시작한 30대 중반부터 해왔으니 이제 상당히 흥미로운 리스트들이 쌓였다. 이 남녀들을 떠올리면 흐뭇한 미소가 떠오른다. "그래, 그런 상황에서 그런 모습이 그렇게 인상적이었지……." 내가 이 남녀 인물들을 올해의 남자, 올해의 여자로 뽑았다고 해서 내가 그들을 계속 만나는 것은 아니다. 다만 멀리서나마 항상 관심을 가지고 지켜보게 되고 언젠가의 만남을 기대하게 된다.

"이 사람이 그때 왜 나에게 그렇게 인상적이었을까?" 하고 의문이 드는 경우도 물론 있다. 그 인물들의 행적에서 탐탁찮은 부분이 생겨서 실망스러워질 때도 있다. 그러나 좀 더 깊이 들여다보려는 마음가짐도 생긴다. 사람이란 결코 완벽할 수 없고 내가 잘 모르는 그 사람의 그 어떤 면모, 그 어떤 사정도 분명 있을 테니까 말이다. 역시 가장 기분 좋을 때는 '그 사람 정말 괜찮은 사람이었군, 그 사람 점점 더 괜찮아지는 것 같군' 하는 생각이 들 때다.

마치 내가 최종 결정자인 것처럼 뿌듯한 마음을 가져보려고 고안한 이벤트지만 실제 행해보니 확실히 좋은 효과가 있다. 우선 사람 보는 안목에 대해서 깊이 생각하게 된다. 사람에 대해서 제대로 파악해보려는 마음도 든다. 사람에 대한 흥미가 많은 나의 성향도 작용하지만 이렇게 인물을 뽑다 보니 사람 보는 눈도 자연스럽게 훈련되는 효과도 있다. 내가 다른 사람들에게 어떻게 비칠지에 대해서 좀 더 구체적인 감이 생긴다는 것도 부수적인 효과다. 다른 사람들이라면 어떻게 볼까에 대해서 생각하게 되고 '나는 어떻게 보이겠구나, 특히 그 상황에서 그런 행동이 어떻게 보이겠구나' 하는 감이 생기는 것이다.

그러나 뭐니 뭐니 해도 가장 큰 즐거움은, 이렇게 올해의 남자, 올해의 여자를 뽑는 과정에서 새삼 사람을 좋아하게 된다는 것이다. '사람에게 희망을 걸 수 있다'는 믿음이 생기게 된다. 우리의 삶의 질에 가장 큰 영향을 미치는 변수는 역시 사람이다. 사람에 대해 기대와 희망을 품는 상태가 되면 나의 하찮음조차도 이겨낼 수 있다는 희망 역시 자라난다.

### 마흔 살 성년파티와 반세기 파티

자신이 하찮게 느껴진다면 자신을 새삼 보람차고 의미 있게 느낄 수 있는 또 다른 호사 취미 하나 더 가져보면 어떨까? 남을 위해서 해주는 만남의 선물이 그런 것일 게다. 선물이란 상대를 위해서 하는 것일 뿐 아니라 자기 자신을 위한 것이니, 특별한 의미를 담는다면 더욱 특별하게 느껴지리라.

나에게도 특별한 만남의 행사가 있다. 매년 4월 1일이 되면 그해에 40대로 접어드는 후배들을 위해서 'Turn 40 파티'를 해주는 것이다. 사실 파티라 할 것도 없고 저녁 한 끼 먹는 것이다. 다만, 40대라는 의미 때문에 평소 하지 않던 얘기를 하게 되는 분위기가 흥미롭다.

내가 40대로 접어들 때, 후배, 선배, 친구들 가리지 않고 축하파티 해달라고 광고해서 핀잔을 받기도 했지만 각별한 시간을 보냈었다. 나로부터 시작하여 가까운 친구들과 '마흔 살 성년 파티'를 해보았더니 흥미만점이었다. 마실 것, 씹을 것 놔두고 오랜 시간 입을 놀리는 것뿐인데도 각별하게 느껴졌다. 가까운 친구들 차례도 지나간 후, 평소 가까운 후배들을 위해서 행사를 기획했다. 첫 초대장을 보냈을 때가 기억난다. "Turn 40 파티에 초대합니다!" 하고 심플한 메시지를 보냈더니, 참 신선했던 모양이다. 싱글벙글 어색한 듯 전화를 걸어오는데, 아주 기분 좋은 일이었다.

사람마다 'Turn 40'를 다르게 대한다. 어떤 친구는 40대의 의미를 새록새록 입 밖에 내고 싶어 하고, 어떤 친구는 뜨뜻미지근하고, 어떤 친구는 속을 드러내지 않으려는 기색이다. 성격 차이도 있고 일하는 분야에 따라서 성향 차이도 있다. 여자 남자가 섞이면, 여자의 40대와 남자의 40대가 어떤 차이가 있나 토론도 섞인다.

40대란 각별히 의미 있는 시절이라 할 만하다. '불혹'의 연배인 만큼 유혹이 많은 시절이다. 젊음이 꺾이고 성숙이 덕목이 되는 세대다. 그동안의 훈련을 바탕으로 이제야말로 그 무언가 이룰 때일지도 모른다. 인생의 변화를 모색하는 마지막 기회가 되는 때일지도 모른다. 가장 여유롭게 즐길 수 있는 시절이라고도 한다. 물론, 가장 많은 스트레스를 받는 세대라고도 한다. 10대가 '사춘기(思春期)'라면, 40대는 '사추기(思秋期)'일 것이다. '마흔 살 성년파티'를 어떻게 맞을까 생각한다면 20대, 30대의 시간을 더욱 뜻깊게 보내게 될지도 모른다.

이런 파티에 대한 나의 방침은 오고 싶은 사람, 시간 되는 사람만 오는 것이다. 이런 '레쎄-페어(laissez-faire, 자유방임)' 정책 때문에 약속을 최종 확인하지 않았다가 한번은 여자 한 사람만 나타나서 '여자 대 여자' 토크를 길게 했던 해도 있었다. 그것도 각별한 체험이었다.

그 어떤 기념을 할 수 있다는 것은 참 좋은 일이다. 생일, 결혼기념일, 졸업식, 취임식 같은 '기념식'을 나는 별로 좋아하지 않지만 일상에서 지나치기 쉬운 것에 어떤 의미를 부여해서 기념한다는 것은 각별한 재미로 보인다. 그만큼 생각할 거리, 느낄 거리를 주기 때문이다.

'마흔 살 성년파티'를 10여 년 하고 난 후에 나는 또 '반세기 파티'를 고안했다. 우리들은 잘하면 100살까지 살며 1세기를 채울지 모르니, 50대에 들어서는 시점을 '반세기 파티'라 부르는 것은 괜찮은 아이디어 아닌가? "쉰 세대의 반세기 파티 아냐?" 하고 웃으면서 세월의 흐름을 헤아려보는 의미가 있다.

나는 또 어떤 의미 있는 행사를 만들 수 있을까? 최근에 나는 20~30대와의 만남 기회를 만들려 노력하고 있다. 활동적인 세대이니만큼 이번에는 목적을 분명히 하는 만남이다. '커리어'에 관련된 것이다. 일자리 구하기 힘들고, 일자리는 맘에 들지 않고, 의미 있는 일을 하고 싶어 하고, 새로운 일을 개척하고 싶어 하는 세대들답게 자신의 프로젝트를 발표하고 서로 멘토링해주고 격려해주는 모임이다. 이 '커리어 워크숍'을 통해 만나는 젊은 세대들은 나에게서 무엇을 얻을 수 있을까? 새로운 고민을 안겨주는 이벤트다.

남들을 위해서 내가 할 수 있는 작은 만남의 선물을 해줄 수 있다는 것은 남다른 기쁨을 준다. 서로 베풀 수 있는 그 무엇을 가지고 있음을 느끼는 것은 새삼 나의 가치를 확인하는 기회가 된다. 그런 의미를 담은 만남을 고안해보자.

**나의 달력, 나의 역사**

역사를 만드는 사람들은 인물 중의 인물일 것이다. 의미 있는 좋은 역사보다는 해로운 역사를 만든 사람들이 더 많은 것 같다는 생각이 들 때도 있지만, '인류의 역사는 진보한다'는 긍정적 시각으로 보면 좋은 일들을 했던 인물들이 훨씬 더 많다고 믿는다. 우리 자신이 의미 있는 역사의 한 걸음을 만들 수 있다면 그것도 좋으리라. 누가 태어나서부터 그 운명을 알 수 있겠는가? 그리고 누가 자신이 역사에 남을 만한 사람이 될 것이라 생각하며 자신의 행위를 하겠는가? 정치사회의 거시사보다도 일상의 작은 소재에 대한 미시사를 들여다보면 각기 자신의 자리에서 의미 있는 그 무엇을 시도했던 수많은 무명의 인물들을 알게 되는데, 새삼 산다는 것의 의미를 생각하게 된다.

역사를 만드는 사람까지 되지는 못하더라도 적어도 자신이 살고 있는 시대의 역사적 의미를 의식하며 사는 삶은 훨씬 더 뜻깊게 될 것이다. 우리가 시사에 귀를 기울이고, 현대사의 장면들에 대한 해석을 공부하고, 각 분야의 성장사를 공부하며 의미를 찾는 것은 바로 자신이 살고 있는 이 시간의 시대적 정신을 읽으려는 노력 중의 하나다. 시간의 의미를 새삼 느끼면서 자신의 의미가 각별하게 느껴질 수 있다.

나 역시 이렇게 느끼며 살려고 애를 쓴다. 나의 분야의 성장사를 공부하고 시대적 과제를 정의하려 노력하고 사회를 이루는 여러 분야들, 특히 인간의 지적 성장을 보여주는 분야의 활동들을 눈여겨본다. 그런 활동들을 보면, 하찮게 느껴지던 나의 존재도 무엇인가 큰 의미 중의 하나가 될 수 있을 것이라는 믿음도 생긴다.

내 나름대로 구체적이고 의미 있는 행사를 찾아보기도 한다. 그중 하나가 매년 나의 달력을 만드는 일이다. 30대 후반에 '서울포럼'이라는 회사를 만들 때, 나는 12년 달력 시리즈를 구상했다. 매년 하나씩 12개를 12년 동안 만들려는 생각이었다. 처음에는 아주 기능적인 생각에서 출발했다. 일종의 개업 선물이 하나 필요한데 비용 많이 안 먹히고 이왕이면 무언가 뜻깊으면 좋겠다는 생각이었다. 그렇다고 시중에서 만드는 달력이나 수첩 같은 것은 아니었으면 좋겠다 싶어서 궁리를 했다. 그래서 생각해낸 것이 다음과 같이 만드는 달력이었다.

- 1장짜리 '디자인 포스터'식으로 만든다. 맘에 들면 벽에 걸어두고, 맘에 안 들면 뜯어내면 될 테니까.
- 12개를 일단 구상한다. 12년은 버텨보자는 각오를 담는다고 할까?
- 1월부터 12월까지를 1991년부터 2002년까지로 맞추어보는 것도 재미있는 착상이다.
- 영어로 만든다. 외국인에게도 선물로 줄 수 있도록.
- 12개를 관통하는 '시각'이 있으면 괜찮을 듯싶다. 나는 6개의 항목을 정했다. 나름대로 세계를 파악해보는 시각이라고 보면 될 것이다. 'Political World, Economic World, World Celebration, Korea Event, Seoul Event, For Unified Korea.
- 매년 각 항목마다 중요한 사건이나 이슈를 '지난해'는 기록하고 '새해'에 대해 예측해본다. '지난해'의 기록은 계속 쌓여서 달력에 보이게 한다.
- 디자인은 자유롭게 실험식으로 하되 프로젝트 이미지를 골라서 넣는다.
- 12개 달력 시리즈 제목은 "도시문화시대(都市文化時代)"로 한다.

이런 계획을 나는 지켰을까? 나는 결국 구상했던 달력 포스터 12개를 다 만들었다. 12개를 다 만들면 회사 문을 닫아야 하는 것 아닌가, 무언가 다른 시작을 해야 하는 것 아닌가, 농담 같은 의문을 나에게 해보곤 했다. 실제로 이 12개를 다 만들고 난 후에 나는 새로운 길을 찾아 나섰다.

이 달력 만들기는 아주 흥미로운 일거리였다. 매년 11월부터 구상하여 12월에 만들어서 아는 사람에게 선물하고, 해외에 나갈 때면 들고 나가서 주곤 한다. 이 달력을 모으고 또 자기 나름대로 다시 연출하는 마니아들도 있었다. 외국 사람들이 더 좋아해주는 것도 흥미로웠다.

1998년 비엔나 세제션 전시관에서 열린 '역동하는 도시(Cities on the Move)' 전시회 커미셔너는 나에게 이 캘린더만으로 출품하라고 해서 나는 기분이 삼삼해졌고 전시회 기간 중에는 이 캘린더를 아트숍에서 팔기도 했다. 흥미롭게도 호주 시드니의 한 건축가가 나와 비슷한 아이디어와 포맷으로 몇 년 째 디자인 포스터를 만들고 있어서 서로 의기가 투합한 듯 기분 좋아했던 적도 있다.

이렇게 나의 달력을 만드는 행위는 일 년의 시간에 대한 의미, 특히 나의 개인적인 삶만이 아니라 우리나라와 세계의 삶에 대해서 나름대로 생각하게 하는 효과가 있다. 연말이 되면 뉴스나 사회 논평도 더 들어보게 된다. 그런 사회적 맥락에서 나는 무엇을 했나, 나는 어디에 있나 하는 것을 자문하게 하는 효과도 있다.

누구나 이렇게 '나의 달력, 나의 역사'를 만들 수 있을 것이다. 딱히 눈에 보이는 달력으로 만들지 않고 자기 수첩 속에서라도 자신의 의미, 사회의 의미, 세계의 의미를 되새겨볼 수 있지 않을까? 이런 행위란 '어떤 뜻을 이루려는가'보다도 '어떤 뜻을 담으려느냐'라는 자기 성찰의 의미가 더 클 것이다. 자신의 뜻을 담을 수 있다면 자기 자신이 그렇게 하찮다고 느껴지지만은 않을 것이다.

**자신만의 테마 프로젝트를 품어라**

세상이 나를 하찮게 여길지라도, 내가 하는 일이 아무것도 아니라고 여길지라도 상관없다. 내가 원해서, 내가 직접 만들어서, 내가 직접 하는 '나의 프로젝트'를 하나쯤 가지고 있다면 말이다. 사는 뜻을 찾는 데 가장 좋지 않을까?

물론 우리에게는 내 집 마련 프로젝트, 회사 프로젝트, 노후대책 프로젝트, 자녀교육 프로젝트 등 수많은 프로젝트들이 있다. 그러나 이렇게 살아남기 위한 또 살아가기 위한 기능적인 프로젝트 외에 무언가 자신만을 위해서 그 어떤 프로젝트를 하나 가진다면 흔들리는 자신을 버티게 해줄 것이다. 자신을 덜 하찮게 느끼게 해줄 것이다.

사람들이 예술가들을 부러워하고 또 존경하는 이유는 그들이 자신의 내적 욕구를 표현해내기 때문일 것이다. 남에게 부탁받아서가 아니라 자신의 깊고도 내밀한 속에서부터 우러나오는 일을 하는 사람, 말하자면 예술가들은 '나의 테마 프로젝트'를 하는 사람으로 보는 것이다. 이를테면, 작가 괴테는 20대에 『파우스트』를 구상해서 40여 년 동안을 쓰고 또 고쳐 쓰는 작업을 거쳐 작품을 발표했다. 알아주건 알아주지 않건 화가 고갱은 자신이 원하는 그림을 자신이 원하는 방식으로 자신이 원하는 곳에 그리다가 죽었다.

그러나 이것도 상당 부분 환상이기는 하다. 많은 예술가들이 실제는 커미션(commission), 즉 주문에 의해서 일을 한다. 예컨대, 그 놀라운 미켈란젤로 선생이 남긴 기막힌 작업들은 모두 '커미션 프로젝트'에 의해 이루어졌다. 바티칸의 성 베드로 성당의 돔 설계, 시스틴 성당의 '천지창조' 천정화와 '최후의 심판' 벽화는 교황의 주문에 의한 것이었다. '로렌조 도서관'의 인테리어 설계 역시 피렌체의 거부 귀족이었던 로렌조 드 메디치에 의해 주문된 것이다. '다비드' 조각상은 피렌체 정부가 의뢰한 것이다.

주문이 있을 때 더 매진하게 되는 것은 모든 사람들의 인지 상정이다. 대가를 받고 하는 일이니 기대에 부응하려고 노력한다. 자칫 잘못했다가는 다음 주문이 없어질지도 모른다는 것이 에너지를 끌어올리는 것이다. 예술가들도 마찬가지다. 다만, 예술가들은 주문이 없을 때에도 수많은 습작과 기획작들을 끊임없이 해내면서 자신을 매진한다. 우리가 존경하는 장인들, 과학자들, 학자들 역시 마찬가지다. '장인 정신, 탐구 정신'을 가진 사람들은 당장 필요에 의해 하는 일뿐 아니라 자신의 작업에 대해서 끊임없이 준비하고 단련하고 있기 때문에 그 언젠가 자신에게 의뢰가 올 때 근사한 작업을 해낼 수 있는 것이다.

이렇게 할 수 있는 것은 자기의 '테마'가 있기 때문일 것이다. 그것이 작업의 주제든 혹은 표현의 소재든 자기 나름대로 흥미를 가지거나 고민하거나 알고 싶은 욕구, 해보고 싶은 욕구를 억누르지 못하는 호기심 어린 그 무엇을 갖고 있는 것이다. 부러운 일이다.

그런데 꼭 예술가나 학자나 과학자가 아니라 할지라도 누구나 '자신의 테마' 하나 정도는 가지고 살 수 있지 않을까? 어떤 것도 상관없을 것이다. 요리에 관심 있는 사람은 요리에, 수공예에 관심 있는 사람은 수공예에, 나무에 관심 있는 사람은 나무에, 산에 관심 있는 사람은 산에, 음악에 관심 있는 사람은 음악에, 미술에 관심 있는 사람은 미술에, 걷기에 관심 있는 사람은 걷기에, 여행에 관심 있는 사람은 여행에, 농사에 관심 있는 사람은 농사에, 우주에 관심 있는 사람은 우주에, 사람에 관심 있는 사람은 사람에 몰입할 수 있다.

온 세상에 재미있는 소재들은 수없이 많으니 그 소재 중 하나를 고를 수도 있고, 온 세상에 흥미로운 주제들이 많으니 그 주제 중 하나를 고를 수도 있을 것이다. 이왕이면 뭉뚱그린 큰 주제보다는 너무 크지 않은 주제, 구체적인 주제가 훨씬 더 효과적일 것이다. 그만큼 깊이 들이팔 수가 있으니 말이다.

일종의 '테마 프로젝트'인 셈이다. 돈과 별 상관없이, 일부러

세상은 나 없이도 돌아간다.
그러나 내가 없으면 세계도 없다.

시간 내가며, 자기 본업과 상관있게 또는 상관없게, 계속해서 자료를 모으고, 무언가 만들어보고, 사람들과 교류하고, 그에 관련된 여행도 해보는 것이다. 사실 우리 모두 은연중에 한두 주제쯤은 갖고 있다. 다만, 꾸준하게 하지 않을 뿐이다. 꾸준하게 하려면, '그 무언가 만들기'를 고민해보는 것이 좋을 것이다. '프로젝트화'를 시키는 것이다. 예컨대, 책을 쓰거나 발표를 하거나 컬렉션을 만들거나 하는 식의 '실천 프로젝트'다.

나도 '나의 테마 프로젝트'가 있다. 본업과 상관있는 것도 있고 전혀 상관없는 것도 있다. '주제'로 보더라도 여러 가지다. 예컨대, '집'에 대한 나의 관심은 죽을 때까지 가리라. '도시의 퍼스낸리티'에 대한 주제, 특히 '아시아의 도시'는 만만치 않은 주제여서 아직도 한참을 더 공부해야 어떤 꽃이 필 수 있을 것이다. '사람'에 관한 주제도 있다. '그 사람은 왜 그 사람인가, 그 사람은 왜 그 선택을 하는가'에 대한 관심이 커서 사람을 관찰하게 된다. 이러한 종류의 '리서치 주제'는 계속 나를 따라다니는 것들이어서, 일하는 중에, 사람 만나는 중에, 여행 다니는 중에도 떠오른다. 내가 책을 고르는 행위, 영화를 보는 시각, 사람들과 대화하는 주제와 방식에도 영향을 미치게 마련이다.

'프로젝트'로 본다면 아무래도 '글쓰기, 책 쓰기'가 가장 쉽다. 혼자서 컴퓨터 앞에서 처음부터 끝까지 할 수 있으니 말이다. "글을 쓰지 않았더라면 진작 미쳐버렸을 것"이라고 내가 농담처럼 말하듯, 글쓰기는 본업의 현장에서 오는 스트레스를 풀어주어서 좋다.

'전시' 프로젝트도 있다. 전시 역시 상대적으로 쉽게 실현할 수 있는 것이어서 끊임없이 구상하게 된다. 전시란 공간 디자인과도 관련되니 나의 본업과 결부시켜 생각하는 것도 재미있다. 나의 취미들 역시 끊임없이 새로운 프로젝트의 단서를 나에게 던져준다. 예컨대, 영화에 대한 것, 공간추리에 관련된 것, 음악에 대한 것, 빛과 색에 대한 것 등. 정말 세상에는 흥미로운 주제들이 너무도 많다.

이렇게 눈에 보이는 프로젝트 외에도 일상의 업무에서 내가 계속 고민하는 주제도 있다. 예컨대, '부정부패와의 싸움', '생산성'에 관련된 것, '시스템 구축'에 관련된 것, '현장에 대한 있는 그대로의 접근', '컨트롤을 하지 않으면서 컨트롤을 한다는 것의 의미', '디자인 없는 디자인' 같은 것. 일을 하는 과정에서 거의 매일매일 고민하는 주제들이다.

이런 심각하고 실천하기 어려운 주제에 대해서 과연 내가 얼마나 성과를 올릴지는 모른다. 그렇다 하더라도 도외시하고 사는 것보다는 껴안고 씨름하며 사는 것이 나의 존재를 조금이라도 덜 하찮게 느껴지게 한다.

나의 '장기 프로젝트' 중 하나는 '어린이 주제'다. 솔직히 아직 '주제'만 있지 '프로젝트화'하지 못한 주제다. 내가 일하는 분야에서 어린이들의 자라기를 위한 그 무언가를 만들고 싶다. 어린이들이 건축에 도시에 예술에 문화에 공간에 눈을 뜨고 즐기게 하고 싶은 나의 테마 프로젝트, 과연 언젠가 성사될까?

나는 누구나 이런 테마 프로젝트를 가지고 살기를 정말 바란다. 그것을 '꿈'이라 부를 수 있을지도 모르고, '미래 계획'이라 할 수 있을지도 모른다. 그러나 역시 '테마 프로젝트'로 만든다면 주제도 확실해지고 무언가 한다는 행위의 방향성도 확실해지지 않을까? 실현되건 안 되건 별 상관없다. 중요한 것은 '내가 그것을 하고 있다'는 것이다.

**엑스터시와 카타르시스를 거듭하며**

나를 중심으로 세계를 본다는 것이란 일종의 '자위 행위'일 것이다. 일종의 '방어 행위'기도 하다. 내가 너무도 하찮기에 나를 하찮지 않게 느끼기 위해서 하는 짓이다. '제멋에 겨워 산다'라고 해도 좋다. 아무리 힘들다 해도 제멋에 겨워 일생을 살 수만 있다면 그만한 복도 없을 것이다. 자기가 좋아서 하는 일인데 뭔들 못하랴. 이를테면, '엑스터시'와 '카타르시스'를 거듭하며 사는 것이다.

높은 절정감을 맛보는 엑스터시, 깊은 승화감을 맛보는 카타르시스. '짜릿짜릿한 느낌'과 '시원한 느낌'을 갖고 살 수 있느냐의 문제이다. 몸 감각적인 엑스터시가 더 좋은지, 정신 감각적인 카타르시스가 더 좋은 것인지는 모르겠지만 사람에게는 두 가지가 다 필요할 것이다. 아무리 일상적인 쳇바퀴처럼 돌아가는 삶이라 하더라도 그 안에는 짜릿짜릿한 순간과 시원스러운 순간이 필요하다.

엑스터시. 무대 위에서 많은 사람들 앞에서 행위 예술을 하는 사람들, 예컨대 가수, 춤꾼, 연극배우, 마술인, 서커스인, 스포츠맨들은 무대에서 박수와 환호를 받을 때 짜릿짜릿한 절정감을 맛본단다. 정치인들 역시 박수를 받는 그 맛이 그렇게 짜릿하단다. 나는 기껏 몇 천여 명 앞에서 웃음과 박수를 받아본 것이 최상의 경험이지만 충분히 이해가 간다. 몇 만 명, 몇 십만 명의 열광을 느낄 때 얼마나 짜릿짜릿할까? 그러나 단둘 사이에서도 엑스터시는 일어난다. 엑스터시는 나와 다른 사람과의 그 어떤 교감에서 오는 것이다.

카타르시스란 혼자 있을 때 오는 것 아닐까? 엉엉 울 때, 너무 좋은 글귀를 발견하고 가슴이 서늘해질 때, 음악을 들으며 하늘로 올라가는 듯할 때, 안 풀리는 수수께끼를 드디어 풀어냈을 때, 드디어 그 한 구절을 지어냈을 때, 드디어 그 그림에 화룡점정을 찍었을 때, 드디어 안 풀리던 단서가 떠올랐을 때, 드디어 작업이 완성되었을 때, 드디어 이미지와 음악과 글이 다 맞아떨어져서 화합이 되는 듯할 때. 카타르시스는 나 혼자와 더 큰 그 무엇과의 교감일 것이다.

다 '제멋에 겨워' 하는 것이다. 엑스터시와 카타르시스란 내가 겨운 것이다. 나의 존재에 고마워지는 순간이자 다른 사람의 존재에 고마워지는 순간이다. 세계의 존재와 시간의 존재에 고마워지는 순간이다. 충분히 제멋에 겨워, 자신에게 빠지는 순간을 만들어보자.

### 하찮아서 좋다, 중요해서 좋다

'나는 나에게 한없이 중요한 존재다. 하지만 세상은 나 없이도 돌아간다'는 양 극단의 생각을 동시에 가져보자. 이렇게 한다면 쓸데없는 욕심은 상당 부분 버릴 수 있고 이른바 마음이 비워질 것이다. 아마도 더 많은 것을 얻어낼 수 있을지도 모른다. 적어도 훨씬 더 많은 것을 느끼고 살 수는 있을 것이다. 나는 한없이 하찮은 존재라서 좋고 또 한없이 중요한 존재라서 좋은 것이다.

우리가 시달리는 온갖 사건들. 거절을 당하고 실패를 하고 질투를 느끼고 실망을 느끼는 것은 다른 사람과의 관계, 세상과의 관계 때문에 생기는 일이다. 기대에 못 미치기 때문에 생기는 실망이고, 자신에게 그만큼 무엇이 돌아오지 않기 때문에 느끼는 상실감이고, 자신의 존재가 별로 뜻이 없다는 것 때문에 느끼는 허무감이다.

생각을 조금 바꾸어보자. 큰 기대를 하기보다는 오히려 있는 그대로의 불완전함을 담담하게 받아들이는 것이 나을지도 모른다. 받는 것 이상으로 자신이 그 무엇을 주는 사람이 되겠다고 생각하는 것이 더 이로울지 모른다. 자기 나름대로 뜻을 찾아보고 또 뜻을 부여해보는 것이 좋을지도 모른다.

"나는 하찮다. 그러나 그렇게 하찮은 나이지만 나에게는 하나밖에 없는 전부이니 나에게 나는 가장 중요하다." 나 역시 이 말을 수시로 나 자신에게 하면서 산다. 나의 뜻으로 나의 삶을 살고 싶다.

9강

## 외롭다.
## 어디 기댈 사람 좀 없을까?

"외롭다. 어디 기댈 데 좀 없을까? 도움을 청할 누구 좀 없나? 이야기할 사람이 없다. 찾아갈 사람도 없다. 찾아주는 사람도 없다. 왜 이리 쓸쓸하게 살아야 하나?"

외롭다는 느낌은 불현듯 찾아온다. 하루에도 몇 번씩 찾아올 때가 있고, 온종일 외로운 느낌에 빠져들 수도 있으며, 몇 주일 또는 몇 달씩 그런 느낌에 빠질 때도 있다. 사람들과 흥겨운 시간을 보낸 후에 오히려 더 심한 외로움에 빠져들고, 흥겨운 시간을 보내는 와중에도 외로움을 느낄 때가 있으니 사람은 참으로 외로움에서 벗어나지 못하는 존재일지도 모른다.

외로움은 모든 인간의 업보다. '천상천하 유아독존(天上天下 唯我獨尊)'이라는 말의 큰 뜻을 헤아리지 않더라도 하나의 개체라는 사실만으로도 외롭다. 언젠가 죽는다는 사실만으로도 사람은 외로워진다. 여하튼 사람은 혼자서 태어나고 혼자서 죽는다는 이 진실에 맞닥뜨리는 순간, 외로워지지 않을 수 없다.

그런데 일상에서의 외로움은 의외로 아주 단순한 사건에서 시작되거나 또는 엉뚱한 상황으로부터 빚어질 수 있다. 나의 존재가 점점 잊히고 있다는 것, 아무도 나를 소중하게 생각하지 않는다는 것, 내가 무시당한다는 것, 내 마음을 알아주는 사람이 없다는 것, 이야기할 사람이 없다는 것 같은 느낌이 들면 불현듯 외롭다.

우리가 속으로 부르짖는 말들은 얼마나 많은가? '옆에 있어줘. 그냥 있어만 줘. 그냥 들어만 줘. 나를 바라봐줘. 나에게 시간을 내줘. 내가 외롭다는 걸 알아줘. 나를 안아줘. 내 손을 잡아줘. 내가 얼마나 압력을 느끼고 있는지 알아? 나 좀 가만 내버려둘 수 없을까? 나 좀 도와주면 안 될까? 나 좀 잘했다고 해주면 안 될까? 내가 일일이 말하지 않아도 그냥 알아서 해주면 안 될까?' 이러저러한 이유로 우리가 밖으로 내뱉지 못하는 말들이 얼마나 많은가.

"더 이상 그대의 기쁨이 될 수 없음에……" 나는 윤미래의 「하루하루」라는 노래의 이 대목을 들으면 뭉클해진다. 이별의 아픔을 새기는 내용이지만, 우리가 서로의 기쁨이 될 수 있다는 가능성을 다시 한 번 믿고 싶어진다. 한 사람만이라도 그런 사람이 내 곁에 있다면 얼마나 좋을까?

# 내 편을 만들라

우리는 '내 편'이 필요하다. 세상에서 버림받는 듯싶을 때에도 기댈 수 있는 사람, 갑자기 전화를 걸어도 눈치 보이지 않는 사람, 갑자기 찾아가거나 불러낼 수 있는 사람, 긴 시간 동안 고민을 조목조목 얘기해도 괜찮은 사람, 화를 한바탕 쏟아내고도 여전히 내 편이라 믿을 수 있는 사람, 속내를 털어놓을 수 있는 사람, 비밀을 털어놓을 수 있는 사람, 자신의 잘못을 털어놓을 수 있는 사람, 자신의 잘못을 용서해줄 수 있는 사람 등.

더 큰 의미의 내 편도 생각해볼 수 있다. 정말 아쉬울 때 도와주는 사람, 은근히 독려해주는 사람, 나를 기꺼이 칭찬해주는 사람, 나를 매몰차게 비판해주는 사람, 나의 활동에 관심을 가져주는 사람, 나와 함께 일하고 싶어 하는 사람, 나를 즐겁게 해주고 싶어 하는 사람, 나와 같이 시간을 보내고 싶어 하는 사람, 나와 여행을 하고 싶어 하는 사람, 내가 잘 있나 관심을 기울이는 사람, 겉모습 속에 숨어 있는 '진짜 나'에 대해서 관심이 있는 사람, 나의 느낌에 귀 기울여주는 사람, 나의 미래에 관심을 가져주는 사람 등.

사람과 사람과의 진정한 교류를 하면 외로움은 어느새 사라진다. 사람에게 사람이 필요한 이유다. 오가는 정과 기를 느끼면서 '아, 나도 이 사람에게 무언가 주고 있구나!' '아, 이 사람은 나를 귀하게 여기는구나!' '아, 이 사람은 나를 좋아해주는구나!' '아, 이 사람은 나를 믿어주는구나!' 하는 느낌이란 귀하디귀하다.

우리가 맺는 사람 관계에는 어떤 종류가 있을까? 사적 관계와 공적 관계를 생각해보자. 사적 관계에는 세 가지 서클이 있다. 짝, 가족, 그리고 친구. 모든 사람들은 '짝'을 원한다. 부부 인연이든 또는 결혼 외에서 이루어지는 인연이든 짝을 찾는다. '가족'은 짝과는 다르다. 제도로 맺어지는지라 여러 형식이 얽힌다. 부모 자식의 1촌 관계에서도 수많은 역학이 작용한다. '친구'란 소꿉장난 친구, 소싯적 친구, 학교 친구, 직장 친구, 사업 친구, 술친구, 운동 친구, 가족 친구 등 정말 다양하지만, 마음을 주고받는 친구라는 측면으로 보면 그 수는 줄어든다. 친구란 사적 관계와 공적 관계의 경계를 넘나들기도 한다.

공적 관계에도 역시 세 가지 서클이 있다. 이너 서클(inner circle), 중간 서클, 그리고 원격 서클. '이너 서클'은 같이 일하는 사람, 어떤 '이해'를 같이하는 사람이다. '무언가 같이 도모할' 가능성을 안고 있는 사람이다. 친구 또는 동료, 같은 분야 또는 다른 분야일 수 있다. '중간 서클'이라면 어느 정도 아는, 어중간한 관계다. 가능성과 위험성을 같이 안고 있는, 이른바 '네트워크'의 관계다. '원격 서클'이란 멀리서 나를 보는 사람들이다. 활동 소식이나 소문을 통해서 '어렴풋이' 나에 대해 그 어떤 인상을 갖고 있는 사람들이다. 호감 또는 거부감이 작용할지 누구도 모른다.

사적 세계의 세 가지 서클과 공적 세계의 세 가지 서클 속에서 내 편은 누구인가? 어떤 사람을 내 편으로 삼아야 할까? 내 편으로 만들 수 있을까? 어떠한 때 내 편이 되어주면 좋을까? 어떤 종류의 내 편이면 좋을까?

자신의 원칙을 세울 필요가 있다. 사람 관계란 아주 섬세하고 미묘한 것이어서 자칫 지나친 기대감도 지나친 거리감도 다 문제가 되기 때문이다. 하나하나 짚어보자.


### 내 짝을 내 편으로

짝이란 일생을 통해 딜레마를 주는 관계다. 사람들이 짝을 찾는 이유, 또 결혼을 하는 이유 중 하나라면 '언제나 내 편'을 원하기 때문일 것이다. 그러나 과연 짝은 언제나 내 편이 되어줄까? 과연 짝이란 믿을 수 있는 내 편일까?

'짝의 관계'란 본질적으로 언제나 불안정하다. '짝'은 쉽게 '적'이 되어버리기 십상이다. 짝에 대한 터무니없는 믿음 때문에 더욱 그렇게 된다. 성적 매력으로 깊이 이끌리던 남녀도 자칫하면 적으로 돌변한다. 드라마틱한 만남일수록 드라마틱한 헤어짐이 될지도 모른다. 강렬했던 짝일수록 돌이킬 수 없는 적이 될지도 모른다. 짝이란 좋을 때는 한없이 내 편이지만 돌아서면 한없이 저 편이 되어버릴 수도 있는 것이다. 이별은 배신이 되고, 이혼은 전쟁이 되어버리는 이유다.

'인생을 같이하는 짝의 관계'가 힘든 것은, 적대적인 관계가 아니면서도 꼭 내 편만은 아니라는 사실 때문이다. '같은 배에 타고 있지만 바로 그 때문에 상대에 대한 나의 이기심과 욕망과 편견을 떨쳐버리기 어렵다'는 모순된 사실이 엄연하다. 상대가 나를 위해서 또는 가족을 위해서 무언가 해주기를 또는 하지 않기를 기대하게 되기 때문이다. '우리'의 안전과 안정을 바라게 되는 심리, 책임이라는 이름으로 부여되는 봉사와 희생, 가족이라는 울타리에 대한 다른 생각 등 인생을 같이하는 짝에게 부과된 짐의 무게는 상당하다. 그래서 한 인간으로서의 짝에게 진정한 편이 되어준다는 것은 그렇게도 어렵다.

진정한 내 편으로서의 짝을 이루려면 어떤 기준을 가져야 할까? 다음에 대해서 한번 생각해보라.

• 공유하는 삶의 원칙이 있는가?

- 공유하는 삶의 목표가 있는가?
- 공유하는 프로젝트가 있는가?
- 서로를 묶어줄 공동의 적이 있는가?
- 서로의 짐을 나눌 수 있는가?
- 삶의 고통을 같이할 수 있는가?
- 서로의 깊은 욕구를 이해하는가?
- 나의 홀로서기를 참을성 있게 지켜봐주는가?
- 자신이 실패했을 때 옆에 있어줄 사람인가?
- 나의 불완전함을 인정하는 사람인가?
- 나의 좋은 점을 찾아내줄 것인가?
- 나의 나쁜 점을 찾아내줄 것인가?
- 헤어지더라도 인간으로서 믿을 수 있는 사람인가?

**부모와 자식을 내 편으로**

부모를 내 편으로 만드는 것은 아마도 가장 쉬운 일이리라. 가장 편하게 기댈 수 있는 대상이고 자식을 돌봐주는 데에서 보람을 느끼는 존재가 부모이기 때문이다. 하지만 꼭 그렇기만 할까? 다 큰 자식을 내 편으로 만드는 것은 아마도 가장 어려운 일이리라. '품안의 자식'이야 전폭적으로 내 편이 될지도 모르나 '품 벗어난 자식'은 그리 쉽게 내 편이 되지 않는다.

'세대 갈등'이 부모자식 간에도 만만찮은 것은 분명한 사실이다. 취향은 물론 경제적 관점과 정치적 관점에서도 차이가 두드러진다. 소비 패턴이 달라서 생기는 일상의 갈등은 생활의 양념이라 치더라도, 자식들이 어른이 되고 부모가 노인이 되면서 생기는 갈등은 때로 심각할 정도가 된다. 독립하지 못하는 자식들에 대한 경제적 지원의 부담과 늙은 부모에 대한 부양의 문제 때문에 생기는 심각한 갈등은 사회문제가 될 정도다. 상속의 문제로 집안이 콩가루처럼 부서지는 경우도 허다하다. 선거 철만 되면 보수 지향적인 부모 세대와 진보 지향적인 자식 세대가 갈등을 빚는 일도 허다하다.

"우리가 어떻게 이렇게 생각이 다르지?" "어디서부터 생각이 갈린 거지?" "내가 아이들을 잘못 키웠구나!" "내가 어떻게 너희들을 키웠는데, 이럴 수가?" "부모님이 이렇게 완고할지는 꿈에도 몰랐다." "이 웬수!"라는 말이 가족 내에서 또 부모자식 간에 자주 쓰이는 것도, 이들이 떨어지려야 떨어질 수 없는 관계 때문이다. '피의 관계'로 이루어졌기 때문에 서로에 대한 권리와 책임을 당연하게 여기는 것이다. 얼마나 많은 갈등이 이 때문에 생기는가. 거기에 더하여 성격 차, 세대 차, 경제적 상황 등이 겹치면서 부모 자식 간의 갈등이란 결코 만만치 않다. 피할 수 없기에 더욱 힘이 드는 것이다.

어떻게 하면 부모에게 또 자식에게 기꺼이 내 편의 역할을 해줄 수 있을까? 다음의 원칙들은 어떠한가? 아주 심플하면서도 행하기 무척 어려운 원칙들이다.

- 서로 독립된 개체로 대한다.
- 서로 다를 수 있음을 전제한다.
- 서로 각자의 선택을 존중한다.
- 부모란 자식의 홀로서기를 지켜봐주는 존재다.
- 나를 잠깐 동안 보살펴주는 존재가 부모다.
- 각기의 독립성이 서로의 관계를 보전한다.
- 부모 자식은 마음으로 이어지는 상호관계다.

### 친구를 내 편으로

친구란 항상 내 편이라 할 수도 있을 것이다. 친구란 선택하는 것이니 내 편이 되는 사람만 선택해도 된다는 뜻에서 그러하다. '친구인 한, 내 편'이라는 뜻이다. 물론 언제나 무작정 내 편인 친구란 이 세상에 없다. 친구란 언제나 '선택적인 내 편'인 것이다.

친구 관계의 묘미란 사적 관계와 공적 관계의 경계를 넘나드는 사이라는 데 있다. 친구는 다른 사적 관계나 공적 관계에서 오는 외로움을 덜어주고, 괴로움을 털어놓는 사이가 되고, 동병상련의 문제를 의논하는 카운슬러가 되기도 하고, 친구들이 모여 사업 파트너가 되면서 사적 친구가 공적 관계로 발전하기도 하고,

공적 관계로 시작한 사이가 사적 친구로 발전하기도 한다. 친구 관계란 가장 쉽고 가장 마음이 편한가 하면 그만큼 유지하기도 가장 어렵다. 사적 관계와 공적 관계 사이의 경계가 모호해지기 때문이다.

친구 사이란 상황에 따라 쉽게 멀어지고 자주 깨지고 때로는 적으로 돌변한다. "배신을 당했다"라는 말이 사랑 관계 다음으로 많이 쓰이는 관계가 친구 관계다. '정 떨어진다, 믿음을 잃었다, 별로 보고 싶지 않다'는 정도만 해도 가슴이 쓰라리다. 어떻게 하면 이런 상황을 피할 수 있을까? '내 편'이라고 할 수 있는 친구를 정의한다면 다음이 어떨까?

- 내 편인 친구는 나의 존재의 기본을 인정한다.
- 내 편인 친구는 나의 가장 가까운 조언자다.
- 내 편인 친구는 나의 가장 좋은 여행 동반자다.
- 내 편인 친구는 나의 강렬한 비판자다.

솔직담백하게 나를 있는 그대로 인정해주고, 필요한 조언을 해주고, 자주 같이하지는 못하더라도 같이 여행가고 싶어지고, 나를 혹독하게 채찍질해주는 친구는 언제나 내 편이 될 수 있는 가능성이 큰 것이다. 이상적인 기준이기는 하다. 그러나 우리는 친구에 대해서 지나치게 가깝게 생각하거나 지나치게 항상 내 편임을 요구하기 때문에 문제를 일으키는지도 모른다. 친구란 서로 내 편임을 '끊임없이, 서로 확인하는 관계'에 있음을 인정한다면 우리의 친구 관계는 훨씬 더 풍부해질 것이다.

친구란 '선택적 관계'인 것이다. 친구란 서슴없이 나를 비판해주는 존재라는 것이 고맙고, 24시간 같이 붙어 있을 필요 없이 원할 때 함께 시간을 가지다가 또 헤어질 수 있어서 좋고, 내게 필요한 조언을 마음 열고 해주기에 고맙고, 내가 나라는 존재에 불과함을 인정해주는 기본 태도를 지키기에 마음이 편한 것이다. 이런 친구라면, 나이의 차이, 직업의 차이, 관심의 차이에 관련 없이 가장 좋은 외로움의 동반자일 것이다.

친구란 정말 좋다. 선택의 폭이 넓으며 무한정 선택할 수 있기 때문이다. '하나의 짝'을 선택해야 한다는 부담감이 없으니 독자들도 모두 경험하듯 친구에는 여러 종류의 궁합이 있기 마련이다. 그 궁합에 따라 우리의 여러 면면들을 발견해주는 친구들을 갖는다면, 우리의 내 편 친구들은 훨씬 더 폭이 넓어질 것이다.

**가까운 사람과 모르는 사람을 내 편으로**

공적 세계에서의 사람 관계에서는 어떻게 내 편을 만들까? 처세술이라는 이름으로 온갖 처방들이 나오지만, 사실 이것은 사람 관계 중에서 가장 쉬운 과제라고도 볼 수 있다. 공적 관계란 '공통 사안에 대해서 이해(利害) 관계가 성립하는 관계'기에

세상은 나를 꺾으려는 것으로 가득 차 있지만,
'내 편'은 나에게 용기를 불어넣어준다.

상대적으로 명쾌하기 때문이다. 업무 관계건, 계약 관계건, 거래 관계건, 사업 파트너 관계건, 상호 이해가 있으면 이루어지고, '상호 이익'이 있는 한 지속되는 관계다.

물론 공적 관계에서의 내 편이란 그리 녹록한 것은 아니다. 상대적인 관계기 때문이다. 즉, 공적 관계란 언제나 '협력 관계이면서 또한 경쟁 관계'인 것이다. 흥미로운 역학이 일어나는 관계다. 서로를 필요로 하면서 또 서로 이용하려고 한다. 협력과 경쟁 사이의 줄다리기가 끊임없이 일어나는 관계, 내 편이자 적이기도 한 관계, 친구이자 적인 관계, 영원한 친구도 영원한 적도 아닌 관계다.

서로 모르는 사람들과의 공적 관계가 피곤하기 때문에 사람들은 자기와 가까운 사람들과 '이너 서클'을 이루려든다. 인간 본성으로 보면 자연스러운 욕구다. 서로 잘 알고, 믿고, 호흡이 맞고, 죽이 맞고, 일하는 목표와 스타일이 비슷한 사람들끼리 '끼리'를 이루려는 것이다. 팀을 만들고, 회사를 세우고, 회합을 만들고, 단체를 만든다. 서로를 밀어주고 서로를 믿어주는 관계다. 같이 힘을 합하고 같이 노력하고 서로를 도와주는 관계다. 이너 서클은 마치 사적 관계에서의 '짝'과도 같다. 짝과 다른 점이라면 서로를 묶어주는 기본이 '공통의 프로젝트, 상호의 이해'라는 것이다. 만약 공통의 프로젝트에서 서로의 이해가 잘 맞아떨어지기만 한다면 환상적인 파트너십이 이루어질 수 있다.

그렇지만 이너 서클만큼 또 '깨지기 쉬운 것'이 있을까? 프로젝트에서 이해가 달라지는 것은 다반사로 일어나고 이너 서클 안에서의 내분은 수도 없이 일어난다. '역경의 상황'에서는 없는 것도 나누어가며 똘똘 뭉치다가 '번영의 상황'에서는 누구 떡이 더 큰가 싸우다가 쪼개진다. 논공행상 때문에 가깝던 사람들이 돌이킬 수 없는 적이 되어버리는 것은 수시로 보는 일이다. 사적 관계를 공적 관계로 잇지 말라는 조언도 그래서 나온다. 이를테면, 가족이나 친구와 함께 사업을 하지 말라거나 절대로 돈 거래를 하지 말라는 것처럼 말이다.

그렇다면 이너 서클에 대해서는 더욱 각별한 원칙이 필요할 것이다. 가까운 사람일수록 서로 지켜야 할 것은 지켜야 한다.

- 이너 서클은 마치 '짝'과도 같다. 헤어짐이 전제된다.
- 프로젝트를 중심으로 한 파트너십이다.
- 서로 겹치는 것과 서로 다른 것의 비율은 3:7 정도로 유지한다(역할 분담을 위해서, 협력 관계를 위해서).
- 공동의 기준을 분명하게 이야기한다.
- 상대가 나를 안다고 가정하지 않는다(물론 역도 성립한다).
- 선의의 기대는 금물이다.
- 상대도 나도 변한다는 것을 인정한다(언제나 경쟁 관계이기도 한 것이다).

그렇다면 잘 모르는 사람들은 어떻게 내 편으로 만들 수 있을까? 어느 만큼 내 편으로 만들 수 있을까? 꼭 그래야 하는 것일까? 이른바 중간 영역 또는 원격 영역에 있는 사람들과의 관계를 어찌해야 하느냐의 의문이다. 무슨 이런 걱정을 하느냐 생각할 것이 아니라 실제 이 상황이 여러 고민을 안겨주는 경우가 많다. 예컨대 회사 내라면, 연관 부서에 있는 사람들이나 B2B 관계에 있는 업체 사람들은 중간 영역이라 할 수 있다. 비관련 부서에 있는 사람들이나 B2C 관계에 있는 사람들은 원격 영역에 있다. 가족친지 내에서나 지인 관계에서도 중간 영역, 원격 영역에 있는 사람들이 중요한 변수가 되는 경우가 적지 않다. 하나하나 다 신경을 쓰자니 너무 부담스럽고, 그렇다고 신경을 완전히 끄고 살 수도 없는 딜레마 상황이다.

    이 딜레마를 보여주는 일화가 나에게도 있다. 실무계에서 왕성한 활동을 하던 때에 한 후배가 나에게 조언한 적이 있다. 여러 번 일을 같이해보기도 했고 적절히 거리가 있는 편이라 나에 대한 주변 이야기를 전할 수 있는 위치에 있는 후배였다.

    "선배님, 분야 사람들과 좀 더 자주 만나시지요. 멀리서 보는 사람들은 선배님 인상이 아주 좋아요. 직접 만난 사람이나 일을 해본 사람들도 상당히 좋아하더라고요. 그런데 선배님을 막연하게 아는 사람들은 좋은 얘기보다는 거리감 있는 얘기를 더 많이 하더군요. 중간 영역에 있는 사람들이 좋은 말을 해주어야 실제 일에 도움이 될 터인데 좀 더 자주 만나셔야 하지 않겠습니까?"

    나는 그 후배의 조언을 경청했다. 업무 사교에 대한 조언은 무척 고마운 일이다. 그런데 나는 그 후배에게 이 말을 하는 것도 잊지 않았다.

"그런데, 그렇지 않은 관계가 있을까? 잘 알거나 아예 멀리서만 보면 좋은 인상을 가질 수 있지. 그런데 적당히 알면 거부감이 작용할 수도 있고 좋은 말보다는 거리감 있는 말을 하게 되지. 경쟁 관계가 더 작용하니까."

그 후배의 조언도 맞고 나의 생각도 맞다. 이너 서클이나 원격 서클에 있는 사람들은 당신에 대해서 좋은 인상을 가질 수 있다. 잘 알기 때문에 그러하거나 잘 모르기 때문에 그러하다. 중간 서클에 있는 사람들은 당신에게 막연한 거부감을 가질 수 있다. 같은 분야, 관련 분야, 유사한 직종에 있기 때문에 까다로운 평가를 하기 때문이고 잘 알게 될 때까지는 평가를 아끼고 무언가 비판하기를 더 좋아하는 성향 때문에 그렇기도 하다.

그런데 실제로 사회생활에서는 중간 서클에 있는 사람들이 훨씬 더 강력한 영향력을 줄 수 있다. 이모저모 당신에 대해서 이야기를 하고 또 퍼뜨리는 역할을 통해서다. 예컨대, 사람 추천, 프로젝트 추천 같은 것 말이다. 일종의 '네트워킹' 역할을 하게 되는 것이다. 그러니 좋은 네트워킹을 만들려면 중간 서클에 있는 사람들을 자기편으로 만드는 노력이 분명 필요한 것이다.

나의 후배가 해준 조언은 귀담아들을 필요가 있다. 유연한 공적 관계를 위해서 꼭 필요한 지혜다. 실제로 중간 서클에 있는 '잘 모르는, 막연히 아는 사람들'은 그리 어렵지 않게 '잘 아는, 더 알고 싶은, 같이 일해보고 싶은 내 편'으로 만들 수 있다. 다음과 같은 원칙은 어떨까?

• 자신의 관심사, 하는 일, 한 일을 알려준다.
• 상대의 편견을 없애려고 하지 않는다.
• 같이 있는 공적 자리를 만들어본다(회의, 사교 미팅, 여행 등).
• 상대에게 위협적인 존재로 비치지 않도록 한다.
• 공통의 관심사를 만들 수 있는 가능성을 시사한다.
• 도움을 주고받을 수 있는 가능성을 열어둔다.

당신을 아예 잘 모르는, 혹은 아주 막연하게 아는 원격 서클에 있는 사람들에 대해서는 어떻게 할까? 전혀 모르는 사람을 내 편으로 만드는 것은 대개 어렵다고 생각한다. 그런데 꼭 그렇지만도 않다. 전혀 모르는 사람이란 대체로 당신에게 호기심을 갖는다는 것만 해도 또 당신에게 편견을 가지지 않는다는 것만 해도 좋은 시작이라 할 수 있다.

원격 서클에 있는 사람들이 오히려 당신 편이 되어주는 경우는 무척 많을 것이다. 객관적 입장에서 당신을 평가할 가능성도 높다. 그래서 서로 이름이나 들어본 정도의 사람들이 갑자기 만나서 막역하게 알던 사람처럼 가까워질 수도 있는 것이다. 멀리 있다고만 생각할 이유는 없다. 사람 사이의 관계란 언제 어디서 기회가 생길지 모르는 것이다.

게다가 원격 서클에 있는 사람들은 오히려 더 좋은 원군이 될지도 모른다. 당신과 직접적으로 경쟁 관계가 아니면서 협력 관계를 유지할 수 있는 여지가 많기 때문이다. 서로 다른 분야에서 일을 한다는 것도 작용하고, 다른 관심사가 있기 때문에 직접적인 이해관계가 얽히지 않으면서 서로를 도와줄 수 있다. 원격 서클에 있는 내 편을 많이 가질수록 당신의 활동 입지는 훨씬 더 넓어질 가능성이 크다. 다음과 같은 노력을 해보자.

- 나와 다른 관심사에 대해 관심을 가져준다.
- 적절한 비교와 적절한 대비를 해본다.
- 서로의 고충을 편하게 털어놓는다.
- 자신의 생각과 활동을 알리는 노력을 한다.
- 상대의 생각과 활동을 알려는 노력을 한다.
- 적절한 친근감과 적절한 거리감을 유지한다.

### 적을 내 편으로 만들려면?

그렇다면 사람 사이에서 '적'이란 개념은 어떤 것일까? '적'과는 어떤 관계인 것일까? 서로 경쟁하는 관계? 이익을 놓고 사로 다투는 관계? 당장 한자리만 놓고 싸우는 관계? 죽일 둥 살 둥 치고받는 관계? 너무도 생각이 달라서 외면하는 관계? 근본적인 철학이 달라서 혐오하는 관계?

통상 '적'이라고 하면 부정적으로 보지만 적의 개념이 꼭 부정적인 것만은 아니다. 개인이건, 기업이건, 정당이건, 나라이건 간에 인간 사회에서 '적'이란 개념은 필요악이라 해도 좋을 것이다. 정확하게 표현하자면 '라이벌(경쟁자)'로서의 적은 필요악이다. 물론 피비린내 나는 전쟁으로 치닫거나 국민의 생명을 볼모로 하는 정치판 싸움이 일어나거나 모두의 자멸로 치닫는 덤핑 경쟁이 극성이라면 문제가 되지만, 적과의 공생이란 인간 사회에서 가능한 것이고 가능할 수 있어야 하기 때문이다. 마치 자연계와도 같다. 알다시피 모든 자연계에는 '천적'이란 관계 덕분에 오히려 건강하고 튼튼한 생태계가 이어질 수 있다.

인간 사회에서의 적을 어떻게 보느냐에 따라 우리를 건강하고 튼튼하게 만들어주는 존재라 여길 수 있는 것이다. 역설적으로 이런 점에서 적은 또 다른 의미의 내 편이 된다. 어떻게 하면 건강하고 튼튼한 인간 생태계를 만들 수 있을까?

첫째, '라이벌'이 나의 자라기를 촉진한다. 경쟁 상대로서의 적은 필요하다. 경쟁이 있어야 사람은 자극을 받고, 막연한 경쟁보다 구체적인 경쟁 상대가 있어야 훨씬 더 구체적인 자극을 받게 되는 것이 인지상정이다. 이겨내야 할 어떤 상대가 있으면 목표가 구체적이 되고, 어느 정도 감정도 작용하면서 자신을 더욱 매진하게 만든다. 자신의 감정을 파괴할 정도의 경쟁의식이 작용하지 않는다면 라이벌의 존재는 우리가 고마워해야 할 것이다.

둘째, '적'이 있으면 오히려 '같이' 주목을 받는다. 너무 혼자 뛰어나면 별로 재미없다. 라이벌과의 각축 속에서 사람들은 더욱 흥미를 느낀다. 어떤 결과가 생길까, 이번에는 무슨 게임이 벌어질까 하면서 사람들은 관심을 가져주는 것이다. 그래서 적은 일종의 동반자가 되고, 때로는 적도 키워주어야 하는 것이다. 정치계, 연예계, 스포츠계, 문화예술계, 학술계에서는 특히 이런 역학이 두드러진다. 혼자서 앞서가는 것보다는 앞서거니 뒤서거니 한 번 이기고 한 번 지는 식의 역학이 있어야 오히려 관심을 유지하는 것이다. 상품에서도 1등 상품과 2등 상품이 견주어야, 기업에서도 1등, 2등을 각축하는 경쟁기업이 있어야 사람들의 시선을 끌면서 마케팅에도 도움이 된다.

셋째, '적'이 있어야 '군(群)으로서의 분야'를 인정받는다. '유일무이의, 희귀한' 같은 희소가치는 물론 그 자체로 가치가 있지만 대중적인 어필을 유지하는 데에는 한계가 있다. 어떤 주제나 어떤 분야를 키우려면 어느 정도의 '군(群)'을 이루는 것이 좋다. 예컨대, 같은 주제의 책이 여러 권이 나오면 그 주제에 대해서 더 관심을 갖게 되는 것과 같은 이치다. 여러 전문가들이 여러 연구결과를 만들어내면 비교와 대비 속에서 관심을 키울 수 있다. 분명, 적은 협력관계에 있는 것이다. 적이 잘해줘야 나도 잘할 수 있는 것이다.

넷째, '적'은 때로 전략적인 내 편이 되어준다. 적은 항상 모든 면에서 대치하는 것은 결코 아니다. 100% 적이란 있을 수 없는 것이다. 상황과 경우에 따라 적은 내 편이 되기도 한다. 둘째,

셋째의 이유 때문에 전략적으로 내 편이 되어줄 수도 있고 또는 적이 오히려 객관적인 시각으로 나를 보면서 나를 인정해줄 수도 있다. 만약 서로의 존재, 서로의 역량을 인정해주는 적이라면 그야말로 환상적인 관계가 아닐 수 없다.

이런 관점으로 적이라는 존재를 바라본다면, 우리는 무척 너그러워질 수 있을 것이다. 나를 키워주는 적 역시 내 편이니까 말이다. 인간 사회에서 적과 친구는 당연히 생기게 마련이다. 적과 친구는 종이 한 장 차이다. 영원한 적도 없고 영원한 친구도 없다. 게다가 적이 없는 사람은 오히려 별 볼 일 없는 사람일 가능성도 농후하다. 별 능력 없는 사람이라는 신호일지도 모른다. 적이 있다는 것은 무언가 가능성이 있고 더 자랄 역량이 있다는 증거일지도 모른다.

그러나 적의 존재를 좋은 뜻으로 내 편이라 보기란 결코 쉽지 않은 것만은 분명하다. 이 세상에는 치사하고 더러운 싸움이 많지 않은가. 적을 뭉찌르려고, 완전히 밟아버리려고, 처절하게 이기려고 하는 싸움들. 그 한자리를 차지하려고 수단과 방법을 가리지 않고 치러지는 싸움들은 때로 추악할 정도다. 그러나 우리 자신은 '공생의 법칙'을 모르는 어리석은 사람이 되지는 말자. 적은 내 편이기도 한 것이다.

**사람을 믿고 또 사람을 믿지 마라**

외로움이란 많은 경우 사람 변수 때문에 생기고, 믿음이라는 변수 때문에 심해지거나 또는 사라지기도 한다. 사람 사이의 믿음에 대한 당신의 원칙은 무엇인가?

"무턱대고 사람을 믿지 마라. 그런가 하면 무한정 사람을 믿어라." 이 상반된 설을 왔다 갔다 해보자. 사람에 대해서는 '성악설'과 '성선설'을 왔다 갔다 할 수밖에 없을 것이다. 한 개인에 대해서는 '성선설'이 더 맞을 것이다. 사람은 태어나면서부터 선한 구석이 있고, 기회와 상황에 따라서 선한 점이 발현될 가능성이 훨씬 더 크다고 나는 믿는다. 그러나 일단 '사회'라는 곳에 들어온 사회인에 대해서는 '성악설'에 더 근접한다고 생각한다. 서로의 이해관계가 얽히고설키는 사회적 관계에서는 인간은 언제나 죄악을 저지를 태세가 되어 있을지도 모르고 무엇보다도 죄악의 유혹에서 벗어날 수 없는 존재인 것이다.

사람들이 외로운 느낌에 시달리는 것은 사람에 대한 믿음 때문인 경우가 가장 많을 것이다. 사람에 대한 믿음을 잃거나 믿음이 흔들릴 때 사람은 외롭게 느낀다. 만약 마음속 깊이 담담하게 사람에 대한 성악설과 성선설을 왔다 갔다 할 수 있다면 우리들은 이런 외로움을 좀 더 잘 견뎌낼지도 모른다.

마음 깊이 '내 편'을 바라는 소망 때문에 사람들은 자기편이 되는 사람에 대해서는 한없이 성선설을 적용하고 자기편이 아닌 사람에 대해서는 한없이 성악설을 적용하는 우를 저지르곤 한다. 자칫 공과 사를 구분하지 못하는 우를 저지르기도 한다.

내 편이라고 생각되는 가까운 사람들로부터 지나치게 영향을 받기도 한다. 말하자면 이런 식이다. 진로, 학교, 직장을 결정할 때 가족들과 짝에 의해서 좌우되기 쉽다. 사랑 고민, 직장 고민, 사업 고민 등이 생겼을 때 친구나 가까운 동료, 파트너의 판단에 의해 좌우되기 쉽다. 그러나 가까운 사람들은 가깝기 때문에 오히려 나에 대해서 어떤 편견을 가질 위험이 있지 않을까? 서로 가까운 사이이기에 필요 이상으로 내 편이 되어주는 것은 아닐까? 그런 배려 때문에 냉철한 판단력을 잃는 것은 아닐까? 의문해보자.

더 나쁜 경우도 있다. 예컨대, 업무 사항을 결정할 때 당장 보고받는 상사, 비판하는 동료의 평에 좌우된다. '팔 물건'을 만들면서 신경 써야 할 것은 소비자인데 결정권을 가진 상사들에게 신경을 더 쓴다면 발전을 기약하기 어렵다. '정책'을 결정하는 것은 사회에서 실수요자에 대한 효과를 봐야 하는 것인데 상위직에 대한 보고에만 신경을 쓴다면 정책 소신을 가질 수가 없다.

최악의 경우도 있다. 내 편이라는 이유로 가까운 사람을 이 자리 저 자리에 앉혀놓고 끼리끼리 업무와 용역과 하청관계를 유지하다 보면, 일 수행에 대한 견제와 비판은커녕 문제가 생겨도 서로 덮어주고 이권을 나누며 봐주기만 하다가 결국 상황 판단에 대한 분별력을 잃고 위기 상황으로 치닫는 경우가 왕왕 생긴다. 내 편끼리만 봐주다가 개인의 파국, 전체의 위기로 이어지는 것이다.

 그러니 부디 가까이 있는 사람, 내 편이라고 하는 사람을 견제해보자. 내 편이라고 하는 사람을 무턱대고 믿지 마라. 내 편이 아닌 사람이라고 해서 무턱대고 의심부터 하지 마라. 어떻게 상호 견제와 균형을 이룰 수 있을지, 비판적 시각을 어떻게 유지할 수 있을지 고민하라. 가까이에서 당신을 편들어주는 사람에게 고마워하되, 그들이 악한 동기를 가지고 있을 수 있음을 또는 선한 동기이지만 악한 영향을 줄 수 있음을 의식하라.


### 정 내 편이 없다고 생각된다면

 사람 관계는 참으로 까다롭고 복잡하고 미묘해서 때로는 다 피하고 싶을 정도다. 사람 관계는 아예 다 끊고 싶고 다 떠나고 싶어진다. 물론 마음속으로는 여전히 어디 내 편이 없을까 고민하면서 말이다. 어디에도 정 내 편이 없다고 생각되는 순간이 있다.
 정말 그렇게 생각된다면 강아지나 고양이를 길러보라. 그들은 무한정 당신 편일 테니까. 고양이는 까탈 맞고 주인에게조차 딱 달라붙지 않지만 자기가 기분 좋을 때는 온갖 아양을 떨며 착 감아 도는 귀한 순간을 선사한다. 강아지는 감복할 정도로 주인에게 충정을 지킨다. 언제나 꼬리를 흔들어주고 언제나 반가워해주니 세상에 이런 친구란 사람 세계에서도 없을 정도 아닌가. 5분 만에 다시 봐도 몇 달 만에 보는 것처럼 감정을 표현해줘서 애틋하고, 자그만 호의에도 마냥 기분이 좋아져서 사랑스럽게 안겨준다.

　게다가 강아지나 고양이는 말없이 있어주니 얼마나 고마운가. 강아지나 고양이에게 대화하듯 말하면 제풀에 풀리니 얼마나 좋은가. 나를 걱정해주는 듯한 눈빛을 보면 얼마나 기분이 좋은가. 나를 애틋하게 바라봐주니 얼마나 기특한가. 언제나 귀를 쫑긋하며 온통 나에게 관심을 기울여주니 얼마나 고마운가. 안 놀아주어도 묵묵히 기다려주고, 내 기분을 알아채는 눈치까지도 있다. 언제나 쓰다듬어줄 수 있고 언제나 안겨주니 얼마나 좋은가.

　그리고 생각해보자. 고양이나 강아지는 왜 당신을 좋아하는가. 당신이 베풀기 때문이다. 당신이 돌봐주기 때문이다. 당신이 같이 놀아주기 때문이다. 목욕시키고 산책시키고 같이 놀아주고 먹을 것 챙겨주고 아는 척해주니까 당신에게 애정을 갖는 것이다. 그만큼 당신은 '개의 인격', '고양이의 인격'을 존중해주고 있는 것이다. 개나 고양이를 길러보면 사람에게도 어떻게 해야 내 편이 될지 확실히 알게 될 것이다. 사람에게 베풀 줄 아는 것, 성의를 보여주는 것, 관심을 표현하는 것은 빠트릴 수 없는 '내 편 만들기'의 지혜다.

　나의 인생에 강아지가 들어오고 고양이가 들어오고, 그들이 세상을 떠나고, 길에서 유기견을 거둬주고 또 유기견센터에서 아기를 데려와서 친구를 만들어주고 같이 살면서 인생에 대한 나의 생각, 사랑에 대한 생각, 사람 관계에 대한 생각도 많이 달라졌다.

풍부해졌고 애틋해졌고 각기의 입장을 더 생각할 수 있게 되기도 했다. '내 편'이 된 강아지와 고양이, 나에게 존재의 의미와 관계의 의미와 오고가는 신호의 의미를 키워주었다. 당신도 한번 길러보라. 당신의 사랑 관계, 사람 관계, 책임성, 돌봄의 능력에 엄청난 변화를 가져다줄 것이다.

## 내 편을 견제하라

독자는 이 장을 읽으면서 약간의 딜레마를 느낄지도 모른다. 나 역시 딜레마를 느끼면서 쓴다. 사람에 대해서 '가깝고도 먼 관계, 멀고도 가까운 관계'를 유지한다는 태도가 바탕에 깔려 있기 때문이다. '사람'에 '감정'이 개입되는 관계에 있어서 가깝게 대하면서도 또 한편 적절하게 거리감을 둔다는 것이 얼마나 어려운 일인가. 내 편이란 그렇게도 지키기 어려운 관계가 아닐 수 없다. 내 편을 만들기란 필요한 일이지만 또 내 편에 의해서 지나치게 좌우되지 않게끔 되어야 궁극적으로는 내 편도 계속 지킬 수 있기 때문이다.

가장 힘들 때 자신을 지키고, 가장 외로운 순간에 자신을 지킬 수 있다는 것은 용기일 것이다. 자신을 지키려면 사적 서클에서도 또한 공적 서클에서도 '내 편'이 분명 필요하다. 세상은 나를 꺾으려는 것으로 가득 차 있고 내 편은 나에게 용기를 불어넣어주기 때문이다. 그러나 내 편이라고 믿는 사람들은 그들의 선입관과 편견과 기대로써 나를 흔들리게 할지도 모른다. 내가 흔들리면 그들에 대한 믿음이 흔들리고 그들에 대한 기대가 흔들리며 이에 따라 나는 더 흔들리게 될지도 모른다.

역시 사람이란 가까운 사람에게서 큰 영향을 받게 되는 것이다. 그렇기에 내 편을 견제해보자. 나를 전폭적으로 믿어주고 밀어주고 기대해주는 내 편인 사람들을 견제해보자. 나 자신을 위해서 또한 내 편인 사람을 계속해서 내 편으로 유지하기 위해서.

## 10강

슬프다.
사람이란 왜 이리 허할까?

"슬프다. 산다는 건 이리 슬픈 걸까? 허하다. 산다는 것이 왜 이리 허한가? 정말 외롭다. 허무하다. 나도 모르게 눈물이 흐른다. 이젠 눈물도 나오질 않는다."

깊은 고독의 순간이다. 허무한 순간이다. 우리의 존재에 대해서 깊은 회의를 느끼는 순간이다. 인간 존재의 허망함을 느끼는 순간이다. 절망인지, 좌절인지, 포기인지 모를 아득한 의문이 드는 순간이다. 깊이 흔들리는 순간이다. 인간 존재의 본질적인 슬픔이다.

힘들다, 지친다, 괴롭다, 아프다는 느낌을 넘어서 슬프다는 느낌이 되면 잘 가늠이 안 된다. 그냥 슬퍼만 하고 싶고 아예 말을 잊게 되기도 한다. 이별과 사별과 같이 슬픔의 원인을 확실히 알 때는 펑펑 울 수라도 있지만 왜 슬픈지 모를 때는 아득하기만 하다. 이 책의 1장에서 가끔은 자신을 동정하며 엉엉 울어보라고 했지만, 정말 슬퍼질 때는 눈물조차 나오지 않는다.

내 어릴 적에 동생과 언니를 사고로 잃었을 때에는 슬프다는 느낌이 무엇인지도 잘 모르며 울었다. 자라면서 소설을 읽고 영화를 보며 눈물을 흘렸던 수많은 순간들도 있다. 현실이란 훨씬 더 슬펐다. 우리의 현대사에서 일어났던 아픈 시간마다 수없이 눈물을 흘렸다. 그때마다 사람들이 흘린 눈물은 강물이 되고도 남을 것이다.

슬프다는 느낌을 가지고 눈물을 흘릴 수 있을 때는 그래도 아직 슬픔의 감정이 온전한 상태다. 눈물조차 나지 않는 상황에 이르면 위험하다. 온몸의 촉촉함이 다 사라진 것 같은 느낌, 바삭바삭 다 말라버린 느낌, 가뭄의 논바닥처럼 쩍쩍 갈라질 것 같은 느낌, 껍질만 남은 듯 허깨비 같다는 느낌, 버려진 정도가 아니라 저주받은 영혼 같다는 느낌까지 든다.

슬픔의 저 밑에는 '고픔'이 있다. 아쉬움보다 더 큰 고픔, 모자람보다 더 큰 고픔이다. 무엇에 대한 고픔일까? 사람, 사랑, 배려, 공감, 사람됨, 상식, 정의, 따뜻함, 돌봄, 나눔, 존중, 아름다움, 영원함, 불멸, 숭고함, 위대함, 평온함, 평화, 희망, 인간성 등 사람살이의 본질적 가치에 대한 고픔이다. 세속적인 욕망과는 다르다. 돈, 권력, 지위, 성공, 집, 자동차, 명품, 학벌, 커리어에 대한 욕망과는 완전히 다르다. 우리는 세속적인 욕망의 굴레에서 결코 완벽하게 벗어나지 못한다는 사실 자체가 슬프기는 하지만, 사람살이의 본질적 가치에 대한 고픔에서 비롯되는 슬픔은 우리가 사람임을, 사람다운 사람임을 보여주는 증거다. 이 고픔을 깊게 느낄수록, 우리의 사람다움의 의미는 커질 것이다. 깊은 고픔을 느껴보라. 슬픔을 뜻깊게 하라.

# 깊은 고픔을 느껴보라

　　슬픔의 가장 확실한 징표는 눈물이다. 그런데 눈물은 슬플 때만 나오는 것은 아니다. 어떠할 때 눈물이 나오는가 한번 자신을 돌아보자. 그 깊은 고픔의 실체를 돌아보라.

　　따뜻함을 느낄 때, 아름다움을 느낄 때, 숭고함을 느낄 때, 속물성을 넘어서 일상에서 만나기 어려운 그 어떤 감정을 느낄 때 자기도 모르게 눈물이 나온다. 뭉클해지고, 가슴이 떨리고, 마음이 뜨거워지고, 눈시울이 붉어지고, 눈동자가 촉촉해진다. 마음이 움직이는 순간이다. 감동의 순간이다. 감이 동하는 순간이다. 사람, 자연, 예술을 만나면서 이런 순간을 느껴본 적이 있는가? 그런 순간을 간절하게 그리워하는가?

　　분노를 느낄 때 역시 우리의 마음은 움직인다. 가슴이 끓어오르고, 마음이 타오르고, 울컥해진다. 화가 나거나 미워하거나 증오하는 것과는 다르다. 치욕감, 굴욕감, 모멸감, 억울함, 인간의 폭력성과 탐욕과 사악함에 대한 혐오와 함께 수치심이 발동한다. 인간의 양심이 저버려질 때, 인간다운 심성이 땅바닥에 처박힐 때, 어떻게 인간은 이렇게 비열하고 저열하고 잔인하고 사악한가 몸서리쳐질 때, 저 가슴 밑바닥에서부터 치오르는 분노의 슬픔이다. 이러한 순간을 느껴봤는가? 인간으로서의 존엄성이 무너지는 처절함을 절절하게 느껴봤는가?

이런 슬픔들은 뜻깊다. 사람살이의 아름다움과 존엄성을 깊이 그리워하고 아쉬워하기 때문에 비롯되는 슬픔이기 때문이다. 이러한 슬픔에 대하여 공감하는 사람들이 많아질수록 세상의 슬픔은 훨씬 더 줄어들 것이다. 사람들은 훨씬 더 기꺼이 다른 사람들에게 또 세상에 손을 내밀 수 있을 것이다. 불행히도 우리는 세속에 치이거나 자신의 상처와 마음의 벽 때문에 자신의 슬픔조차 제대로 마주하지 못하고 자신의 깊은 고픔을 헤아리지 못하는지도 모른다.

인기 드라마 「별에서 온 그대」에서 외계인 도민준은 아주 매력적인 캐릭터였다. 우리 역시 잠시 이 지구 위에 머문다는 점에서는 외계인이나 다를 바 없지 않을까? 이 드라마에서 내가 각별히 좋아했던 장면이 있다. 동료 여배우를 자살로 몰아넣었다는 오해를 받은 여주인공 천송이가 기자들을 피해 도민준의 집에 숨어 있을 때다. 도민준이 그 특유의 쿨한 말투로 "사람들에게 상처

받지 않는 법 가르쳐줄까? 주지도 받지도 마라. 인기가 있으면 뭐 하냐, 매니저와 코디가 항상 떠받들어주면 뭐하냐, 너 지금 여기 혼자잖아?"라고 하자 천송이는 그 특유의 천진난만한 말투로 말한다. "왜 혼자야? 우리 같이 있잖아!" 이 간단한 말에 도민준의 눈빛이 흔들린다. 그의 마음의 벽이 무너지고 무장해제되는 순간이다. 그의 마음속에 천송이의 존재가 있는 그대로 들어오는 순간이다. 천방지축 천송이지만 공감의 능력이 빛나는 것이다.

누구에게나 마음의 벽이 있다. 도민준은 '사랑을 잃는 아픔을 다시는 겪지 않겠다, 여기는 나의 세상이 아니다, 사람은 배신한다'라는 마음의 벽이 있다. 그 높은 벽을 넘어서지 않는 한, 그 벽을 깨지 않는 한, 다른 가능성은 일어날 수가 없다. 그가 404년을 살아오면서도 넘지 못하던 벽이다. 당신에게는 어떠한 마음의 벽이 있는가?

내가 가진 마음의 벽도 있다. 박사 공부를 하던 중 『Feeling(느낌)』이라는 제목의 정신분석의가 쓴 책을 아주 인상 깊게 읽은 적이 있다. '느낌이란 생존 또는 성장의 신호'라는 논지하에 우리가 일상에서 수시로 느끼는 감정을 분석한 책이다. 이 책을 처음 읽을 때에도 "Feeling used(이용당하는 느낌)"이라는 장을 제일 먼저 읽었고, 지금도 가끔씩 다시 들춰 보는 부분도 이 장이다. 나는 '이용당하는 느낌'에 가장 시달리는 모양이다. 그런 느낌이 들면 내 마음이 닫히고 주위에 벽을 세우게 되는 심리를 잘 알고 있다. 책을 읽고 나를 관찰하며 왜 이용당하는 느낌이 생기느냐 하는 원인을 알게 되었을 때 나는 마음을 가라앉힐 수 있었다. 더 나아가 이용될 수도 있다는 것에 대해서 마음을 비웠을 때 나는 비로소 너 그러워질 수도 있었다.

우리는 각기 짐이 있고 상처가 있으며, 약점과 단점이 있고, 트라우마가 있고 마음의 벽이 있다. 그렇기 때문에 깊은 고픔도 생기는 것이다. 그럼에도 불구하고 그 깊은 고픔을 좀 더 긍정적으로 만들 수는 없을까?

비인간적인 폭력이 지배했던 20세기를 겪으며 철학자 장 폴 사르트르는 "사람은 사람에게 지옥"이라는 말을 남겼다. 제2차 세계대전이라는 악몽을 거치고 나치의 유대인 학살이라는 만행의 실상을 속속들이 알게 되었을 때 얼마나 사람은 사람에게 지옥으로 보였을까. 그런가 하면 같은 시대, 같은 나라 사람인 장 피에르 신부는 유대인으로서 더 심한 마음고생을 했을 터인데도, 여전히 "사람은 사람에게 천국"이라는 말을 했다. 우리는 이 두 가지 입장을 다 이해할 수 있지 않을까? 사람은 사람에게 지옥일 수도 있고 사람은 사람에게 천국일 수도 있다. 당신은 어느 입장에 마음이 기울어지는가? 당신은 삶의 어느 순간에 천국과 지옥을 오가는가?

슬픔을 느낄 줄 안다는 것은 아주 특별한 능력이다. 깊은 고픔을 느낀다는 것은 가장 인간적인 능력이다. 우리가 슬퍼할 줄 안다면, 깊은 고픔을 느낄 줄 안다면 우리의 생은 훨씬 더 풍요로워진다. 슬픔을 느낄 줄 모르는 사람이 되지는 말자. 고픔이 없는 삶을 살지는 말자. 슬픔과 고픔이 있어 우리는 인간답다.

고픔은 우리에게 네 가지 경로를 통해 찾아온다. 몸의 고픔, 머리의 고픔, 가슴의 고픔, 영혼의 고픔이다. 살아 있는 한 절대로 헤어나지 못할 고픔이다. 마치 지옥도에 떨어진 것처럼 헤어나지 못할 인생의 고픔들이다.

하지만 몸, 머리, 가슴, 영혼의 고픔이 있어 인간은 얼마나 행복해질 수 있는가. 고픔이 없다면 인간이 아니고, 고픔이 없다면 삶의 맛도 없을 것이다. 고픔이 없다면 채움도 없을 것이다. 채움이 없다면 비움도 없을 것이다. 비움이 없으면 채움도 없을 것이다. 고픔이 없다면 슬픔도 없을 것이다. 그러나 슬픔이 없다면 기쁨도 줄어들 것이다.

우리가 느끼는 몸, 머리, 가슴, 영혼의 깊은 고픔을 절절하게 느껴보자. 인생의 여러 순간에 이들은 우리에게 각기 독특한 신호를 보낸다. 그 고픔은 서로 연관되어 있기도 하다. 그 신호들을 잘 알아채고 그 의미를 파악해보자.

**몸이 고픈 신호에 귀를 기울여라**

몸의 고픔은 자신 역시 하나의 생명체임을 느끼게 만드는 신호다. 배고프고, 목마르고, 몸 아프고, 잠을 못 이기면서 '나도 어쩔 수 없는 일개 동물이구나' 하고 느끼게 된다. 그러나 얼마나 큰 축복인가. 배가 고파서 허리가 꺾일 듯한 고통은 너무 힘들지만 그러다 첫술을 입에 넣는 그 푸근함을 어떻게 표현하랴. 목이 타들어갈 때 마시는 물 한 모금의 축복, 참고 참다가 오줌을 눌 때의 그 후련함, 제대로 똥을 눌 때의 그 시원함이란 어디에도 비할 바 없는 희열이 아닐 수 없다. 우리는 매일매일 이러한 축복 속에 산다.

아파보면 우리 몸의 건강함에 대해 새삼 고마워진다. 배앓이를 하면서 못 먹어봐야 음식의 고마움, 먹는 기쁨에 고마워하게 되고, 건강진단을 준비하면서나마 물 한 방울 못 마시는 시간을 겪어봐야 물 한 모금의 위력을 알게 되고, 변비에 시달려봐야 쾌변의 기쁨을 알게 되고, 불면증에 시달려봐야 숙면의 쾌락을 알게 된다.

자연은 인간에게 몸이라는 '자연의 시계'를 주어서 이 시계에 따라 자신의 생존을 지키도록 하였으니, 정말 교묘할 정도로 지혜로운 자연이 아닐 수 없다. 몸이 고픈 신호는 다행스럽게도 금방 나타난다. 워낙 정확하기 때문이다. 목이 마르고 배가 고픈 것은 물론이요, '해우소'에 가고 싶고 몸을 씻고 싶고 자고 싶은 느낌 모두 우리의 몸이 펄펄 살아 움직인다는 신호다. '섹스' 역시 몸의 고픔이다. 몸의 시계가 일정하게 움직이면서 성의 욕구가 싹트고 성의 접촉을 원하게 되고 그 찬란한 기쁨을 체험하게 되고 시시때때로 그 엑스터시를 원하게 되는 것, 몸을 가지고 있는 인간이 누릴 수 있는 최고의 쾌락이다.

몸이 아픈 신호는 빠르게, 때로는 느리게 나타난다. 중증이나 치유되지 않는 병을 앓는 것은 참으로 괴롭지만 나을 수 있는 병을 앓는 것은 아주 고마운 경험이 아닐 수 없다. 병에서 벗어날 때마다 살아 있다는 느낌, 건강하다는 기쁨을 다시 한 번 만끽할 수 있으니 말이다. 우리는 건강을 당연스레 받아들이지만 이 세상에 이름도 모를 수많은 병들이 있고 몸의 각 부위가 걸릴 수 있는 병들이 그렇게 많다는 사실을 알게 되면, 우리의 몸이 제대로 작동한다는 사실 자체가 그야말로 기적이 아닌가 생각될 정도다. 몸의 면역 능력과 치유 능력이 그렇게 높다는 것은 기적이 아닐 수 없다. 그런가 하면 그렇게 높은 능력을 가지고 있으면서, 한번 무너지면 속절없이 무너진다는 것은 얼마나 비극인가.

그러니 자신의 몸을 세심하게 돌보자. 몸의 고픔을 채우기 위해서 하는 모든 행위는 존귀하다. 다만, 몸이 고플 때 마구 채우는 것은 금물이다. 몸이란 일회용 디지털시계처럼 잠깐 쓰고 버리는 것이 아니다. 비유하자면, 몸이란 태엽을 감아주며 기름도 쳐주고 먼지도 털어주어야 튼튼하게 오래갈 수 있는 아날로그식 시계다.

몸이 고플 때도 사람이 필요할까? 물론이다. 혼자서 자기 몸을 잘 관리하는 사람도 있겠지만 대체로 사람이란 주변 사람의 눈을 의식하고 주변 사람의 리듬과 맞출 때 훨씬 더 자기 몸을 잘 돌보게 된다. 같이 먹을 사람이 있다는 것은 좋은 일이다. 챙겨 먹게 되니 말이다. 같이 사는 사람은 내가 아프면 돌봐주어서 좋기도 하지만, 설령 '왜 아프냐'고 짜증을 내더라도 같이 있다는 사실만으로 좋다. 같이 살지 않더라도 안색을 살펴주고 심기를 살펴주며 한마디 해주는 사람이 주변에 있는 것과 없는 것과의 차이는 엄청나게 크다.

우리가 각별히 몸의 고픔에 민감해야 하는 이유는 또 있다. 머리의 고픔, 가슴의 고픔, 영혼의 고픔이 결국에는 몸의 고픔으로 나타나기 때문이다. 사람의 정신 작용이나 마음의 작용이나 혼의 작용이 결국은 모두 몸의 작동으로 귀결되는 것이다. 영혼이 고프거나 가슴이 고프거나 머리가 고픈 상황이 오래 계속되면 몸이 말을 안 듣기 시작한다. 잠이 안 오고 변 색깔이 변하며 먹기 싫어지고 섹스 욕구도 없어지는 것이다. 고픔이 없거나 또는 고픔이 지나치거나 그 어느 상황도 모두 경계의 신호다.

우리의 마음과 몸이 서로 긴밀하게 연결되어 있다는 것은 점점 더 구체적으로 입증되고 있는 과학적 사실이다. 애가 타고, 가슴이 아프고, 피가 마르고, 머리가 텅 비고, 간담이 서늘하고, 목이 타들어가고, 몸서리가 쳐지고, 마음이 갈라지는 등 우리의 마음과 몸의 상관관계를 표현하는 그 모든 말들은 다 사실인 것이다. 머리, 가슴, 영혼의 고픔이 몸의 고픔을 통해 보내는 신호들에 각별히 귀를 기울여야 하는 이유기도 하다.

생명체로서 몸의 고픔을 채우는 것에 대해서만큼은 인색하지 말아야 한다. 영양을 채우고 체력을 키우고 몸매를 가꾸는 방법만은 아니다. 우리의 마음과 머리와 영혼의 고픔을 잘 살펴 다독여주는 것도 결국은 우리 몸을 위해주는 방법 중 하나다. 몸이 먼저인가, 마음이 먼저인가는 알 수 없으나 서로 상호작용을 하는 것만은 분명하니 말이다.

감사할 사실이라면, 몸을 잘 다스리면 역으로 우리의 마음과 영혼과 머리도 훨씬 더 맑아진다는 것이다. 스트레스로 쩔고 슬럼프로 무기력해지고 제어할 수 없는 온갖 괴로움으로 만신창이가 되어 있을 때, 먼저 몸을 움직여보자. 단순하게 걷기만 해도 치유는 시작된다. 땀을 흘리는 노동을 하면 온몸의 독기가 스스로 빠져 나온다. 우리의 몸을 씀으로 해서 힘을 붙이는 동시에 머리가 돌고 가슴도 다시 뛰고 영혼이 가득 채워지는 그 기쁨을 충분히 맛보자. 몸을 움직이는 그 단순한 반복성에 스며들어 있는 평온함을 맛보자. 숨이 돌고 피가 돌고 기가 도는 그 단순한 기쁨으로부터 시작하자. 우리에게 몸이 있어서 얼마나 다행인가?

**머리가 고플 때 우리는 훌쩍 자란다**

머리가 고프다는 상태는 어떤 상태일까? 한마디로 '지적 허기'이자 '지적 갈증'이다. 이 고픔을 몇 단계로 나눠보자. 첫째 단계, 알고 싶고 배우고 싶어 하는 욕구다. 둘째 단계, 그 앎으로 사람들과 통하고 싶다는 욕구다. 셋째 단계, 앎을 통해 이 세상을 좀 더 잘 파악하고 싶다는 욕구다. 넷째 단계, 자신의 앎을 현실에서 실천하고 싶다는 욕구다. 쉽게 이해할 수 있는 욕구다.

그런데 이 고픔은 그리 쉽게 채워지지 않는다. 첫째 단계는 그나마 쉽다. 혼자서도 할 수 있고 열의만 있으면 할 수 있다. 둘째 단계인, 사람들과 통한다는 것은 결코 쉽지 않다. 진정으로 머리가 고픈 사람들이 그리 많지 않다는 것도 깨닫게 된다. 셋째 단계에서는 세상의 메커니즘을 파악할수록 실망도 하고 염증도 생긴다. 넷째 단계는 모두들 경험하듯이 실패와 좌절과 절망으로 이어질 위험이 농후하다.

유학 시절에 공부에 한참 빠져 있을 때, 한 교수님이 오셔서 던졌던 말씀이 있다. "지금 참 좋지? 한국에 가봐, 정말 외로워……." 그 교수님은 아마도 '지적인 외로움'을 말씀하셨던 듯싶다. 동료 지식인들과의 교류에서 대화나 토론을 일정 차원으로 올리기 힘든 괴로움, 그래서 만나기를 즐기지 않게 되고 자신의 방에 갇혀버리게 되는 상황, 다들 왜 그렇게 바쁜지 뿔뿔이 흩어지는 외로움, 학술 활동에서도 서로 교차하기 어렵다는 괴로움 같은 것들이다. 충만한 지적 활동을 하는 것으로 보이는 교수님조차도 이런 말씀을 하셔서 나는 은근히 충격을 먹기도 했다.

유학에서 돌아와 본격적으로 일하면서 슬프게도 그 교수님의 이야기에 충분히 공감하게 되었다. 유학 중에는 '머리'로서는 상당히 충만한 시간을 보냈던 셈이다. 지적 교류의 즐거움은 물론이고, 높은 수준의 일을 추구할 수 있었던 것, 과정상의 골치 아픔 때문에 일의 수준을 망가뜨릴까 봐 걱정할 필요가 없었다는 것, 사람들이 항상 대화할 준비가 되어 있고 대화하기를 즐긴다는 것, 문제가 생겨도 여전히 대화는 한다는 것, 자료도 풍부했고 쉽게 접근이 가능했던 것 등 충분히 머리의 고픔을 채울 수 있는 환경이었다. 다만, 가슴이 고픈 것은 외국에 사는 한 어쩔 수 없는 한계였다. 우리 사회에서 일한다는 상황은 가슴으로는 충만하지만 머리는 시시때때로 고픈 상태가 이어진다. 그 시절 그 교수님이 왜 그런 말씀을 하셨는지 나도 충분히 이해가 되는 것이다. 완벽하게 소속되어 있지만 완벽하게 같이하지 못한다는 그 느낌은 많이 외롭고 슬프게 만든다.

그래서 꼭 필요한 것이 '지적 친구'다. 나는 다음과 같은 방식으로 다양한 지적 친구를 계속 찾는다.

첫째, '책'이란 언제나 가장 좋은 지적 친구다. 책이란 상당한 지적 작업을 통해서 만들어지니 완성도가 높다. 책을 통해서 만나는 친구, 즉 저자, 지식, 시각, 안목, 지식 체계는 직접 만나지 않더라도 항상 지적 친구로서 내 곁에 있다고 느낄 수 있다. 직접 말해주지는 않지만 마치 대화하는 느낌이다. 때로는 사람과의 만남보다도 오히려 책을 통해 더 많은 대화를 할 수 있다는 것이 신기할 정도로, 책이란 정말 좋은 대화 친구다.

둘째, '토론할 수 있는 친구'다. 오래가는 친구는 역시 '지적 친구'다. 어릴 적 학교 친구도 좋지만 사회생활을 같이 하는 친구가 더 오래가기도 한다. 잘 안 풀리고 고민하는 문제가 있을 때, 분야에서나 사회에서 어떤 쟁점이 벌어졌을 때 토론을 벌이는 친구다. 가령, 프로젝트가 잘 안 풀릴 때, 글을 쓸 때, 또는 방송에 나가야 할 때 머리가 막히면 친구들은 들어준다. 그저 들어주기만 해도 좋고 이왕이면 자기 의견으로 나를 자극해주면 더욱 좋다. 나에 대한 적의 역할, 비판 세력 역할을 해줌으로써 나를 단련시켜주는 친구들인 것이다.

셋째, '잘 모르는 사람과의 대화'를 터본다. 지적 만남의 기쁨은 잘 모르는 사람과의 우연한 만남에서 더욱 강해지는 듯싶다. 기대하지 않았기에 기쁨이 더욱 커지는 것 아닐까. 어떠한 상대이든 어떠한 자리이든 내가 얘기를 잘 꺼내는 것도 이런 기쁨에 대한 막연한 기대 때문이다. 돌발적인 기쁨, 순간적인 기쁨, 그리고 오래 인상에 남아서 추억하게 되는 기쁨이다. 잘 모르는 사람과의 얘기가 잘 아는 사람과의 얘기보다 훨씬 더 자극적이 이유는 어디로 튈지 모르기 때문이기도 하다. 그만큼 흥미진진하고 스릴이 있다.

넷째, '혜안을 보여줄 지적 친구'를 항상 찾는다. 그 혜안은 때로는 지식일 수도 있고 때로는 실전 체험일 수도 있고 때로는 통찰력일 수도 있다. 어디에서 나타날지 모른다. 그 사람이 나를 알건 모르건 별로 상관없다. 선배일수도 후배일 수도 있다. 우리나라 사람일수도 외국 사람일수도 있다. 어릴 적에는 선생님들이 이런 역할을 해주신다. 선배들이 역할을 해주기도 한다. 그런데 사회 경험이 쌓이고 보면 혜안을 보여주는 지적 친구란 그 어디에서도 나타난다는 것을 스스로 알게 된다. 신문 기사에서 나타날 수도 있고 라디오에서 갑자기 들려올 수도 있다. 직장 동료일 수도 있고 작업 현장에서 나타날 수도 있다.

가장 기분 좋은 순간이란 역시 전혀 기대하지 않는 사람에게서 혜안을 발견할 때다. 예컨대, 우스꽝스럽도록 순수한 질문을 하는 학생, 오랜 현장 경험을 토대로 '나는 잘 모르지만' 하면서 한 수 가르쳐주는 노련한 기술자, 당장 듣기에는 말도 안 되는 주문인데 돌아와서 생각해보면 정말 그렇게 하면 괜찮은 것이 되겠구나 하는 아이디어를 던져주는 고객 등.

다른 분야 사람들로부터 혜안을 발견할 수도 있다. 같은 분야 사람들 사이에서 생기는 경쟁의식이나 견제의식, 질투심이나 자격지심 때문에 막히던 생각이 다른 분야 사람들에게는 훨씬 더 자유롭고 너그럽게 대함으로써 의외의 깨달음을 던져줄 수도 있는 것이다. 가끔은 외국 사람들이 오히려 신선한 시각을 던져주는 것과도 통한다.

우리 사회에서는 지적 교류 전통이 그리 왕성하지 못한 편이다. 뜨거운 토론과 비판과 쟁점이 있어야 '생각하는 사람의 의미'를 확인할 수 있으련만, 서로 다른 포지션을 가지고 있더라도 충분히 세련되게 토론을 할 수 있으련만, '공방'을 넘어 '싸움'이 되어버리는 경우도 적지 않으니 참 안타까운 일이다. 그럼에도 불구하고 우리 사회처럼 자신의 의견과 생각을 말하기에 깊은 욕구를 가진 사람들도 없는 것 아닐까 하는 생각도 든다. 인터넷 게시판과 SNS가 그렇게 달아오르는 것은 자기표현에 대한 욕구불만이 쌓여 있고 언로와 소통에 목이 마르다는 증거다.

머리가 고프다는 사실을 기꺼이 받아들이자. 우리 자신이 생각하는 동물이라는 증거니 말이다. 그 무언가 알고 싶다는 욕구, 그 무언가 호기심이 발동되는 기쁨, 그 무언가 더 높은 곳을 향하고 싶은 소망, 그 무언가 지적인 나눔을 통해 뿌듯함을 느끼고 싶다는 신호다. 이런 고픔을 채우지 못하면 일을 한다는 것이 공허하게 느껴진다. 한낱 밥벌이와 돈벌이를 위해서 자신이 소모되는 것만 같은 느낌에 묶여버리고 마는 것이다.

머리가 고프다는 느낌은 자라고 싶다, 내적으로 성장하고 싶다는 욕구가 자신 속에 남아 있다는 신호니 가능성은 아직도 무한하다. 다행스럽게도 우리가 배워야 할 것은 무한하며, 세상의 지식은 점점 새로워지고 있으며, 지적인 교류를 하고 싶어 하는 사람들이 이 세상에 가득 차 있으며, 좋은 세상을 만드는 과제는 결코 끝나지 않는 과제다. 우리의 고픈 머리에 감사하자.

### 가슴이 고플 때 우리는 생생하게 살아 있다

머리가 고픈 사람이 생각하는 사람이라면 가슴이 고픈 사람은 생생하게 살아 있는 사람이다. 머리는 돌지만, 가슴은 뛴다. 머리는 궁극적으로 논리와 판단과 이성이 작용하지만, 가슴은 궁극적으로 이끌림과 공감과 감정이 작용한다. 머리의 고픔에는 외로움이 먼저 떠오르는 반면, 가슴의 고픔에는 슬픔이 먼저 떠오른다. 정이 많을수록, 느끼는 능력이 클수록 슬픔을 더 자주, 더 크게 느낄지도 모른다.

'가슴이 고프다'라고 하면 사람들은 가장 먼저 '사랑'을 연상할 것이다. 곧바로 짝을 떠올리는 사람은 이 세상에서 가장 행복한 사람일지도 모른다. 하지만 남녀의 사랑만이 가슴을 치는 것은 아니다. 살아가면서 우리는 수없이 많은 사랑의 대상을 만난다. 아는 이들뿐 아니라 전혀 모르는 이들에 대해서도, 가까운 이들뿐 아니라 전혀 만나지 못하는 이들에 대해서도 우리는 사랑의 감정을 느낀다. 공감과 연민의 감정이 그것이다.

사랑에 대한 고픔은 그 어떤 '접촉'을 원하는 고픔이다. 가슴의 고픔은 쉽게 몸의 고픔으로 치환되는 것이다. 손을 잡고 싶고, 안고 싶고, 보듬어주고 싶고, 기대고 싶고, 어루만져주고 싶고, 보고 싶고, 듣고 싶고 등 우리는 얼마나 본능적으로 촉감을 원하게 되는가. 사람과 사람 사이의 촉감을 통하면, 비록 슬픔의 근원을 없애지는 못할지 모르지만, 그 슬픔을 나눈다는 느낌 자체로 위로를 받는다.

사랑만이 가슴의 고픔을 자아내는 것은 아니다. 가슴이 아팠던 때를 기억해보라. 사람에 대한 믿음을 잃을 때, 배신당하는 것 같을 때, 기대가 무너질 때, 인간 세계의 더러움에 정 떨어질 때, 부패에의 유혹이 견딜 수 없을 정도로 다가올 때, 자기 하는 일에 의미가 없다고 느낄 때, 사람은 어차피 죽어야 한다는 것을 처음 알게 될 때, 그 운명을 새삼 느낄 때, 자신이 늙어간다는 징조를 확실히 느낄 때, 더 이상 젊지 않다고 느낄 때, 사람들과의 거리감을 느끼게 될 때, 자신이 정말 힘이 없음을 새삼 알게 될 때, 자기가 정말 이것밖에 안 되나 싶을 때, 자기 자신에게 실망할 때, 우리의 가슴은 흔들린다.

이럴 때 우리는 절대적으로 '접촉'이 필요하다. 사랑과 공감과 연민을 나눌 수 있는 접촉이 필요하다. 접촉의 대상을 찾고 접촉의 대상이 되어주자. 만나주고 안아주고 들어주자. 가슴이 고플 때 가장 위로가 되는 사람은 물론 가족이다. 친구다. 자기가 사랑하는 사람이다. 그러나 그뿐일까? 가족에게 차마 말하지 못하고 친구와도 통하지 않고 사랑하는 사람에게도 털어놓지 못하는 가슴의 고픔도 분명 있을 것이다.

때로는 자기를 전혀 모르는 사람이 가슴의 고픔을 덜어줄 수도 있다. 개인주의가 강한 서구사회에서는 심리상담가나 정신상담의가 오히려 가슴의 고픔을 덜어주는 역할을 한다. '고해성사'를 들어주는 것이다. 삶과 얽혀 있는 가까운 사람보다 적절하게 거리를 두고 있는 사람이 오히려 담담하게 귀를 기울여줄 때 왜 가슴의 고픔이 풀릴까? 자신에게 솔직해지고 자신의 고픔과 아픔에 정직해질 수 있기 때문일 것이다. 그렇게 정직해질 수만 있다면 우리는 이미 우리 자신의 고픔을 담담하게 인정할 수 있는 것일 게다.

가슴의 고픔을 풀어주는 단서는 그 어디에서 올지 아무도 모른다. 천진난만한 아이의 웃음에서 갑자기 풀릴지도, 엉엉 울고

슬픔을 느낄 줄 안다는 것은 아주 특별한 능력이다.
깊은 고품을 느낀다는 것은 가장 인간적인 능력이다.

나면 풀릴지도, 한바탕 웃고 나면 풀릴지도 모른다. 화사한 꽃다발에서 풀릴 수도, 싹이 움트는 나무에서 올지도 모른다. 생존의 시장에서 땀을 뻘뻘 흘리며 일을 하는 노동자의 모습에서 올지도 모르고, 누가 들어주건 말건 도취되어 연주하는 길거리 악사의 모습에서 올지도 모른다.

이 모든 것의 공통점이라면, '생명력의 증거, 존재함의 증거' 일 것이다. 생명의 존재를 새삼 느낄 때 어떤 접촉을 새삼 느끼는 것이다. 살아 있음의 아름다움을 체험하는 것이다. 이런 순간에 가슴의 고픔은 어느덧 뜻있는 고픔이 되어 있을지도 모른다. 가슴의 고픔을 가진다는 것은 뜻있게 살아 있음의 증거다. 때로 아프지만 그렇게 아프기에 우리는 또 다시 살아 있음에 감사하게 되는 것이다. 가슴의 고픔에 충분히 감사하자. 그리고 생명의 힘을 느끼고 나누어보자.

### 영혼이 고픈 나는 사람답다

영혼이란 무엇일까? 영어의 '소울(soul)'은 영혼을 나타내는 말이기도 하지만 '불쌍한 인간'을 적시하는 표현이기도 하고, 그야말로 혼으로 이루어진 듯한 음악 장르를 표현하기도 한다. 도대체 '혼'이란 무엇일까? 우리는 왜 예술 혼, 장인 혼이라는 말을 쓸까? 왜 모든 문화에는 그렇게도 수많은 원혼들이 있을까? 도대체 혼이란 무엇일까?

영혼은 종교적인 의미의 말이기만 할까? "축복받은 영혼, 저주받은 영혼, 구원받은 영혼"이란 말이 시사하듯이 말이다. 하지만 예술 작품 속에서 그리는 영혼들은 꼭 종교적 해석이 아니더라도 충분히 그 뜻을 이해하게 만든다. 특히 '저주받은 영혼'을 그릴 때 예술은 어찌 그리 파워풀한가? 그리스 신화에서 자기의 아버지를 죽이고 자신은 그 꼴을 당하기 싫어 아이들을 집어삼켜버리는 제우스 신의 아버지 크로노스, 젊음과 여인과 사랑을 준다는 메피스토의 꼬임에 넘어가는 파우스트, 영원히 젊고 싶어 초상화 속에 추악해져가는 자신의 모습을 가둬놓고 꽃미남으로 살아가는 도리언 그레이 등 예술 속에서는 인간의 불멸욕과 권력욕과 탐욕과 정욕 때문에 영혼을 팔아버리고 저주받은 영혼이 되는 예들이 무수히 나온다.

가장 처절하게 그려진 저주받은 영혼은, 영화 「지옥의 묵시록(Apocalpyse Now)」에 나오는 커츠 대령이 아닐까 싶다. 말론 브란도가 분한 모습은 나락으로 떨어진 영혼, 살아 있는 지옥에 살고 있는 영혼이었다. 라오스 여행을 하다가 커츠 대령의 실제 모델이 된 인물이 베트남 전쟁 중에 있었다는 것을 알고 나는 더 끔찍해했었다.

영화 「지옥의 묵시록」 속 커츠 대령의 가장 인상적인 대사는 이것이었다. "공포는 얼굴이 있다(Horror has a face)." 그 어떤 공포 중에서도 사람이 자아내는 공포가 가장 무섭다는 섬뜩한 대사였다. 인간의 잔혹함이 가장 무섭다. 전쟁은 죽이는 목적이 무엇인지, 싸우는 대상이 누구인지, 왜 죽여야 하는지, 왜 어린아이들까지도 희생되어야 하는지, 왜 폭탄을 투하해야 하는지, 모든 것이 뒤섞여버리는 생지옥이다. 베트남 전쟁터라는 생지옥에서 커츠 대령은 무엇을 할 수 있었을까? "단 몇 사람만 있으면 이 상황을 바꿀 수 있을 것 같았다"는 그의 판단조차도 의심스럽기만 한 지옥. 모든 사람들이 자신을 오해하더라도 아들만큼은 자신을 이해해주기를 바라는 커츠 대령. 시체와 해골과 열병이 널려 있는 밀림에서 자신을 '의미 있게 죽여줄 킬러'를 기다리는 지옥. 그야말로 영혼의 생지옥이다.

다행스럽게도 우리는 커츠 대령처럼 그러한 생지옥에 던져진 것은 아니다. 그러나 대부분의 우리 삶이란 지옥의 축약도에 다름없다. 인간의 물욕, 탐욕, 정욕, 폭력, 잔혹함, 비열함, 사악함은 인간다움을 잃게 만들고 인간성에 대해서 회의하게 만들며 인간 세계를 생지옥으로 만든다. 이런 상황을 인식하게 될 때 우리는 영혼의 고픔을 느끼지 않을 수 없다. 아프다. 그리고 슬프다.

그래서 우리는 '영혼의 친구'가 필요하다. 사랑으로부터 오든, 인간에 대한 믿음으로부터 오든, 인류애 정신에서부터 오든, 예술의 감동을 통해서 오든, 자연의 생명력에서부터 오든, 무한한 우주의 섭리와 기를 느끼는 데에서부터 오든, 영혼의 친구는 우리의 고픔을 달래준다.

영혼이 고프다고 느끼는 것만 해도 인간은 인간적이 될 수 있다. 고프다는 느낌조차 없이 산다는 것은 얼마나 삭막하겠는가. 인간이 왜 이 자리에 있는가? 기껏 100여 년 살다 없어질 삶에 왜 최선을 다해야 하는가? 그럼에도 이 부질없는 삶이 어떻게 부질 없지 않을 수 있는가? 이런 의문들은 우리가 살아 있는 한 그치지 않을 의문이다. 없어지지 않을 영혼의 고픔이다. 이 고픔으로 우리 자신의 사람다움을 깊게 느껴보자.

### 슬픔을 느끼는 특별한 능력

'고픔'이 있다는 것은 사람으로 태어나서 누릴 수 있는 가장 큰 축복 중 하나다. '욕심'은 버릴 수 있다. 돈, 권력, 명예, 학벌, 사치와 같은 세속적 욕심들은 비록 어려울지는 몰라도 버릴 수 있다. 그러나 아름다움과 사람다움에 대한 사람의 고픔이란 버리려야 버릴 수가 없다. 자기도 모르게 피어오르는 깊은 갈증이자 허기기 때문이다. 몸을 가지고 있기에, 머리가 돌고 있기에, 가슴이 뛰고 있기에, 그리고 그 어디 있는지 모를 혼이 우리를 움직이고 있기에 생기는 현상인 것이다.

이 고픔은 슬픔을 자아낸다. 채워지지 않기에, 모자라기에, 아쉽기에, 원하기에, 그리고 결코 벗어날 수 없다고 느끼기에 슬퍼지는 것이다. 그러나 얼마나 의미 있는 슬픔인가? 아름다움에 대한 영원한 갈구, 사람다움에 대한 뜨거운 갈구는 우리의 삶을 의미 있게 한다.

　이런 슬픔을 느끼는 것은 인간의 특별한 능력이다. 안타깝게도 세속의 사람들이 자칫 잃어버리는 능력이기도 하다. 슬픔을 느낀다는 것은 절망 속에서 피어오르는 희망이다. 혼자이지만 혼자만은 아니라는 사랑의 마음이다. 전혀 모르는 사람들의 생각과 느낌에 공감하고, 그들의 아픔까지도 같이 아파할 수 있다는 연민의 감정이다. 슬퍼할 수 있는 능력을 절대로 잃지 말자. 슬픔은 우리를 사람답게 한다.

끝내며

## 이 한 번은 독해져본다

책을 쓰기 시작할 때는 온갖 스트레스, 콤플렉스, 슬럼프, 피로, 불안감, 자책감, 억울함, 소외감, 외로움, 슬픔 들이 새삼 떠오르며, 산다는 건 왜 이리 괴로워야만 하는 걸까 하는 생각이 들었다. 책을 쓰면서 그 괴로움들이 결국 나 자신이 스스로 만드는 괴로움이라는 사실을 새삼 깨닫게 되었다. 왜 나는 나를 괴롭히는 걸까? 책을 다 쓰고 나니 훨씬 가뿐하다. 마치 이 책 속에 나의 괴로움들을 다 털어놓은 것처럼, 그 괴로움을 이겨내는 비법을 다 익힌 것처럼, 나도 다시 한 번 제대로 독해져볼 수 있을 것처럼 말이다.

"한 번은 독해져라! 한 번 독해져보면 언제나 독해질 수 있다." 독해진다는 뜻은 대체 무엇일까? 그 해설을 책 곳곳에 녹여

났지만, 여기서 한번 총정리해보자.

독해진다는 뜻을 딱 한마디로 정리해보면 '자신과의 약속을 지킨다'는 것이다. 조금 길게 풀어보면, '자신을 얽어매려는 모든 것들과의 사슬을 한번 끊어본다는 것이다. 그리고 오직 자신에게 충실한다'는 뜻이다. 좀 더 조목조목 풀어본다면, 첫째는 '자신과 관련 있는 사람들과 떨어져본다'는 뜻, 둘째는 '매일매일 해야만 한다고 여기는 관습적인 일에서 벗어나본다'는 뜻, 셋째는 '자신을 망가뜨리려는 온갖 유혹을 이겨낸다'는 뜻, 넷째는 '자신과의 약속을 만든다'는 뜻, 다섯째는 '자신과의 약속을 지켜본다'는 뜻, 여섯째는 '그리해서 자신의 내면에 진정 충실해진다'는 뜻이다. 독해진다에 대한 자신의 정의를 내려보라.

'독하다'의 '독'은 '독(毒)'이다. 잘못 쓰면 치명적인 해가 된다. 그러나 잘 쓰면 독(毒)은 약(藥)이 된다. 그러니까 독해진다는 것은 약을 쓴다는 것과 같다. 하지만 잊지 말자. 잘 알려져 있듯이, 모든 약은 잘못 쓰면 독이 되기도 한다. 정말 잘 써야 하는 것이다. 타이밍을 잘 선택해야 하고 내용을 잘 선택해야 한다. 좋은 약을 쓴다 생각하면서 잘 독해져보자.

섬세하고 대범하게 독해지자. 자신의 괴로움을 깨닫고 그 경고를 인지하고 괴로움의 현상을 인정하고 그 원인을 파악하는 데에는 지극히 섬세해지자. 그 섬세함이 우리를 구해낼 수 있다. 그리고 그 괴로움을 다스리는 데에 있어서는 지극히 대범해지자. 대개의 괴로움은 스스로 만들고 있음을 인정하고, 자신의 약함을 인정하고, 자신의 불완전함을 즐기면서, 또 다른 성장을 위한 괴로움으로 만들어보자. 괴로움은 결코 없어지지 않지만 괴로움을 다스리는 우리의 지혜는 커질 수 있다.

이 한 번은 독해져보자. 꼭 필요한, 이 한 번은 말이다.

## 한 번은 독해져라

초판 1쇄 발행 2014년 7월 7일
초판 26쇄 발행 2018년 9월 17일

지은이 김진애
펴낸이 김선식

경영총괄 김은영
콘텐츠개발1팀장 임보윤 콘텐츠개발1팀 김민혜, 이주연
마케팅본부 이주화, 정명찬, 최혜령, 이고은, 김은지, 배시영, 유미정, 기명리, 김민수
전략기획팀 김상윤
저작권팀 최하나, 추숙영
경영관리팀 허대우, 권송이, 윤이경, 임혜랑, 김재경, 한유현, 손영은
외부스태프 표지디자인 가필드 본문디자인 김성엽 일러스트 김선정(http://underani.com)

펴낸곳 다산북스 출판등록 2005년 12월 23일 제313-2005-00277호
주소 경기도 파주시 회동길 357 3층
전화 02-702-1724 팩스 02-703-2219 이메일 dasanbooks@dasanbooks.com
홈페이지 www.dasanbooks.com 블로그 blog.naver.com/dasan_books
종이 (주)한솔피엔에스 출력·제본 (주)갑우문화사

© 2014, 김진애

ISBN 979-11-306-0334-6 (13320)

· 책값은 뒤표지에 있습니다.
· 파본은 구입하신 서점에서 교환해드립니다.
· 이 책은 저작권법에 의하여 보호를 받는 저작물이므로 무단 전재와 복제를 금합니다.
· 이 도서의 국립중앙도서관 출판시도서목록(CIP)은 서지정보유통지원시스템 홈페이지(http://seoji.nl.go.kr)와
  국가자료공동목록시스템(http://www.nl.go.kr/kolisnet)에서 이용하실 수 있습니다. (CIP제어번호 : CIP2014018347)

다산북스(DASANBOOKS)는 독자 여러분의 책에 관한 아이디어와 원고 투고를 기쁜 마음으로 기다리고 있습니다.
책 출간을 원하는 아이디어가 있으신 분은 이메일 dasanbooks@dasanbooks.com 또는 다산북스 홈페이지 '투고원고'란
으로 간단한 개요와 취지, 연락처 등을 보내주세요. 머뭇거리지 말고 문을 두드리세요.